消費税
重要論点の実務解説

税理士
芹澤 光春 著

軽減税率制度の導入を控えて

一般財団法人 大蔵財務協会

は じ め に

　消費税に限った話ではないが、税法に関する質疑応答集を複数読んでいる
と、ある書籍と他の書籍で異なる回答がなされていて、混乱することがある。
税の取扱いは、前提が違えば異なる結論になるわけであるから、よく似た事
例を解説しているように思われても、微妙な相違点により結論が異なってい
る場合もあるだろう。また、税法も法律であるから、全く同じ事案であった
としても、回答者によって解釈が異なる可能性がある。

　しかしながら、質疑応答形式、特に一問一答形式の解説書では、そのよう
な微妙な違いを説明したり、説の対立を解説したりすることには限界がある
のもやむを得ないことである。そこで私は、解釈における説の対立や、前提
となる条件の微妙な相違による取扱いの違いについて、十分な頁をかけて解
説した書籍が必要ではないかと思い、編集部に企画書を提出した。幸い、編
集部の賛同をいただいて出版の運びとなったのが、本書である。

　本書においては、消費税法上重要と思われる事項を7項目ピックアップし
て、それぞれ数十頁をかけて解説している。問題の検討に当たっては、過去
の裁判例、裁決例を取り上げ、できるだけ実務的な目線で行うように心掛け
たつもりである。

　現在の予定では、平成31年（2019年）10月1日から消費税率は10％に引き
上げられ、同時に軽減税率が導入される見込みである。また、平成35年
（2023年）には日本版インボイス制度である「適格請求書等保存方式」も導
入されることから、これから5年程度でわが国の消費税は大きく変わること
になる。

　軽減税率およびインボイス制度の導入に対しては、日税連も税制改正に関
する建議書において反対しているが、私も個人的には反対の立場である。し

かしながら、法案として成立し、導入が見込まれる以上、税理士としては対処する必要があると考える。そこで本書では、上述した消費税法上の重要論点が、軽減税率やインボイスの導入によってどのような影響を受けるかについても検討を加えることとした。まだ机上での検討しか行っていないことであるため、今後、実務上の問題が浮上してくることだろう。

　本書で取り上げた事例については、すべてTAINSコードを付しておいた。TAINSとは、一般社団法人日税連税法データベースが運営する税理士のための情報ネットワークシステムである。TAINSには、多くの判決、裁決のほか、情報公開で入手した非公開裁決や、国税庁ＨＰで見ることができなくなった行政文書等も収録されており、執筆においては、これらの貴重な資料を参考にさせていただいた。TAINSは平成30年12月１日に第６次のリニューアルをする予定である。よかったらこの機会にTAINSに入会して、活用していただきたい。

　本書の執筆に当たっては、友人である藤原繁喜氏に大変お世話になった。氏は税の専門家ではないが、原稿を何度もチェックしていただき、適切なアドバイスをいただいた。ここに心より感謝の意を表したい。また、本書の執筆を勧めて下さった一般財団法人大蔵財務協会諸氏にも大変お世話になった。ここに感謝申し上げたい。

平成30年11月

芹澤　光春

目　次

第1章　外注と給与の区分

Ⅰ　はじめに ··· 2

Ⅱ　法令、通達にみる外注と給与の区分 ·· 3

　1　消費税法の規定（4）

　2　所得税法の規定（4）

　3　判例／昭和56年4月24日最高裁判決（5）

　4　消費税法基本通達（6）

　⑴　前段（6）

　⑵　後段（8）

　　①　代替性（8）

　　②　指揮監督（9）

　　③　危険負担（9）

　　④　材料・用具の供与（10）

　⑶　空間的、時間的拘束について（11）

Ⅲ　チェックリスト ··· 12

　1　事前判定の必要性（12）

　2　国税局のチェックリスト（12）

　3　外注費に該当する場合の記入例（14）

　4　独立性の検討（16）

　5　社会保険加入との問題（18）

　⑴　雇用契約に基づくものではない（18）

　⑵　社会保険の加入条件（19）

　⑶　経理処理（20）

Ⅳ　平成20年　電気工事件 ··· 21

3

1 事案の概要（21）

2 判決の要旨（21）

3 検討（23）

(1) チェックリストによる判定（23）

(2) 専門性（25）

Ⅴ 平成21年個別通達と情報⋯⋯⋯⋯⋯⋯⋯⋯⋯⋯⋯⋯⋯⋯⋯⋯⋯⋯⋯⋯⋯⋯⋯26

1 H21 個別通達の発遣（26）

① 請負契約又はこれに準ずる契約について（27）

② 時間的拘束（28）

(1) 作業時間を指定されている場合（28）

(2) 報酬が時間を単位として計算される場合（29）

③④ 業務の性質上当然に存在する拘束、指揮監督を除く（30）

⑤ 軽微な材料や電動の手持ち工具程度の用具等を除く（31）

2 個別通達に対する情報（32）

(1) 問4 代替性（33）

(2) 問6 処遇上の差異（36）

(3) 問9 総合勘案その1（37）

(4) 問10 総合勘案その2（40）

Ⅵ 他の参考判決⋯⋯⋯⋯⋯⋯⋯⋯⋯⋯⋯⋯⋯⋯⋯⋯⋯⋯⋯⋯⋯⋯⋯⋯⋯⋯⋯⋯⋯43

1 麻酔科医事件（43）

(1) 事案の概要（43）

(2) 争点（43）

(3) 判決の要旨（44）

(4) 検討（45）

① 本件の特徴（45）

② 独立性について（45）

③　指揮命令ないし空間的、時間的拘束（47）

　　④　専門的知識を有する場合（47）

　2　家庭教師事件（49）

　（1）　事案の概要（49）

　（2）　争点（49）

　（3）　判決の要旨（49）

　　①　第一審　東京地裁判決（49）

　　②　控訴審　東京高裁判決（51）

　（4）　検討（51）

　　①　本件の特徴（51）

　　②　従属性は必要要件ではないという判示（51）

　　③　従属性要件は必要である（53）

　　④　雑所得ではなかったか（54）

　　⑤　小括（55）

Ⅶ　インボイス制度の導入とその影響--57

　1　インボイス制度の導入スケジュール（57）

　2　免税事業者からの課税仕入れと経過措置（57）

　3　インボイス発行事業者の登録と給与等の関係（58）

　　①　インボイス発行事業者である場合（59）

　　②　インボイス発行事業者ではない場合（60）

Ⅷ　本章のまとめ--62

　コラム01　廃止された通達について（64）

第2章　複雑化する納税義務の判定

Ⅰ　はじめに--68

Ⅱ　納税義務の判定に関する規定と改正の概要------------------------------69

5

Ⅲ 基準期間による判定 ·· 70

 1 免税点に関する規定（70）

 2 個人及び前々事業年度が１年である法人（70）

 3 前々事業年度が１年未満である法人（71）

Ⅳ 特定期間による判定（H23改正）····································· 74

 1 特定期間による判定の創設（74）

 2 特定期間における課税売上高（74）

 3 特定期間とは（75）

 ⑴ 前々事業年度がない場合（76）

 ⑵ 前々事業年度があるが基準期間に含まれる場合（77）

 ⑶ 基準期間ではない前々事業年度がある場合（77）

 4 特定期間による判定の創設と会社の設立（78）

 ⑴ 機械的に７か月とすることは危険（78）

 ⑵ 簡易課税制度との関係（79）

  ① ２期目に簡易課税を選択した場合（80）

  ② 設立１期を７か月とした場合（80）

 ⑶ 役員給与との関係（81）

  ① 定期同額給与の場合（82）

  ② 事前確定届出給与を適用する場合（83）

Ⅴ 新設法人の納税義務の免除の特例（H９改正）··············· 85

 1 規定の概要（85）

 2 資本金の額または出資の金額（85）

 3 適用される事業年度（86）

 4 実例検討（86）

 ⑴ 設立直後に増資した場合（87）

 ⑵ 事業年度変更をする場合（88）

Ⅵ 特定新規設立法人の納税義務の免除の特例（H25改正）······91

1 創設の背景（91）

2 制度の内容（91）

3 適用要件（93）

4 例による特定新規設立法人についての検討（94）

(1) 法人成りの場合（94）

(2) 兄弟会社の場合（95）

(3) 親会社の親会社である場合（96）

5 効果（97）

Ⅶ 調整対象固定資産を取得した場合の特例（H22改正）······98

1 非課税売上に対応する課税仕入れ（98）

2 H22改正前のスキーム（いわゆる自販機スキーム）（98）

3 税制調査会の指摘（100）

4 調整対象固定資産を取得した場合の特例の創設（101）

5 課税事業者の選択不適用と簡易課税の選択との関係（102）

6 H22改正の穴（103）

(1) あらかじめ課税事業者を選択する方法（103）

(2) 特定期間を利用する方法（104）

Ⅷ 高額特定資産を取得した場合の特例（H28改正）······106

1 H22改正との比較（106）

2 高額特定資産の定義（107）

3 棚卸資産を利用した還付スキーム（108）

(1) 会計検査院の指摘（108）

(2) SPCスキームの具体例（108）

(3) スキームの繰り返し（110）

4 H28改正と適用期間（110）

7

5 強制される期間はいつまでか（111）

　(1) 消費税法の規定（111）

　(2) 事業年度が1日から始まる場合（112）

　(3) 事業年度が1日以外から始まる場合（113）

6 自己建設高額特定資産（114）

　(1) 自己建設資産が棚卸資産である場合（115）

　(2) 自己建設資産が調整対象固定資産である場合（116）

7 効果とその他の問題点（117）

　(1) SPCスキームとの関係（117）

　(2) 自販機スキームとの関係（117）

Ⅸ　インボイスの導入による影響 119

1 課税事業者の選択との問題（119）

2 1年7か月間免税であることについて（120）

3 自販機スキームに対して（122）

4 SPCスキームに対して（123）

コラム02　マネキンへの支払いが給与であるとされた事例（124）

第3章　課税売上・課税仕入れの計上時期

Ⅰ　はじめに 128

Ⅱ　9月30日チェックイン10月1日チェックアウト問題 129

1 計上時期の原則（129）

2 9月30日計上説（130）

3 理論的には10月1日か（130）

4 継続適用（131）

5 Q&Aにみる役務の提供の計上時期（132）

6 小括（134）

Ⅲ　9月30日出荷10月1日到着問題······································136

　1　棚卸資産の計上時期（136）

　2　Ｑ＆Ａ第二弾・問1（137）

　3　合わせなくてよいとする見解（138）

　4　小括（139）

Ⅳ　9月30日受領10月分家賃問題······································140

　1　賃貸料の計上時期（140）

　（1）　法人税の取扱い（140）

　（2）　所得税の取扱い（141）

　（3）　消費税の取扱い（141）

　2　Ｈ8の取扱い（143）

　3　Ｑ＆Ａ第二弾・問6（143）

　4　小括（144）

Ⅴ　賃貸料の計上時期を争った事例の検討··················146

　1　本事例の特徴（146）

　2　事案の概要（146）

　3　争点（147）

　4　審判所の判断（148）

　5　検討（148）

　（1）　通説の立場から（148）

　（2）　所得税と同様に解する点について（149）

　（3）　賃貸料のあるべき資産の譲渡等の時期（150）

Ⅵ　税率引上げ時特有の問題··152

　1　未成工事支出金・建設仮勘定（152）

　2　短期前払費用（154）

　3　出来高検収書（156）

9

Ⅶ　軽減税率・インボイスの導入による影響--------------------------------------159

Ⅷ　本章のまとめ--160

　コラム03　消費税の還付を受けるためという目的が認められた事例（161）

第4章　介護事業と消費税

Ⅰ　はじめに--166

Ⅱ　介護事業と非課税の範囲--168

　1　概要（168）

　2　介護保険法に規定する介護サービス（169）

　3　事業の種類により異なる日常生活費の取扱い（170）

　4　住宅の家賃と非課税（172）

　5　身体障害者用物品と非課税（172）

Ⅲ　軽減税率の導入による影響--174

　1　指定した場所で行う調理等（174）

　　(1)　ケータリング等は標準税率（174）

　　(2)　家事代行サービス（175）

　2　有料老人ホームで提供される食事（175）

　　(1)　軽減税率の対象（175）

　　(2)　一定の基準（176）

　　(3)　有料老人ホームとは（177）

　　(4)　介護サービスと食事費の取扱い（178）

　3　介護事業者とインボイス（181）

　　(1)　インボイス発行事業者の登録（181）

　　(2)　作成する請求書等（181）

Ⅳ　介護事業者に建物を賃貸した事例--184

　1　前提となる問題（184）

(1) 医療業におけるスキーム（184）

(2) 介護事業者における問題点（185）

2 平成18年6月1日非公開裁決（186）

(1) 事案の概要（186）

(2) 審判所の判断（186）

(3) 検討（187）

3 インボイスの導入によるスキームへの影響（188）

Ⅴ 小括 190

コラム04 土地建物の譲渡の日が契約の日ではないとされた事例（191）

第5章 用途区分と準ずる割合

Ⅰ はじめに 196

Ⅱ 仕入税額控除に関する規定の確認 199

1 基本的な事項（199）

(1) 全額控除（199）

(2) 全額控除の適用がない場合（199）

① 個別対応方式（199）

② 一括比例配分方式（200）

2 用途区分と目的（200）

Ⅲ 個別対応方式の徹底 202

1 95％ルールの制限（202）

(1) 平成23年改正（202）

(2) 改正の理由（202）

2 仕入税額控除Q＆A（203）

(1) 公表（203）

(2) 「要した」ではない（203）

(3) 用途区分の判定時期（205）

　　① 消費税法基本通達11-2-20による取扱い（205）

　　② 用途変更があった場合（206）

(4) 預金利子しかない場合（208）

(5) 合理的に区分できる場合（210）

　3 課税売上割合に準ずる割合（212）

(1) 適用要件（212）

(2) 税務署長の承認（213）

(3) 課税売上割合に準ずる割合の例（214）

(4) 適用範囲（215）

(5) たまたま土地の譲渡があった場合（216）

Ⅳ マンション共通対応事件··219

　1 事案の概要（219）

　2 審判所の判断（221）

　3 さいたま地裁判決（221）

　4 検討（222）

(1) 建物と水道施設利用権で異なる判断（222）

(2) 消基通11-2-20後段の適用（224）

(3) 小括（226）

Ⅴ 販売目的の建物の取得と用途区分 ·····································228

　1 問題の所在（228）

　2 審理事例集（228）

　3 Ｑ＆Ａにみる事例（230）

(1) 一時的に資材置場として使用する場合（230）

(2) 副次的に非課税売上が発生する場合（231）

　4 ビジネスモデルの違い（232）

5　会計処理と用途区分（234）

6　問題は課税売上割合（235）

7　準ずる割合による解決の提案（237）

(1)　合理的な基準の検討（237）

(2)　準ずる割合の承認申請書（238）

Ⅵ　軽減税率・インボイスの導入による用途区分への影響------240

①　適用税率（241）

②　消費税額（242）

③　取引先がインボイス発行事業者であるか（242）

コラム05　調整対象固定資産を転用した場合の調整（244）

第6章　輸出およびリバースチャージ

Ⅰ　はじめに------250

Ⅱ　輸出免税の概要------251

1　輸出免税の趣旨（251）

2　非課税との違い（252）

3　対象（252）

4　基準期間における課税売上高（253）

5　非課税資産の輸出等（253）

(1)　非課税資産を輸出した場合の取扱い（253）

(2)　国外移送（254）

6　課税仕入れの用途区分（255）

Ⅲ　輸出されたことを証する書類------258

1　輸出免税の要件（258）

2　偽って簡易手続によって輸出した事例（258）

(1)　事案の概要（258）

13

(2)　審判所の判断（259）

　3　検討（260）

　　(1)　クリーンハンドの原則（260）

　　(2)　保存すべき書類は法定されている（260）

　　(3)　小括（262）

　4　商社経由・名義貸しの場合（262）

Ⅳ　非居住者に対する役務の提供――――――――――――――265

　1　輸出類似取引に関する規定（265）

　2　非居住者の範囲（266）

　3　パッケージツアー等の注意点（267）

Ⅴ　国境を越えた役務の提供とリバースチャージ――――――――269

　1　平成27年度税制改正（269）

　2　電気通信利用役務の提供と課税（269）

　　(1)　平成27年改正前の問題点（269）

　　(2)　内外判定基準の変更（270）

　　(3)　電気通信利用役務の提供に対する課税方法（272）

　　　①　事業者向けと消費者向けで異なる取扱い（272）

　　　②　事業者向け・リバースチャージ（273）

　　　③　消費者向け・登録国外事業者制度の創設（275）

　3　国外事業者が行う芸能・スポーツ等の役務の提供（276）

　　(1)　問題の所在（276）

　　(2)　特定役務の提供（276）

　　(3)　リバースチャージ（277）

Ⅵ　インボイスの影響――――――――――――――――――――279

　コラム06　民泊の取扱い（280）

14

第7章　簡易課税の事業区分

Ⅰ　はじめに..284

Ⅱ　事業区分に関する規定の確認..285

  1　概要（285）

    (1)　事業区分とみなし仕入率（285）

    (2)　沿革（286）

  2　各種事業の詳細（286）

    (1)　第一種事業（卸売業）（287）

    (2)　第二種事業（小売業）（288）

    (3)　第三種事業（農林水産業、建設業、製造業等）（289）

    (4)　第五種事業（運輸業、通信業、サービス業）（291）

    (5)　第六種事業（不動産業）（293）

    (6)　第四種事業（その他、飲食店業等）（294）

  3　注意すべき事項（295）

    (1)　「おおむね」の解釈（295）

    (2)　加工賃を対価とする役務の提供（297）

    (3)　修理（298）

  4　事業ごとの区分（299）

    (1)　事業区分の方法（299）

    (2)　区分をしていない場合（300）

Ⅲ　歯科技工所事件..301

  1　事案の概要（302）

  2　争点（302）

  3　判決（302）

    (1)　名古屋地裁判決（302）

    (2)　名古屋高裁判決（303）

15

4　検討（304）

　⑴　本件の特徴／日本標準産業分類の取扱い（304）

　⑵　地裁の論拠（305）

　⑶　実額により計算した仕入率（305）

　⑷　小括（306）

Ⅳ　事業区分と租税法律主義⋯⋯⋯⋯⋯⋯⋯⋯⋯⋯⋯⋯⋯⋯⋯⋯⋯308

1　租税法律主義とは（308）

　⑴　憲法の規定（308）

　⑵　法律と政令委任（308）

　⑶　通達（309）

2　50％と40％のみなし仕入率の疑問（310）

　⑴　「法律」の規定（310）

　⑵　「政令」の規定（311）

3　立法と行政の役割（312）

4　事業区分をしていない場合の問題（313）

Ⅴ　軽減税率およびインボイスの導入による影響⋯⋯⋯⋯⋯⋯⋯315

1　平成28年度税制改正大綱（315）

2　平成30年度税制改正・農林水産業と第二種事業（315）

3　マトリクス分析（317）

　①　売上：軽減税率、仕入：軽減税率（318）

　②　売上：標準税率、仕入：軽減税率（318）

　③　売上：軽減税率、仕入：標準税率（319）

　④　売上：標準税率、仕入：標準税率（319）

4　軽減税率導入後のみなし仕入率（319）

5　インボイス導入後の影響（321）

コラム07　仮想通貨の取扱い（323）

附録　軽減税率・インボイスの解説

Ⅰ　軽減税率・インボイス制度とスケジュール………………………328

　1　税率引上げ・軽減税率（8％）の導入（328）

　2　簡素な方法による請求書等の作成（区分記載請求書等保存方式）（328）

　3　インボイス制度の導入（328）

Ⅱ　軽減税率…………………………………………………………………330

　1　対象（330）

　2　税率（331）

　3　飲食料品（331）

　（1）　食品表示法に規定する飲食料品（331）

　（2）　酒類（331）

　（3）　類似した品目でありながら取扱いが異なるものの例（332）

　4　一体資産（332）

　（1）　一体資産とは（332）

　（2）　適用税率（333）

　5　外食とは（333）

　（1）　外食サービス（333）

　（2）　テイクアウト、出前（333）

　（3）　イートイン・コーナー（334）

　（4）　フードコート（334）

　6　ケータリング・出張料理（335）

　7　有料老人ホームの食事、学校給食（335）

　8　外食まとめ（336）

　9　新聞（336）

Ⅲ　簡素な方法による請求書等の作成（区分記載請求書等保存方式）…………337

　1　4年間は簡素な方法（337）

2　基本は現行の請求書等保存方式と同じ（337）

3　記載事項（338）

4　記載における注意点（338）

5　受取側での追記が可能（338）

6　請求書等の作成例（339）

Ⅳ　区分経理ができない事業者に対する特例……………………………………341

1　売上に対する特例（341）

⑴　仕入に占める割合（小売等軽減仕入割合）（341）

⑵　10営業日の割合を使う方法（軽減売上割合）（341）

⑶　50％とする方法（342）

⑷　適用期間（342）

2　仕入に対する特例（342）

⑴　特例の内容（342）

⑵　売上に占める割合（小売等軽減売上割合）（342）

⑶　適用期間（343）

3　簡易課税制度の特例（343）

Ⅴ　インボイスの導入（適格請求書等保存方式）………………………………344

1　概要（344）

2　適格請求書発行事業者登録制度（344）

3　免税事業者と登録（344）

⑴　原則（344）

⑵　平成35（2023）年10月1日を含む課税期間の特例（345）

4　発行事業者の義務（345）

⑴　適格請求書の交付（345）

⑵　適格請求書の保存（345）

⑶　売上対価の返還等を行う場合（346）

(4) 適格請求書の記載事項に誤りがあった場合（346）

(5) 類似書類等の交付禁止（346）

5 適格請求書の記載事項（346）

6 適格簡易請求書（348）

7 仕入税額控除の要件（349）

(1) 帳簿への記載事項（349）

(2) 適格請求書等の保存（349）

(3) 適格請求書等の保存を要しない場合（350）

(4) 3万円未満の特例の廃止（350）

8 参考／記載事項の比較（351）

9 免税事業者からの課税仕入れと経過措置（352）

(1) 適格請求書発行事業者以外からの課税仕入れ（352）

(2) 経過措置（352）

コラム08 インボイスと上様領収書（353）

資料編（357）

第 1 章

外注と給与の区分

I　はじめに

　役務提供の対価として支払った費用について、外注費に該当するか給与になるかの区別を、どのようにするかという問題がある。

　外注費と述べたのは、この問題は「一人親方」と呼ばれる、従業員を持たずに一人で働く大工、左官等の小規模な建設業者において、特に問題となるからである。支払先が建設業者等であれば、外注費という科目で処理されることになり、作業や事務を受託する者に支払った場合であれば、委託費等、他の勘定科目で処理することになるだろう。ここではそのような役務提供の対価を代表して、外注費と呼んでいる。

　支払った費用が外注費として処理できるのであれば、消費税法上、課税仕入れに該当し仕入税額控除の対象となる上に、源泉徴収をする必要はない。これに対し、支払った費用が給与になるのであれば、消費税法上、課税仕入れに該当せず仕入税額控除の対象とならない上に、源泉徴収をする義務が生ずることになる。したがって、支払った事業者の側からすると、外注費に該当する方が、給与として取扱われるよりも、格段に有利ということになる。

【表　外注費と給与の取扱いの差異】

	消費税法上	所得税法上
役務提供の対価として支払った費用が外注費になると	課税仕入れに該当し仕入税額控除の対象になる	源泉徴収の必要がない
給与になると	課税仕入れに該当せず、仕入税額控除の対象にならない	源泉徴収の必要がある

第1章　外注と給与の区分

　しかしながら、役務提供の対価として支払った費用が、外注費になるか給与になるかの判断は、事実認定によるところが多く、大変に微妙である。判断が難しいのに税法上の取扱いが大きく異なるため、両者をどのように区分するかというのは、実務上大きな問題である。この点について本章では、国税局が公表したチェックリストを紹介し、わかりやすく客観的な判定と、判定の「見える化」を模索することにする。

　なお、支払った側において、外注費になるか、給与になるかという問題は、受け取った側から見ると、請負の報酬として事業所得になるか、給与所得になるかという問題であるともいえる。そこで本章では、この問題を「外注費（事業所得）・給与問題」と呼ぶことにする。

　外注費（事業所得）・給与問題については、平成21年に個別通達が発遣されているが、この通達によると、それまでより給与の範囲が拡大されるのではないかと懸念される内容である。また、最近、この問題を扱った判決が2件あって注目されているが、どちらも給与と判示されている。

　このように、外注費（事業所得）・給与問題については、給与の範囲が拡大される傾向にあると危惧しているところである。本章においては、消費税法、同基本通達、平成21年の個別通達等を、事業所得の復権という観点から見直し、関連する判決を検討したいと思う。

3

Ⅱ　法令、通達にみる外注と給与の区分

1　消費税法の規定

外注費（事業所得）・給与問題を考える上で問題になるのは、役務提供の対価が課税仕入れに該当するか否かである。課税仕入れの定義は、消費税法2条1項12号に規定されている。

【消費税法2条1項12号】

十二　課税仕入れ　事業者が、事業として他の者から資産を譲り受け、若しくは借り受け、又は役務の提供（所得税法第28条第1項（給与所得）に規定する給与等を対価とする役務の提供を除く。）を受けること

消費税法の規定では、役務の提供を受ける者が事業者であり、その者が事業として役務の提供を受けるのであれば、基本的には課税仕入れに該当することになるのであるが、カッコ書きにおいて、役務の提供から、所得税法上の給与等を対価とする役務の提供を除くという形式になっている。

2　所得税法の規定

そこで、消費税法2条1項12号が参照している、所得税法28条1項を確認することにする。

【所得税法28条1項】

給与所得とは、俸給、給料、賃金、歳費及び賞与並びにこれらの性質を有する給与（以下この条において「給与等」という。）に係る所得をいう。

第1章　外注と給与の区分

　ここでは、給与等に該当するものが例示されているだけで、事業所得か給与等かを判断する際の具体的な手掛かりとなるものは示されていない。したがって、所得税法において何が給与等に該当するかについては、解釈に委ねられているということになる。

3　判例・・・昭和56年4月24日最高裁判決 [1]

　所得税法において、何が給与等に該当するかについての解釈の指針としては、昭和56年4月24日最高裁判決（いわゆる「弁護士報酬事件」、以下、「昭和56年最高裁判決」という。）が判例として確立されていると言えよう。

　本件は、弁護士が受領した顧問料が、事業所得に該当するか、給与所得に該当するかを争った事件であるが、最高裁判所は事業所得と給与所得の判断基準について以下のように判示した上で、本件弁護士報酬は事業所得に該当すると判断した。

【昭和56年4月24日最高裁判決より】

…その場合、①判断の一応の基準として、両者を次のように区別するのが相当である。すなわち、②事業所得とは、自己の計算と危険において独立して営まれ、営利性、有償性を有し、かつ反覆継続して遂行する意思と社会的地位とが客観的に認められる業務から生ずる所得をいい、これに対し、③給与所得とは雇傭契約又はこれに類する原因に基づき使用者の指揮命令に服して提供した労務の対価として使用者から受ける給付をいう。なお、④給与所得については、とりわけ、給与支給者との関係において何らかの空間的、時間的な拘束を受け、継続的ないし断続的に労務又は役務の提供があり、その対価として支給されるものであるかどうかが重視されなければならない。

---

(1)　民集35巻3号672頁、TAINSコードZ117-4788。

（下線部及び番号は筆者。以下同じ。）

　下線部②から④が、レイシオデシデンダイとして他の判決で参考になる部分である。②の部分には事業所得に該当するための要件が示されており、「独立性要件」と呼ばれている。③および④の部分は給与所得に該当するための要件が示されているが、「従属性要件」と呼ばれている。

【表　昭和56年最高裁判決による基準】

事業所得	給与所得
（独立性要件） 自己の計算と危険による 独立して営まれる 営利性、有償性を有する 反覆継続して遂行する意思、社会的 地位が客観的に認められる	（従属性要件） 雇傭契約又はこれに類する原因に基づく 使用者の指揮命令に服して提供 空間的、時間的な拘束 継続的ないし断続的に労務又は役務の提供 がある

　本判決の②から④に示された、事業所得と給与所得の区分についての基準は、所得税法27条《事業所得》と同法28条の解釈において参考になるものであるが、①に記述されている通り、「判断の一応の基準」として示されているものであることに注意が必要である。

4　消費税法基本通達

(1)　前段

　外注費（事業所得）・給与問題について、役務の提供側（代金の受取側）の観点から、事業に該当するか、それとも給与であるかについての取扱いを示したのが、消費税法基本通達1-1-1（以下、「消基通1-1-1」という。）である。

第1章　外注と給与の区分

【消費税法基本通達１－１－１《個人事業者と給与所得者の区分》】前段

　①事業者とは自己の計算において独立して事業を行う者をいうから、②個人が雇用契約又はこれに準ずる契約に基づき他の者に従属し、かつ、当該他の者の計算により行われる事業に役務を提供する場合は、事業に該当しないのであるから留意する。したがって、③出来高払の給与を対価とする役務の提供は事業に該当せず、また、④請負による報酬を対価とする役務の提供は事業に該当するが、支払を受けた役務の提供の対価が出来高払の給与であるか請負による報酬であるかの区分については、⑤雇用契約又はこれに準ずる契約に基づく対価であるかどうかによるのであるから留意する。

　消基通１－１－１は、①部分で事業所得とは何か、②部分で給与所得とは何か、⑤部分で判断の基準を示しているが、いずれも昭和56年最高裁判決からの引用である。消基通１－１－１が独自に示しているものは、③の「出来高払い」であると給与に該当する点と、④の「請負による報酬」を対価とする役務の提供は事業に該当する点の２点である。

　下線部⑤にいう、雇用契約に準ずる契約には、委任契約、請負契約等が含まれることになるが、ここで注意すべきは、税務上の給与とされるものは、雇用契約に基づくものだけではないという点である。例えば、請負契約書、委任契約書といった名称の契約書を作成して、役務の提供を行わせている場合であっても、その実質を検討した上で、雇用契約に準ずる契約に基づくと判断されれば、契約の名称には関係なく、給与等に該当することになる。

　また、経営者においては、社会保険に加入している者や労働基準法の適用を受ける者への支払いのみを給与と考え、それ以外の者への支払いを外注費と考えるケースもあるが、税務上の給与とされるものは、雇用契約に基づくものだけではないため、社保や労基法の適用を受けない者への支払いも給与等に該当する場合があることになる。したがって、経営者の意識とは差が生

ずる可能性があり、注意が必要である。

(2) 後段

消基通1－1－1には続きがあり、後段では、判定する際に考慮すべき項目が具体的に挙げられている。

【消費税法基本通達1－1－1】後段

この場合において、その区分が明らかでないときは、例えば、次の事項を総合勘案して判定するものとする。

① その契約に係る役務の提供の内容が他人の代替を容れるかどうか。

② 役務の提供に当たり事業者の指揮監督を受けるかどうか。

③ まだ引渡しを了しない完成品が不可抗力のため滅失した場合等においても、当該個人が権利として既に提供した役務に係る報酬の請求をなすことができるかどうか。

④ 役務の提供に係る材料又は用具等を供与されているかどうか

---

① 代替性

役務提供が雇用契約又はこれに準ずる契約に基づいてなされる場合は、給与等に該当する。この点、雇用契約について定めた民法652条2項には、「労働者は、使用者の承諾を得なければ、自己に代わって第三者を労働に従事させることができない。」と規定されている。すなわち、雇用契約においては、誰かに代わって仕事をしてもらうことができないのである。これは、雇用契約の大きな特徴の一つである。

これに対して、作業の請負である場合には、請負人自らが作業に従事しなくてもよく、従業員に作業させることも、他の事業者に再外注すること

第1章　外注と給与の区分

も可能である場合が多いから、他人が代替して請け負った作業をすることが認められるか否かは、外注費（事業所得）・給与問題を考える上での検討項目の一つということになる。

②　指揮監督

　他者の指揮監督の下に役務の提供がなされているかどうかは、昭和56年最高裁判決が示している従属性要件の要である。

　なお、昭和56年最高裁判決においては、「指揮命令」という用語が使用されている。指揮命令と消基通1－1－1に示されている指揮監督を考えた際、指揮監督の方が広い概念ではないかと思われる。

③　危険負担

　③は危険負担について記述したものと思われる。建物の建築請負の場合、引渡前に落雷や台風といった不可抗力のために建物が壊れたら、請負人の費用で直してから引き渡す必要がある。このように請負の場合には、引渡しの時まで請負人が危険を負担する義務があるとされており、これを危険負担という。

　民法上、請負人が危険負担をするというのは、請負契約の特徴の一つである。請負契約に基づけば事業（外注費）に該当するわけであるから、危険負担の有無を以て、請負契約によるものか、雇用契約によるものかを判断しようとしたものと思われる。

　これに対し雇用契約においては、成果に関係なく、何時間働いたからいくらという性格をもつし、失敗した場合の責任も、使用している側が負うのが通常である。

　危険負担に関する③の記述はわかりにくいので、例を挙げて説明する。

9

例） 左官に壁を塗るように依頼した事例において。1日目の作業を終えたところで台風が来て塗り直しになり、3日で終わるはずの仕事に4日かかった場合。

　この例において、4日分の報酬が請求できるのであるならば、台風による作業の遅延という危険は、依頼主が負担していることになるため、左官に対する支払いは給与等に該当することになる。逆に、3日分しか請求できない場合は、台風による作業に対する危険を、左官の側で負担しているということができ、左官が受ける対価の支払いは、事業所得に該当することになるといえよう。

④ 材料・用具の供与

　請負契約であれば、通常は材料や用具は請け負った側で用意するものであり、元請からこの材料や用具を使って作業をしてくれという場合には、雇用契約に基づくと考えられる場合が多いだろう。また、高価な大工道具等を持参して仕事をしている場合、請け負った側で用具を用意しているとも言えるし、加えて、昭和56年最高裁判決が示す、「反覆継続して遂行する意思、社会的地位が客観的に認められる」場合に該当するともいえるであろう。外注費（事業所得）・給与問題においては、材料や道具をどちらが供与するかという項目も、重要な検討項目の一つである。

　しかし、特に建設工事の場合、大型の機械や主要材料等を元請が用意し、下請がこれを使って作業することもよくある。したがって、材料や用具を依頼者が用意しているからと言って、ただちに雇用契約に基づくもの、すなわち給与だと判断することはできない。あくまでも、いくつかある検討項目の一つに過ぎない。

第1章　外注と給与の区分

⑶　空間的、時間的拘束について

　なお、消基通1－1－1に示されている基準には、昭和56年最高裁判決が
「とりわけ…重視されなければならない」としている、「空間的、時間的な拘
束」について触れていないことが興味深い。というのは外注費（事業所得）・
給与問題が争われた裁判例はどれも、空間的、時間的拘束な拘束があったか
どうかが、主要な争点になるからである。

　私見では、昭和56年最高裁判決が、事業と給与の判断の基準として、空間
的、時間的拘束を重視したのは、内職者の取扱いが念頭にあったのではない
かと思われる。すなわち、同じ作業をする場合であっても、工場等に出勤し
て作業をする者に支払う対価は給与に該当し、内職によって作業する者に対
して支払う対価は事業所得に該当するという取扱いの相違について、内職者
は空間的、時間的拘束を受けていないから事業所得に該当するという説明が
考えられるが、この考え方を昭和56年最高裁判決では、争点となっている弁
護士の報酬を判断する上で応用したのではないかということである。

　しかしながら、給与であっても空間的、時間的拘束を受けないものもあれ
ば、事業であっても空間的、時間的拘束を受けるものがあるため、空間的、
時間的拘束の有無を判断基準におくことが果たして適当なのか、批判的な検
討が必要であると思われる。

Ⅲ　チェックリスト

1　事前判定の必要性

　外注費（事業所得）・給与問題は、「Ⅰ　はじめに」で述べた通り、外注費とされた場合と給与等とされた場合とでその取扱いが大きく異なるのに、判断が微妙という大変な難問である。このような問題について、税務調査で争わないと結論が出ないというのでは、法的に不安定で事業者の経営に差し障る。そこで、チェックリスト等を用意して、事前にチェックしてはどうかと考えられる。

　本節においては、この問題に対して課税当局が公表したチェックリストを紹介し、その具体的な記入例を示すことにする。

2　国税局のチェックリスト

　このチェックリストは、東京国税局が平成15年に作成したものである。今では国税庁のHPでも公表されていないものであるが、情報公開法によって開示請求され、TAINSで閲覧することが可能である。

　筆者は、税務調査の現場で外注費（事業所得）・給与問題が争点になった時には、このチェックシートを提出して説明することにしているが、調査担当官より、「これはわかりやすくてよい」と喜ばれたことが何度もある。

法個通　法人課税速報（源泉所得税関係）東京国税局　平成15年7月　第28号

「給与所得と事業所得との区分　給与？それとも外注費？」

第1章　外注と給与の区分

【表　国税局のチェックリスト】

	判定項目	給与	事業	判定理由	根拠資料
実務上の判定	当該契約の内容が他人の代替を容れるか	NO	YES		
	仕事の遂行に当たり個々の作業について指揮監督を受けるか	YES	NO		
	まだ引渡しを終わっていない完成品が不可抗力のため滅失した場合等において、その者が権利として報酬の請求をなすことができるか	YES	NO		
	材料が提供されているか	YES	NO		
	作業用具が供与されているか	YES	NO		
判例による判定	雇用契約又はこれに準ずる契約等に基づいているか	YES	NO		
	使用者の指揮命令に服して提供した役務か	YES	NO		
	使用者との関係において何らかの空間的、時間的な拘束を受けているか	YES	NO		
	継続的ないし断続的に労務の又は役務の提供があるか	YES	NO		
	自己の計算と危険において独立して営まれているか	NO	YES		
	営利性、有償性を有しているか	NO	YES		
	反復継続して遂行する意思があるか	NO	YES		
	社会的地位が客観的に認められる業務か	NO	YES		
その他					
判定　総合勘案					

○の多少では判定せず、総合的に判定する。

チェックリストの左側に、「実務上の判定」とされている５項目は、消基通１－１－１に示されている項目であり、同様に「判例による判定」とされている８項目は、昭和56年最高裁判決で示された基準である。単純に消基通１－１－１と判決の基準を並べたものであるため、重複している項目がある。

　これらの項目についてYES、NOで回答するわけであるが、YESとNOの位置は、項目ごとに異なっている。どういうことかというと、YESと回答した場合に給与所得に該当すると考えられる項目については、左側にYESが配置されており、同様に、YESと回答した場合に事業所得に該当すると考えられる項目は、右側にYESが配置されているわけである。

　重要なのは、下側の欄外に、「○の多少では判定せず、総合的に判定する」との注意書きがある点である。したがって、当該チェックリストを記入した後、一旦は○の数を集計するわけであるが、○の数の単純な多数決に拠ることなく、各項目の重要度を考慮しながら、総合的に判断することになる。

　また、外注先との関係が時間とともに変化することも考えられるため、当該チェックシートによる判定は、一度で安心することなく、毎期ないし定期的に作成する必要があることに注意されたい。

3　外注費に該当する場合の記入例

　それでは、チェックシートの、具体的記入例を見てみよう。例として、大工である下請に対して支払った金員が、外注費として認められる場合を挙げることにする。

第1章　外注と給与の区分

【表　チェックリストの記載例】

	判定項目	給与	事業	判定理由
実務上の判定	当該契約の内容が他人の代替を容れるか	NO	(YES)	腕のいい大工ならだれでもいい
	仕事の遂行に当たり個々の作業について指揮監督を受けるか	YES	(NO)	一人前の大工なので作業の内容は指示されるが、指揮監督は受けない
	まだ引渡しを終わっていない完成品が不可抗力のため滅失した場合等において、その者が権利として報酬の請求をなすことができるか	YES	(NO)	仕事の出来が悪ければ、本人の負担でやり直しを求められる
	材料が提供されているか	(YES)	NO	
	作業用具が供与されているか	(YES)	NO	大工道具程度の手持ち工具は自前
判例による判定	雇用契約又はこれに準ずる契約等に基づいているか	YES	(NO)	本人も会社も雇用だと思っていない
	使用者の指揮命令に服して提供した役務か	YES	(NO)	上から2番目の項目参照
	使用者との関係において何らかの空間的、時間的な拘束を受けているか	(YES)	NO	時間、場所の指定はあるが、誰もいない現場に行っても仕事にならない
	継続的ないし断続的に労務の又は役務の提供があるか	YES	(NO)	仕事がなければ呼ばれない
	自己の計算と危険において独立して営まれているか	NO	(YES)	事業所得として確定申告している
	営利性、有償性を有しているか	NO	(YES)	
	反復継続して遂行する意思があるか	NO	(YES)	

	社会的地位が客観的に認められる業務か	NO	(YES)	○○大工として電話帳にのっており、請求書も○○大工である
その他				
	判定　総合勘案	3	10	

　当該チェックシートの判定理由欄の3項目、危険負担に関する項目に、「仕事の出来が悪ければ、本人の負担でやり直しを求められる」と記述したことについて、注釈を加える。

　雇用契約に基づく場合すなわち給与である場合には、従業員がした仕事が不出来でやり直させても、やり直しにかかる時間について給料を支払わなくてはならない。これは、仕事の不出来に対する危険は雇い主が負っているからである。これに対し、出来が悪い場合に本人の負担でやり直させる場合には、その仕事の完成を請け負わせたものと考えることができ、請負契約によるものとして、事業に該当すると思われるからである。

4　独立性の検討

　昭和56年最高裁判決では、事業所得に該当するかしないかの要件として、独立性要件が挙げられている。チェックリストでは、独立性要件に関すると思われる項目が4つ挙げられている。

---

① 自己の計算と危険において独立して営まれているか

② 営利性、有償性を有しているか

③ 反復継続して遂行する意思があるか

④ 社会的地位が客観的に認められる業務か

　以下、これらの項目について検討する。

第1章　外注と給与の区分

①　自己の計算と危険において独立して営まれているか

　この点は、事業所得で確定申告していれば通常はYESと思われる。その際、確定申告書および決算書の作成にあたって、特に屋号と職業欄に注意が必要である。

　屋号は、④の社会的地位が客観的に認められるかという項目とも密接に関係する、重要な事項である。

事業の例） 屋号…○○建築、△△工業。

　　　　　　 職業欄：大工、溶接工など。

給与とされるおそれがある例） 屋号…空欄。職業欄：会社員。

---

②　営利性、有償性を有しているか
③　反復継続して遂行する意思があるか

　この項目は、通常はYESが記載されると思われる。

④　社会的地位が客観的に認められる業務か

　社会的地位が客観的に認められる場合とは、次のような場合が該当すると思われる。

　例） 電話帳に○○大工として掲載されている。

　　　　家の前に○○大工という看板がある。

　　　　氏名とは異なる屋号がある。

　　　　請求書を○○大工で作成している（自己の計算で営んでいる証拠の一つともいえる）。

　私見では、独立性の判断においては、この社会的地位が客観的に認められるかという項目が、最も重要だと思われる。Ⅵ－1で検討する麻酔科医事件

17

は、自身のクリニックを持たず、契約している各医療機関を巡回して麻酔を行っていた者が給与所得とされた事例であるが、一方、自身のクリニックを開設した上で、出張麻酔を行う旨の「保険医療機関指定申請書」を提出していた麻酔科医について、事業として行う役務の提供であるとされた裁決がある[2]。なお、自身のクリニックを持つか持たないかという問題は、①の自己の計算と危険において独立して営まれているかという項目についても、強力な事業該当性を示すものである。

　チェックリストに記載された項目は、どれも同じ重要度ではなく、重要な項目とそうでない項目があり、それらを総合勘案するように求められている。重要度の低い項目について、給与該当性を示すものが多数あったとしても、強力な事業該当性を示す項目が一つでもあれば、すべてひっくり返す可能性があるというのが、総合判断ということである。

　中でも、ここで取り上げた④と、①の項目は重要である。①④にYESがマークされる事案については、事業該当性を強く主張すべきである。

5　社会保険加入との問題

　外注費と給与等の区別の問題において、実務的に一番多い質問は、「税務上の給与等に該当した場合、社会保険に加入する必要があるだろうか」というものである。

　この点については、必ずしもそうではないと回答できる。すなわち、税務上の給与等に該当したからといって、ただちに社会保険に加入する必要はないということである。

(1)　雇用契約に基づくものではない

　第一に検討すべきは契約である。税務上の給与等に該当する場合とは、

(2)　平成28年4月4日東京国税不服審判所裁決（非公開）。TAINSコード F0-1-611。

第1章　外注と給与の区分

「雇用契約又はこれに類する原因」に基づいて支払った場合であるが、雇用契約に基づいて支払った場合に、社会保険に加入することは問題がないだろう。外注費か給与等かの判断に迷うような事例は、少なくとも雇用契約に基づくものではなく、「雇用契約に類する原因」に基づく場合が多いと思われる。この場合は、税務上の給与等に該当することになるが、雇用契約に基づかないのであるから、労働基準法の適用を受けることがなく、例えば有給休暇を付与する必要もないし、雇入時の通知や解雇に関する規定の適用もない。

　しかしながら、雇用契約に基づかない場合のすべてについて、社会保険に加入しなくていいわけではないので、注意が必要である。社会保険における報酬とは、「賃金、給料、俸給、手当、賞与等名称に関係なく、被保険者が事業主から労働の対償として支払を受けるすべてのもの」と規定されている。したがって、税法上の給与等に該当する場合は、社会保険においても給与等に該当する可能性があることは否定できない。

(2)　社会保険の加入条件

　第二の検討事項は社会保険の加入条件である。パートや従業員であっても、給与等を支払う場合のすべてに社会保険の加入義務があるわけではなく、1週間の所定労働時間および1か月の所定労働日数が正社員の4分の3以上である場合や、週30時間以上である場合（会社の従業員数が501人以上である場合は20時間）等、加入にあたってはいくつかの条件が定められている（加入条件の詳細については本書では触れない）。

　これに対し、税法において給与等に該当する場合には、時間や金額の条件は設けられていないわけであるから、税法上の給与等に該当した場合のすべてについて、社会保険の加入義務がある訳ではないのは当然である。

　すなわち、税務上の給与等に該当する場合であっても、短期間だけの契約であったり、継続的な雇用が見込まれない場合であったり、週当たりの所定

19

労働時間が要件を満たさない場合や、勤務が不規則で計算ができない場合等、社会保険の加入条件を満たさない場合があるわけである。したがって、例えば税務調査で給与等と認定されたからと言って、認定された者の全てについて社会保険の加入手続きを取らなくてはならないと考えるのは早計である。

(3) 経理処理

　極めて実務的な問題であるが、税法上の給与等に該当するものであっても、外注費、委託費等という勘定科目で処理することも可能である。逆に、外注費、委託費等という勘定科目で処理していたとしても、税法上の給与等に該当する場合があるわけであるから、税法上の給与等に該当するものを、これらの勘定科目で処理することも否定されるわけではない。

　このことは、特に建設業の許可において重要である。というのは、建設業許可の申請や変更の際には、申請書に使用人数を記載することが求められるため、実務的には従業員名簿を作成することになるが、このとき、税法上の給与の支払いを受ける者を、すべて従業員として扱うことは、建設業法の観点から適当ではない。

　したがって、社会保険に加入している者に支払うものを給料等として経理し、そうでない者に支払うものを外注費等として経理することも認められるわけである。

第1章　外注と給与の区分

Ⅳ　平成20年　電気工事件

　昭和56年最高裁判決は、消費税導入前の事例であり、事業と給与との判断
基準が明示されたといっても、所得税における所得区分についての判決では
ないか、という問題がある。そこで、消費税法における外注費と給与の判断
基準が示されたとされる、東京高裁平成20年4月23日判決[3]（以下、「電気工
事件」という。）を取り上げることにする。

1　事案の概要

　電気工事業を営むXは、電気工に対して支払った費用について、外注費で
あり、課税仕入れに該当するものとして、消費税の確定申告をしたが、税務
署長が、これは給与等に該当し課税仕入れに該当しないとして、更正処分を
したため、その取消しを求めて訴えを起したものである。

2　判決の要旨

　東京高裁は、次のように判示してXの請求を退けた。

　「本件支払先は、Xから指定された仕事先においてX代表者又はA社の職
員の指示に従い、電気配線工事等の作業に従事し、1日当たりの『基本給』
に従事日数を乗じた金額、約2割5分増しの『残業給』に従事時間を乗じた
金額及び5割増しの夜間の『基本給』に従事日数を乗じた金額の合計額から
遅刻による減額分を差し引かれた金員を労務の対価として得ていたこと、こ
の間、Xに常雇される者として他の仕事を兼業することがなかったこと、仕

---

[3]　一審、東京地裁平成19年11月16日判決（税資257号順号10825、TAINS コード Z257-
　　10825）。控訴審、東京高裁平成20年4月23日判決（税資258号順号10947、TAINS コ
　　ード Z258-10947）。上告審、平成20年10月10日棄却・不受理（税資258号順号11048、
　　TAINS コード Z258-11048）。

21

事先で使用する材料を仕入れたことはなかったこと、ペンチ、ナイフ及びドライバー等のほかに本件支払先において使用する工具及び器具等その他営業用の資産を所持したことはなかったことなどが認められるところ、さらに、Ｘが本件支払先に係る定期健康診断の費用を負担していたこと、Ｘが福利厚生費として計上した費用をもって本件支払先に無償貸与する作業着を購入していたことなどを総合的に考慮すると、その労務の実態は、いわゆる日給月給で雇用される労働者と変わりがないものと認めることができるから、このような本件支払先について、自己の計算と危険において独立して電気配線工事業等を営んでいたものと認めることはできない。」

「本件支払先は、Ｘに対し、ある仕事を完成することを約して（民法632条参照）労務に従事していたと認めることはできず（Ｘは本件支払先に対し作業時間に従って労務の対価を支払っており、達成すべき仕事量が完遂されない場合にも、それを減額したりはしていない。）、労働に従事することを約して（民法623条参照）労務に従事する意思があったものと認めるのが相当であり、実際、Ｘと本件支払先の契約関係では、他人の代替による労務の提供を容認しているとは認めることができないこと（民法623条2項参照）、本件支払先はＸ代表者又はＡ社の職員である現場代理人の指揮命令に服して労務を提供していたことが認められることなどからすると、本件支払先による労務の提供及びこれに対するＸによる報酬の支払は、雇用契約又はこれに類する原因に基づき、Ｘとの関係において空間的（各仕事先の指定等）又は時間的（基本的な作業時間が午前8時から午後5時までであること等）な拘束を受けつつ、継続的に労務の提供を受けていたことの対価として支給されていたものと認めるのが相当である。」

「本件では、本件支払先による労務の提供及びこれに対するＸによる報酬の支払は、雇用契約又はこれに類する原因に基づき、Ｘとの関係において空間的又は時間的な拘束を受けつつ、継続的に労務の提供を受けていたことの

第1章　外注と給与の区分

対価として支給されていたものと認めるのが相当であるから、…本件各課税期間における本件支払先に対する本件支出金の支払は、所得税法28条1項に規定する給与等に該当するものと認めることができる。」

3　検討

(1)　チェックリストによる判定

　電気工事件における認定事実について、前述の国税局のチェックリストによって判定してみよう。

【表　電気工事件の認定事実と判断基準該当性】

判定項目	給与	事業	判定理由
当該契約の内容が他人の代替を容れるか	NO	YES	できない
仕事の遂行に当たり個々の作業について指揮監督を受けるか	YES	NO	◎決め手 X代表者またはA社の指示に従う
まだ引渡しを終わっていない完成品が不可抗力のため滅失した場合等において、その者が権利として報酬の請求をなすことができるか	YES	NO	達成すべき仕事量が完遂されない場合にも、報酬を減額したりしない
材料が提供されているか	YES	NO	
作業用具が供与されているか	YES	NO	ペンチ、ドライバー以外の工具器具を所持していない
雇用契約又はこれに準ずる契約等に基づいているか	YES	NO	本人たちはそう思っていない
使用者の指揮命令に服して提供した役務か	YES	NO	X代表者またはA社の指示に従う

23

使用者との関係において何らか の空間的、時間的な拘束を受け ているか	(YES)	NO	各仕事先を指示される 基本的な作業時間が午前 8 時 から午後 5 時である
継続的ないし断続的に労務の又 は役務の提供があるか	(YES)	NO	◎決め手 Xに常雇され他の仕事を兼業 することがない
自己の計算と危険において独立 して営まれているか	(NO)	YES	◎決め手 Xに常雇され他の仕事を兼業 することがない
営利性、有償性を有しているか	NO	(YES)	
反復継続して遂行する意思があ るか	NO	(YES)	
社会的地位が客観的に認められ る業務か	(NO)	YES	◎決め手 Xに常雇され他の仕事を兼業 することがない
その他	(YES)	NO	報酬が基本給×日数で計算さ れる。残業、夜間割り増しが ある
	(YES)	NO	健康診断の費用をXが負担 作業服が無償貸与されている

　いくつかの項目は事業にチェックがつくが、全体的には給与に多くチェックがつく事例である。決め手となるのは、Xに常雇され他の仕事を兼業することがない点であろう。Xに常雇されている状態では、継続的にXに役務提供をすることによって生計を立てているといえるであろうし、自己の計算と危険において独立して営んでいるとも、客観的に電気工としての地位が認められているともいえないからである。

　したがって本事例では、いわゆる日給月給による給与に該当するものと判断されたのは、やむをえないことだと思われる。

第1章　外注と給与の区分

(2)　専門性

　本事例が、日給月給による給与に該当するのはやむを得ないと思われるが、それにもかかわらず、Xがこれらの支払いを外注費として処理していた理由は、本件各支払先が電気工事に関する資格を有していたから、すなわち、本件各支払先が電気工事の専門家であったからではないかと推測される。

　給与等に該当するか否かの判断基準には、使用者の指揮命令に服して役務を提供したかどうかという項目がある。これに対して、相手が専門的知識を有している場合には、指揮命令を必要としないという考え方がある。

　例えば、大工工事業を営む者が1件の家の建築を引き受け、左官工事や電気工事等については、専門家に外注する場合を考えてみる。この場合、元請である大工は、左官工事や電気工事等についての知識も技能もないため、これらの工事を請け負う下請に対して、指揮命令を行うことはできないはずである。本事例における支払先も、電気工事に関する資格を有していたわけであるから、作業に当たっていちいち指揮命令を受ける必要がなく、「ここの電気工事」という形で工事ごとに請け負うことが可能だったのではないかと推測される。

　しかしながら、専門的知識を有する者に対する支払いであっても、給与等の場合はある。例えば、病院が医師を雇用する場合や、監査法人等が税理士、公認会計士等を雇用する場合である。ただし、この場合は、雇う方も十分に専門的知識を有している場合が多いのではないかと思われる。そうでなければ、指揮命令ができないからである。本件においても、雇い主であるXは電気工事のプロであった。したがって、支払先である電気工が有資格者でも、指揮命令は可能だったと思われる。だが、もし、依頼者が電気に関する知識を有しなかった場合であったらどうだろうか。この場合には、専門的知識を有する者に対して指揮命令はできないと考えることが自然であろう。

25

Ⅴ　平成21個別通達と情報

1　H21個別通達の発遣

　外注費（事業所得）・給与問題に対して、平成21年12月17日に興味深い法令解釈通達が発遣されている。題は、「大工、左官、とび職等の受ける報酬に係る所得税の取扱いについて」というものである（以下、「H21個別通達」という。）

　Ⅳで述べた電気工事件は、平成20年10月10日に上告が棄却され、給与等として決着した。H21個別通達が発遣された日付を見ると、電気工事件を受けて、発遣されたものではないかと思われる。ここに、抜粋して引用する。

平成21年12月17日　課個5－5

大工、左官、とび職等の受ける報酬に係る所得税の取扱いについて（法令解釈通達）[4]

　2　大工、左官、とび職等の受ける報酬に係る所得区分

　事業所得とは、自己の計算において独立して行われる事業から生ずる所得をいい、例えば、①請負契約又はこれに準ずる契約に基づく業務の遂行ないし役務の提供の対価は事業所得に該当する。また、雇用契約又はこれに準ずる契約に基づく役務の提供の対価は、事業所得に該当せず、給与所得に該当する。

　したがって、大工、左官、とび職等が、建設、据付け、組立てその他これらに類する作業において、業務を遂行し又は役務を提供したことの対価とし

---

[4]　国税庁ホームページ
　https://wwwntagojp/law/tsutatsu/kobetsu/shotoku/shinkoku/091217/01htm（最終確認日、平成30年7月7日）

第1章　外注と給与の区分

て支払を受けた報酬に係る所得区分は、当該報酬が、請負契約若しくはこれに準ずる契約に基づく対価であるのか、又は、雇用契約若しくはこれに準ずる契約に基づく対価であるのかにより判定するのであるから留意する。

　この場合において、その区分が明らかでないときは、例えば、次の事項を総合勘案して判定するものとする。

(1)　他人が代替して業務を遂行すること又は役務を提供することが認められるかどうか。

(2)　②報酬の支払者から作業時間を指定される、報酬が時間を単位として計算されるなど時間的な拘束（③業務の性質上当然に存在する拘束を除く。）を受けるかどうか。

(3)　作業の具体的な内容や方法について報酬の支払者から指揮監督（④業務の性質上当然に存在する指揮監督を除く。）を受けるかどうか。

(4)　まだ引渡しを了しない完成品が不可抗力のため滅失するなどした場合において、自らの権利として既に遂行した業務又は提供した役務に係る報酬の支払を請求できるかどうか。

(5)　材料又は用具等（⑤くぎ材等の軽微な材料や電動の手持ち工具程度の用具等を除く。）を報酬の支払者から供与されているかどうか。

　H21個別通達と消基通１－１－１を比較すると、下線部①から⑤が相違していることがわかる。消基通１－１－１に示されている項目については説明済みであるから（Ⅱ－４参照）、ここでは下線部①から⑤について検討する。

①　請負契約又はこれに準ずる契約について

　下線部①においては、役務提供が「請負契約又はこれに準ずる契約に基づく」場合には、事業所得に該当する旨が示されている。昭和56年最高裁判決および消基通１－１－１においては、給与等に該当するものは、「雇

27

用契約又はこれに準ずる契約に基づく」ものであることが明らかにされていたが、事業所得に該当するものが何の契約に基づくものであるかについては、明らかにされていなかった。

H21個別通達においては、事業所得に該当する役務提供は、請負契約に基づくものに限定されるのではなく、「準ずる」契約も含まれる旨が示されている。この点、給与所得において、「雇用契約」に基づくものに限定されず、「準ずる」契約も含まれるとされていることに整合するものであり、評価し得る。

② 時間的拘束

下線部②では、時間的拘束についての記述が追加されている。ここでも空間的拘束については言及されていない点が興味深い。下線部②では、時間的拘束を受ける場合として、(1)作業時間を指定される場合と、(2)報酬が時間を単位として計算される場合が挙げられているが、私見では、(1)(2)の場合であっても時間的拘束があるとは考えないため、以下に反論する。

(1) 作業時間を指定されている場合

作業時間というか、勤務時間を指定されている場合は、たしかに時間的拘束を受けていると言えなくもない。しかしながら、勤務時間を指定されている場合のすべてが時間的拘束を受けているというのは早計である。勤務時間を定められているために時間的拘束を受けていると言える場合は、「作業が終わっても、勤務時間内は帰ることができない」とされている場合に限られるというのが、私の考えである。

ある作業を請け負った場合、元請から作業時間を何時までと指定されていたとしても、請け負った作業が終わり次第帰っていいのは当然である。一方、給与所得者の場合、上司から与えられた仕事が終わったとしても、勤務時間

第1章　外注と給与の区分

内は帰ることができないのが通常である。したがって、時間的拘束を受けているかどうかを考える上では、終わったら帰っていいか、終わっても帰れないかを判断の基準にするべきであって、単に作業時間が指定されているだけでは、時間的に拘束されているとは言えないと思われる。

(2)　報酬が時間を単位として計算される場合

　たしかに、工事1件ごとに報酬が定められている場合は請負に該当し、時給や日給で報酬が決められている場合には給与等に該当するケースが多いのは事実であろう。しかしながら、時間を単位として報酬を計算する場合のすべてが、給与等に該当するわけではない。すなわち、時給・日給であることは、これにより外注費か給与かが即座に決定されるような、重要な項目ではないということである。

　請負に係る報酬については、事前に決定されている場合ばかりではない。強い信頼関係で結ばれている元請と下請の場合、作業に取り掛かる前に料金を見積もりすることなく、作業が終えてから、どの程度の手間、時間がかかったかを勘案して、相手と協議することがある。その場合、どの程度の作業時間がかかったかを指標の一つとして用いることは、極めて合理的であると思われる。

　上述(1)において、ある作業の請負である場合、作業が早く終わったら早く帰るのが通常であると述べたが、このような場合に時間を単位として報酬を定めておくと、短時間に終わるような簡単な作業である場合は、報酬が少なく計算され、逆に、長時間かかる場合には、かかった時間に応じてそれなりに報酬が計算されることになるため、合理的である。

　調査の現場において、「時給（あるいは日給）だから給与です」と主張する調査官に出会うことがあるが、単に時給、日給だから給与という短絡的な判断は、適当ではないと考える。

29

なお蛇足ながら、時間的拘束について調査でよく指摘される、タイムカードの有無について述べておきたい。

　例えば、建設業を営む事業者が、給与として支払う従業員にも、外注費を支払う下請先にも、同一の機械でタイムカードを作成させているケースにおいて、当該下請先への支払いは、外注費の支払いではなく、時給による給与ではないかと指摘されることがある。

　このようなケースにおいて私は、「時間を基準として報酬を決める以上、正確に記録することは必要と思われる。従業員と同じタイムカードを利用しているのは便宜のためである。従業員用、外注先管理用と2台のタイムカード機を用意するのは合理的ではない」と答えたことがある。読者諸兄の参考になれば幸いである。

③　④　業務の性質上当然に存在する拘束、指揮監督を除く

　H21個別通達において最も評価し得る点は、この文言が追加されたことである。昭和56年最高裁判決に示された基準によると、給与所得該当性として、使用者の指揮命令に服しているか、あるいは空間的、時間的拘束があるかを重視することになるが、ここでは、指揮命令とは何か、あるいは、空間的、時間的拘束がある場合はすべて給与所得になるのか、という疑問があった。

　この疑問に対してH21個別通達は、業務の性質上当然に存在する拘束や指揮監督は除く旨を明らかにした。例えば時間的拘束について考えた場合、純然たる請負の場合であっても、作業時間を指定されることはよくあることである。工事を一業者で行うのであれば、いつ工事をしても問題はないのであるが、通常は複数の事業者が協力することが多いため、作業時間を指定するのも当然である。しかしながら、この場合には、時間的拘束を受けてはいるが、それが請負契約の内容の一条項なのであって、これをもっ

第1章　外注と給与の区分

て給与に該当すると考えることは適当ではない。そこで、H21個別通達は、業務の性質上当然に存在する時間的拘束は除くと明らかにしたのである。

　同様のことは指揮監督についても言える。現場監督が作業員に対して、あの作業をしろ、次はこの作業をしろと命令するのは当然であるが、ある者の指揮の下でなされた監督のすべてが、給与等の判断基準における「指揮監督」に該当するわけではない。

　例えば「ここをあと30センチ掘って」とか、「ここは赤い色で」とかいうのは、指揮監督ではなくて、請負契約の依頼の内容であるし、また、作業の順番について、「この作業をやって、次にこの作業、その次はこの作業」と指示することは、工事全体の進行から必要な指示であって、従業員が上司の監督に服しているのとは、性質を異にする。

　H21個別通達では、このような指示を、業務の性質上当然に存在する指揮監督であると示した上で、給与所得該当性を判断する際の「指揮監督」からは除くと明らかにしたものと思われる。

⑤　軽微な材料や電動の手持ち工具程度の用具等を除く

　材料又は用具等が使用者から供与されているかどうかという項目は、消基通1－1－1にも示されていたが、H21個別通達で追加されたのは、役務提供者が材料や用具を負担しているといっても、くぎ程度の軽微な材料や、電動の手持ち工具程度の用具では、ここでいう材料や用具の負担とは認められないという点である。一般的なサラリーマンにおいても、筆記具や電卓、定規等はサラリーマン側が用意するケースがあるのと同じということである。

　問題にしたいのは、電動の手持ち工具等の範囲であり、この点については3つ意見がある。

　第一には、電気工事件との関係である。電気工事件で問題になったのは、

31

ペンチ、ナイフ、ドライバー等の工具であり、この程度の工具では、用具の負担にはあたらないとされた。しかしながら、H21個別通達では、電動の手持ち工具にまで範囲を拡大しているが、これは、判決の射程を逸脱していると思われる。

第二には、電動の手持ち工具と言ってもいろいろあるという点である。H21個別通達がいう電動の手持ち工具程度とは、給与所得者も負担する程度の軽微な物を示すと思われ、高くても2－3万円程度の電動ドライバーや丸ノコ等を指すのではないかと推測される。しかしながら、電動カンナやコンクリートハンマーのように、電動の手持ち工具と言ってもある程度の大きさがあり、価格も10万円、20万円とするものも存在するため、電動の手持ち工具は除外すると一概に言うことはできない。

第三には、電動ではない手持ち工具の取扱いである。電動の手持ち工具が該当しないと言った場合、電動ではない手持ち工具はもっと該当しないと解釈するのが自然なように思われるが、プロが使用するノミやゲンノウ、ノコギリ等は、こだわりの品であることが多く、電動工具より高価な場合も多い。メンテナンスを考えても、砥ぎに3万円5万円と支出することもあるが、このような費用の負担は、社会通念上、給与所得者が負担すべき用具の範囲を超えていると思われる。したがって、電動ではない手持ち工具であっても、用具を負担していると認められる場合はあると思われる。

2 個別通達に対する情報

H21年個別通達には、その留意点について、「情報」が通達と同時に公表されている（以下、「H21情報」という）。

平成21年12月17日 個人課税課情報第9号

大工、左官、とび職等の受ける報酬に係る所得税の取扱いに関する留意点に

第1章　外注と給与の区分

ついて（情報）[5]

　大工、左官、とび職等の受ける報酬に係る所得税の取扱いについては、平成21年12月17日付課個5－5「大工、左官、とび職等の受ける報酬に係る所得税の取扱いについて」（法令解釈通達）を定めたことから、その留意点を質疑応答形式により別冊（PDF/345KB）のとおり取りまとめたので、執務の参考とされたい。

　この「別冊」は11問から成るが、以下に抜粋して検討することにする。（☞「別冊」の全文は資料編359頁を参照）。

　なお、当該情報においては、外注費（事業所得）・給与問題について、事例を設定しての質疑応答形式で検討がなされているが、前提となる事例が少しでも変われば、その結果が大きく異なる可能性があることに注意が必要である。したがって、これら質疑応答の結果のみを鵜呑みにすることのないように、気を付けて読み進められたい。

(1)　問4　代替性

H21情報より　問4　（所得区分の判定基準(1)）

　次に掲げるような場合は、「他人が代替して業務を遂行すること又は役務を提供することが認められる」場合に該当しますか。

　① 急病等により作業に従事できない場合には、本人が他の作業員を手配し、作業に従事しなかった日数に係る本件報酬も本人に支払われる場合（作業に従事した者に対する報酬は、本人が支払う。）

---

(5)　国税庁ホームページ
　　https://wwwntagojp/law/joho-zeikaishaku/shotoku/shinkoku/091217/indexhtm（最終確認日、平成30年7月7日）

② 急病等により作業に従事できない場合には、報酬の支払者が他の作業員を手配し、作業に従事しなかった日数に係る本件報酬は当該他の作業員に支払われる場合

（答）

事例①の場合は、本人が自己の責任において他の者を手配し、当該他の者が行った役務提供に係る報酬が本人に支払われるものであり、役務の提供を行った者が誰であるかにかかわらず、支払者から本人に報酬が支払われるものであることから、他人が代替して業務を遂行すること又は役務を提供することが認められています。（筆者注：よって事業）

一方、事例②の場合は、支払者の責任において、他の者を手配し、他の者が行った役務提供に係る報酬が支払者から直接当該他の者に支払われるものであり、役務の提供を行った者に対してのみ報酬が支払われています。（筆者注：よって給与）

ここでは、H21個別通達の(1)、「他人が代替して業務を遂行すること又は役務を提供することが認められるかどうか」についての質疑応答が挙げられている。

H21情報は大変興味深い形式で記述されており、各問に対して、その判断の根拠となった法令や判決が添付されている。問4では、代替性があるかどうかによって給与かどうかを判定する根拠として、民法の規定による旨が示されている。

しかしながら、民法は「雇用契約に基づく場合は代替性がない」と示しているだけであって、解釈論として、「代替性がない場合は雇用契約に基づいている」あるいは、「請負契約に基づく場合は代替性がある」という2つについては、正しいとは限らない点に注意が必要である。つまり、「代替性がなくても請負契約に基づいている場合はある」のであり、「請負契約に基づ

第1章　外注と給与の区分

く場合でも代替性がない場合がある」ということである。

【表4　雇用契約と代替性の解釈】

【民法の規定】
雇用契約であれば　→　代替性はない　　○
代替性がなければ　　→　雇用契約である　×
代替性がなくても　　→　請負契約の場合はある　○
請負契約であれば　　→　代替性がある　　×
請負契約であっても　→　代替性がない場合はある　○
（例）税理士が講師を引き受けた場合。
代替性がなくても請負契約である（請負契約であっても代替性がない）

　請負契約であるのに代替性がないものの例としては、税理士が講演会を引き受けた場合が挙げられる。講師を引き受け、講演を行うことは請負契約に該当するが、依頼者は「その税理士」に講演を依頼しているのであって、依頼者の承諾なくして誰かに代替して講演をさせることはできない。

　以上の結果によってH21情報の問4②を検討してみると、この例においては、単に仕事を断っただけであり、これによって給与であるとはいえないと思われる。

　講演を引き受けた税理士の例でいうならば、急病等により講演ができなくなったというだけであり、このような場合に、請負者である税理士が、他の講演者を手配する義務はないし、また、依頼者が他の税理士を手配して講演させた場合に、代演をした税理士に直接対価を支払うのも当たり前である。すなわち、代替性の有無と支払われた講演料が給与等に該当するかどうかは

35

別問題である。

私見では、他の代替を容れるとは、例えば腕のいい大工なら誰でもいい、都合が悪ければ別の人を探すということを意味するにとどまり、これを以て給与等だと判断する決め手にはならないと思われる。

(2) 問6 処遇上の差異

問6のメインテーマは指揮監督であるが、既に十分解説したのでここでは繰り返さない。

本問が興味深いのは、次の判決が添付されていることにある。（下線筆者）。

昭和56年3月6日京都地裁[6]**（昭和57年11月18日大阪高裁同旨**[7]**）**

給与所得に該当するか否かは、既にみたとおり、労務の提供が使用者の指揮監督に服してなされているか、労務提供における危険と計算は誰が負っているかを基準に判断すべきであり、<u>多種多様な給与所得者について労務提供における処遇上の差異があるからといって、その処遇が充分でない者の所得を給与所得でないとする根拠とはなりえない。</u>

［認定］

（一）健康保険、失業保険、厚生年金保険の加入資格、職員組合、共済組合等の組合員資格のいずれをも有しない、（二）就業規則が適用されない、（三）専任教員についての賃金規則、退職金規程も適用されない、…（七）夏季、冬季の一時金が支給されないとの勤務形態、処遇にあること…が認められる。

当該判決では、例えば、正社員、準社員、アルバイトなど、従業員の身分に関していくつかの形態がある場合において、正社員は、健康保険、失業保

---

(6) TAINSコード Z116-4756。

(7) 昭和56年3月6日京都地裁判決の控訴審。TAINSコード Z128-5101。

第1章　外注と給与の区分

険、厚生年金、労働組合に加入し、退職金規定が適用され、賞与が支給されるのに対し、準社員やアルバイトは、健保、年金、組合の加入がなく、賞与も退職金もないというようなケースであっても、労務の提供が使用者の指揮監督に服してなされている以上、正社員も準社員もアルバイトも給与であって、正社員は給与、それ以外は外注として取扱うことはできないと示されている。この判示は妥当と思われる。

(3)　問9　総合勘案その1

　問9では、個々の事項について個別に検討した上で、最終的には総合勘案する旨が示されている。

　総合勘案とは、単純な多数決ではないということであり、たとえ1項目でも判断の有力な決め手となる事項がある場合、給与ないし外注に一気に傾くことになる。

H21情報より問9　（総合勘案して所得区分を判定する場合(1)）

　次のような場合、左官AがB社から受けた報酬に係る所得区分の判定はどのように行うのでしょうか。

　　[例]　**契約関係**：書面契約はないが、口頭により、マンションの壁塗り等の作業を、①1日当たり2万円の報酬で行っている。報酬の支払日は月ごとに決められている。

　　代替性の有無：左官Aが自己の判断で②補助者を使用することは認められておらず、作業の進ちょくが遅れている場合には、B社が新たに左官Cを手配する。左官Cに対する報酬は、B社が支払う。

　　拘束性の有無：左官AはB社の指示により午前8時から午後5時まで労務を提供、③予定していた作業が午後5時までに終了した場

37

合には、Ｂ社の指示により壁塗り以外の作業にも従事する
ことがある。

　なお、予定していた作業が午後５時までに終了せず、午
後５時以降も作業に従事した場合は、④１時間当たり３千
円の報酬が加算して支払われる。

指揮監督の有無：⑤左官Ａが作業する箇所や順番はＢ社から毎日指定され
る。

危険負担の有無：⑥工事途中に天災等で作業後の壁が破損し、再度作業を
行うことになった場合であっても、左官Ａに対する報酬
金額が減額されることはなく、作業日数に応じた報酬が
支払われる。

材料等の供与の有無：⑦こての購入に係る費用は左官Ａが負担し、モルタ
ルや脚立はＢ社が供与する。

（筆者注、この場合は給与に該当）

　本問におけるポイントと思われる部分に、下線を施しておいた。下線部が
H21個別通達のどの項目に該当するかを整理すると、次の表のようになる。

【表　H21情報　問9について】

H21通達の項目	問9の下線部	判断への影響
⑴代替性	②補助者の使用は不可	決め手ではない 請負契約においても、腕のいい職人である左官Ａでなくてはだめだというケースはある。

38

第1章　外注と給与の区分

(2)時間的拘束	①１日２万円の報酬 ③５時までに終了したら壁塗り以外の仕事 ④残業代が支払われる	日給であることは決め手ではない ◎決め手　特に壁塗り以外の仕事という点 残業代も決め手ではない
(3)指揮監督	⑤作業する箇所や順番が指定される	決め手ではない 業務の性質上当然に存在する指揮監督
(4)危険負担	⑥天災等でやり直しになっても、日数に応じた報酬が支払われる	◎決め手　請負であるなら左官Ａの負担であるはず
(5)材料・用具	⑦こて程度は左官が準備する	○決め手　こて程度では用具を用意しているとは言えない

　本問では、下線を施した部分はすべて給与該当性を示しており、その上で、③と⑥が決め手になると思われるので、私見でもこの事例は給与に該当すると思われる。

　最も大きな決め手は、③の５時までに終えても帰れず、壁塗り以外の作業に従事することもある点である。特に、壁塗り以外の作業にも従事させられるというのは、(3)の指揮監督を受けているかどうかにおいても、強力な給与該当性を示す項目であると思われる。また⑥も問題である。天災等によって全くやり直しになっても、すべて元請の方で責任を負うというのでは、一切の危険負担がないともいえる。

　しかしながら、仮に③と⑥が次のようだったら、一気に外注費に傾くのではないかと思われる。すなわち、③については、５時までに壁塗りが終わったら帰る、⑥については、作業の出来が悪かったら、左官Ａの負担でやり直させるという事例である。こうなると、①日当であること、②補助者の使用が認められないこと、⑤作業が指定されること、⑦こて程度しか用意していないことは関係なく、外注費と判断されるのではないかと思われる。

39

⑷　問10　総合勘案その2

H21情報より問10（総合勘案して所得区分を判定する場合⑵）

　次のような場合、とび職DがE社から受けた報酬に係る所得区分の判定はどのように行うのでしょうか。

[例] 契約関係：Ⓐ書面契約はないが、口頭により、ビル木造住宅の建設に係る足場の組立て作業を行っている。足場の組立作業が全て終了した後に、所定の報酬が一括して支払われる。

代替性の有無：とび職Dは、自己の判断で①補助者を使用することが認められている。

　　　　　　とび職Dが②補助者としてとび職Fを手配した場合、報酬はすべてとび職Dに対して支払われ、とび職Fに対する報酬は、とび職Dが支払う。

拘束の有無：とび職Dは、午前8時から午後5時まで労務を提供しているが、③作業の進ちょく状況に応じて自己の判断で午後5時までに作業を終えたり、午後5時以降も作業を行ったりすることがある。

　　　　　　なお、④午後5時までに作業を終えた場合や、午後5時以降も作業を行った場合であっても、とび職Dに対して支払われる報酬が減算ないし加算されることはない。

指揮監督の有無：E社は仕様書や発注書により基本的な作業を指示し、⑤具体的な作業工程やその方法は、とび職Dが状況を見ながら判断して決定する。

危険負担の有無：⑥作業の途中に組み立てた足場が台風により崩れ、再度作業を行うことになった場合であっても、足場の組立作業が全て終了するまでは報酬が支払われず、また、報酬の額が加算されることはない。

第1章　外注と給与の区分

> **材料等の供与の有無**：⑦ワイヤロープやクレーンなどの材料及び用具はE社
>
> 　　が供与している。
>
> （筆者注、この場合は外注に該当する）

　H21情報においては、総合勘案の事例がもう1つ示されている。まず、下線部Ⓐを検討する。

　Ⓐの書面契約がないことについてであるが、口頭であっても請負契約と認められる旨が示されている。そもそも、請負契約は民法上、諾成契約と言って、書面に拠らなくても契約が成立する契約の一種である。逆に、契約書にはっきり請負契約である旨が示してあっても、給与等に該当するケースもあるので、契約書の表題によって判断することは危険である。

　次に、下線部①から⑦について、問9と同様に項目ごとの検討を加えてみる。

【表　H21情報　問10について】

H21通達の項目	問10の下線部	判断への影響
(1)代替性	①補助者の使用可 ②補助者の分までとび職Dに支払われる	◎決め手
(2)時間的拘束	③早く終えても、遅くまで仕事をしてもよい ④早く終わっても遅く終わっても報酬は変わらない	◎決め手 ◎決め手
(3)指揮監督	⑤作業工程や方法はとび職Dが決める	◎決め手
(4)危険負担	⑥天災等でやり直しになっても、報酬は変わらない	◎決め手
(5)材料・用具	⑦ワイヤーロープやクレーンは元請が用意する	×用具を用意しているとは言えない

41

本事例では、材料・用具以外、すべて事業にチェックされる。特に決め手となるのは代替性であろう。補助者を連れて来ても、2人前、3人前の報酬がすべてとび職Dに支払われるのであれば、ほかを検討する必要もないくらい強力な事業該当性を示す項目である。ほかにも、時間は早く来ても遅く来てもよい点や、指揮監督も受けない点、やり直ししても報酬が変わらない点、どれもみなその項目一つで事業と判定できるほど、強力な項目である。これでは、材料・用具を元請が提供していたとしても、事業に該当するのは当然である。

第1章　外注と給与の区分

Ⅵ　他の参考判決

　外注費（事業所得）・給与問題をめぐっては、最近出された二つの判決が
注目されている。

　一つは、麻酔科医が各病院から得た報酬が事業所得の収入に該当するかを
争った、東京地裁平成24年9月21日判決（以下、「麻酔科医事件」という。）
であり、もう一つは、教育機関等に派遣する講師および家庭教師に対して支
払った報酬が給与等に該当するかを争った、東京地裁平成25年4月26日判決
（以下、「家庭教師事件」という。）である。以下、これら二つの判決につい
て、順に検討する。

1　麻酔科医事件[8]

(1)　事案の概要

　本件は、麻酔科医師であるXが、麻酔手術等を施した各病院から得た収入
を事業所得として確定申告をしたところ、所轄税務署長が、上記収入は給与
所得に当たるとして更正処分を行ったため、国Yを相手取り、上記処分の取
消しを求めて訴えを提起したものである。

(2)　争点

　本件の争点は、Xが各病院から得た収入は、事業所得の収入に該当するか、
給与等に該当するかである。

---

(8)　東京地裁平成24年9月21日判決（税資262号−193順号12043）、TAINSコード Z
　　262-12043。

43

⑶ 判決の要旨

　東京地裁はＸが各病院から得た収入について、①報酬の決定方法、②費用・危険負担、③指揮命令、④空間的・時間的拘束といった項目を具体的に検討し、その結論として、Ｘが各病院から支払を受けた報酬は、「自己の計算と危険において独立して営まれる業務から生ずる所得であるということはできず」、Ｘは、各病院の指揮命令に基づいて、各病院による「空間的、時間的拘束を受けて行った業務ないし労務提供の対価として報酬を受けたものであるから、所得税法28条１項に規定する給与所得に当たると認めるのが相当である」と判示し、Ｘの訴えを棄却した。

　またＸは、麻酔医療について高度の専門性を有しているから、病院から指揮命令・監督を受ける立場にないと主張したが、この点についても次のように判示してＸの主張を退けた。「事業所得が、自己の計算と危険において『独立して』営む業務から生ずる所得であるとされているのは、…当該業務の内容や成果等に応じて変動する収益や費用が誰にどのように帰属するかという問題であり、…業務遂行に必要な様々な判断等を他者の指揮命令によることなく『独立して』行うからといって、ここにいう『独立』性が認められ、事業所得とされるわけではない。」

　「使用者の指揮命令に服して労務を提供するものであるか否かは、労務提供の形態、すなわちその業務を行う対象、場所、時間などを他者が決定し、それに従って労務や役務の提供が行われているか否かという問題であって、業務遂行に必要な様々な判断が自分自身でできるからといって、他者の指揮命令に服していないということにはならないと解すべきである。このことは、国会議員や裁判官など、職務遂行に必要な判断等については、他者の指揮命令に服することなく独立して行っている職種についても、業務を行う対象、場所、時間などの業務の形態について、たとえば議員でいえば、出席すべき委員会やそこでの議事の対象、委員会や本会議が行われる日時や場所など、

第1章　外注と給与の区分

裁判官でいえば勤務すべき裁判所や法廷の場所、扱うべき事件や開廷できる時間などについて、他者に規律されて職務を遂行し、その業務の内容や成果等に応じて変動する収益を得たり費用負担をしたりする報酬体系になっていない者については、その報酬は給与所得とされていることからも明らかである。」

⑷　検討

①　本件の特徴

　外注費（事業所得）・給与問題では、通常、支払側においては外注費に該当した方が税の負担は少なく、反対に受取側においては、給与等に該当した方が税の負担が少ないのであるが、麻酔科医事件においては、受取側が事業所得であると主張した点に特徴がある。

　本件におけるＸは、消費税がかかっても、給与所得控除が受けられなくても、専従者給与や車両費といった必要経費を控除できる方が、税の負担が少なかったのである。したがって、本件の争点は、事業所得としてこれだけ多額の必要経費が控除できるかという点にあったともいえる。

　最終的に判決では、給与等に該当するものとされた。私見では、本件の報酬体系に基本給と考えられる要素があったことが、決め手ではないかと思われ、給与という判断もやむを得ないものと考える。

　しかしながら、判断の過程で示されたいくつかの見解について疑問があるため、以下に３つの項目を取り上げて検討したい。

②　独立性について

　はじめに、事業所得への該当性に関する独立性要件について検討する。判決では、独立性とは、他者の指揮命令を受けずに独立して業務を行うことではなく、「変動し得る収益や費用が誰に帰属するか、あるいは費用が

45

収益を上回る場合などのリスクを誰が負担するか」という、経済的観点からの危険を誰が負い、それを計算して事業を営むことだとしている。

　たしかに、事業として麻酔科医業を営んでいるといえるためには、難しい手術や長時間の手術をした場合には報酬が上がり、手術の件数が少ない場合には報酬が減るなど、経済活動の内容によって収益は変動するべきであり、また、材料代を負担したり経費を負担したりすることにより、時には費用が収益を上回り、赤字になるかも知れないというリスクを負うことが必要と言えるかもしれない。判決ではこの観点に基づき、麻酔液等の材料代も手術に使う道具も病院側が用意しており、Ｘは手数料をもらうのみであったから、赤字になる心配がないとして、Ｘは危険を負っていないと判断している。

　だが、赤字になるリスクがないから危険がないという考え方には同意しかねる。「自己の計算と危険において独立して営まれているかどうか」における危険とは、経済的危険に限定されるものではなく、業務遂行上の危険も含まれると思われる。

　Ｘは、少なくとも８つの医療機関から依頼を受けて麻酔業務を行っていた。そこに、９つ目の医療機関から定期的な麻酔業務の依頼を受けたらどうするかを考えてみる。報酬は魅力であるが、疲労によって医療事故を起こすかもしれない。あるいは、無理なスケジュールによって、他の医療機関の手術の時間に遅れるかもしれない。Ｘには、そのような業務遂行上の危険があるのであり、そして、危険に見合う報酬かどうかを計算した上で、他の誰でもない、自己の判断によって、その依頼を受けるかどうかを決定するのである。これが、「自己の計算と危険において独立して営む」ということではないかと思うのだが、いかがであろうか。

第1章　外注と給与の区分

③　指揮命令ないし空間的、時間的拘束

　裁判所は、麻酔を担当する患者数、施行場所、入退室時間等は医療機関側によって決定されており、前日にFAXで情報提供を受けてこれに従っていたと事実認定した上で、「麻酔という業務を行う対象、場所、時間など業務の一般的な態様について医療機関の指揮命令に服していたものと認められる」と判示した。すなわち、場所、時間が指定されていることは、空間的、時間的拘束を受けている証拠であり、どの患者に麻酔するか、順番をどうするか、何人に麻酔するか等を医療機関によって決定され、これに従うことは、指揮命令に服していた証拠であるということであろう。

　しかしながら、このことは、H21個別通達が明らかにした「業務の性質上当然に存在する拘束や指揮監督」に該当し、これをもって給与等に該当するとは言えないと思われる。

　麻酔科医が、手術の時間に手術室にいないと麻酔業務を遂行することができないわけであるから、手術の場所、時間が指定されているとしても、業務の性質上当然に存在する拘束である。また、どの患者を手術するか、どの順番で行うか、何人の患者を手術するかは、患者の容態、他の医師との兼ね合い、機材やスタッフの空き状況などによって決定される事項であるから、医療機関側の決定に従ったとしても、業務の性質上当然に存在する指揮監督に該当するはずである。

　これらの事項は、これこれの場所、時間、患者、順番でやってくれという、依頼の内容であって、拘束や指揮命令とは性質を異にするものであると考える。

④　専門的知識を有する場合

　Xは、麻酔科医として高度の専門性を有するから、手術において他者の指揮命令に服する必要はないと主張したが、これに対して裁判所は、使用

47

者の指揮命令に服して労務を提供するとは、その業務を行う対象、場所、時間などを他者が決定し、それに従って労務や役務の提供が行われているか否かという問題であると判示した。

この点、対象、場所、時間が指定されていることは、業務の性質上当然に存在するものであり、これをもって他者の指揮命令に服しているとは言えないと反論するのは、③で述べた通りである。

興味深いのは、判決において国会議員や裁判官を例に挙げ、「職務遂行に必要な判断等については、他者の指揮命令に服することなく独立して行っている職種についても」、勤務すべき裁判所や法廷の場所、扱うべき事件や開廷できる時間などについて、他者に規律されて職務を遂行している場合には、給与所得に該当すると示されている点である。

裁判官の報酬や国会議員に支払われる歳費が給与等に該当することについては異論はない。しかし、裁判官や国会議員が、勤務場所や勤務時間、担当業務等を他者に規律されていることをもって、勤務時間や担当業務等を他者に規律されていることが給与等の要件だと考えることは早計である。なぜかというと、裁判官や国会議員は、指定された勤務場所や勤務時間、担当業務について、拒否することは許されないのに対し、本件のXは断ることもできるからである。

一般的に給与所得者が、転勤命令や担当替えに対して拒否することは、業務命令違反であり懲戒の対象である。しかしながら、請負においては、時間や場所、内容が合わない場合には、断ることもあり得るのである。

本問におけるXは、前日にFAXによって手術室の場所や時間を指定されていたから、その時点で断ることは医療機関側の迷惑を考えると難しいかもしれない。しかしながら、契約時においては、毎週〇曜日に、どこどこにある〇〇病院において、大体〇時から〇時で手術をするが、引き受けてもらえるだろうかという話をしたはずである。これについて、毎週〇曜

第1章　外注と給与の区分

日なら大丈夫だとか、場所がどこどこだと遠すぎるとか、諸事情の危険と報酬を計算して、独立した自己の判断によって引き受けるかどうかを決定したはずであり、裁判官や国会議員と同列に論ずることはできないと思われる。

2　家庭教師事件 [9]

(1)　事案の概要

X社は、講師や家庭教師を塾等の教育機関や個人宅に派遣する業務を行っており、当該業務を行う講師および家庭教師と契約を締結し、契約所定の金員を支払っていた。

X社は、講師等に対して支払った金員が給与等に該当しないことを前提として、所得税の源泉徴収をせず、また消費税法における課税仕入れに該当するものとして、消費税等の申告をしたところ、所轄税務署長より、本件金員の支払いは給与等に該当し、課税仕入れに該当しないとして、源泉所得税の納税告知処分及び消費税等の更正処分を受けた。X社はこれを不服として訴えを提起したものである。

(2)　争点

講師および家庭教師への支払いは給与等に該当するか否か。

(3)　判決の要旨

①　第一審　東京地裁判決

東京地裁は次のように判示してX社の主張を退けた。

---

(9)　第一審、東京地裁平成25年4月26日判決（税資263号－86順号12210）、TAINSコード Z263-12210。控訴審、東京高裁平成25年10月23日判決（税資263号－195順号12319）、TAINSコード Z263-12319。上告審、最高裁平成27年7月7日（棄却・不受理）（税資265号－107順号12690）、TAINSコード Z265-12690。

昭和56年最高裁判決が示した基準は、同判決も明示しているとおり、飽くまでも「判断の一応の基準」にとどまるものである。

　所得税法28条１項によると、国会議員が国から受ける歳費が給与所得に含まれ、法人の役員が受ける報酬及び賞与が給与所得に含まれることになるが、これらの者の労務の提供等は、自己の危険と計算によらない非独立的なものとはいい得ても、使用者の指揮命令に服してされたものであるとはいい難いものであって、労務の提供等が使用者の指揮命令を受けこれに服してされるものであることは、当該労務の提供等の対価が給与所得に該当するための必要要件とはいえない。

　最高裁平成17年判決が、いわゆるストックオプションを行使して得た利益を給与所得に当たると判断するに当たって、「雇用契約又はこれに類する原因に基づき提供された非独立的な労務の対価として給付されたものとして、所得税法28条１項所定の給与所得に当たる」との判示をしているのも、以上に述べたような考え方を前提としたものであると解される。

　「本件講師等は、その行った講義等ないし個別指導の内容の優劣、具体的な成果の程度、本件教育機関等がX社に対して支払う委託報酬の額やその履行状況のいかんにかかわらず、X社から、講義等ないし個人指導の業務に従事した時間数に応じて本件各金員の支払を受けることができるものとされている。」「又、X社と本件講師等との間の契約を見ても、本件講師等に対して当該契約に基づく義務を履行するための費用の負担を義務付ける趣旨の定めは見当たらない。」

　「以上に鑑みれば、本件講師等による労務の提供等は、自己の計算と危険によるものとはいい難いものであって、非独立的なものと評価するのが相当である。」「よって、本件各金員は、非独立的な労務の対価として給付されたものとして、それに係る所得は、所得税法28条１項所定の給与所得に当たるものというべきである。」

第1章　外注と給与の区分

② **控訴審　東京高裁判決**

東京高裁は、地裁判決をおおむね支持し、Xの主張を退けた。

(4) **検討**

① **本件の特徴**

本件において問題となった家庭教師や塾講師は、本業として十分な報酬を得ていた者もいたが、多くは学生等のアルバイトであって、月に数万程度の報酬の者もいた。支払の対象が、事業と言えないような小規模な家庭教師や塾講師であったというのが、本件の特徴の一つである。

また、特に家庭教師においては、派遣先の一般家庭と話し合って時間を決めることができ、図書館や喫茶店、家庭教師の自宅等で指導することも禁止されてはいなかったことから、空間的、時間的な拘束があったと言えない事例であることが、もう一つの特徴である。

時間も場所も自由であるならば、昭和56年最高裁判決の基準に基づけば、事業所得に該当するはずである。しかしながら本判決では、昭和56年最高裁判決が示した基準は、同判決自らが示している通り、「一応の基準」であるとして、同判決に必ずしもよらなくてよいとしている。具体的には、他者の指揮命令に従い、空間的、時間的拘束を要するという従属性要件は、給与該当性の必要要件ではないと述べたのである。これが本判決の最大の特徴である。

② **従属性は必要要件ではないという判示**

麻酔科医事件など、事業所得該当性と給与所得該当性が争われた従来の事件では、裁判所は昭和56年最高裁判決に基づき、独立性と従属性の二つを検討して判断してきた。

しかしながら、本判決では、所得税法28条1項の給与の定義中に、「歳

費」及び「役員報酬」「（役員）賞与」があることに注目し、これらを受ける国会議員や役員による労務の提供等は、使用者の指揮命令に服してされたものであるとはいい難いとした上で、従属性要件は、給与所得に該当するための必要要件ではないと判示したのである。

　必要要件ではないということは、使用者の指揮命令に服してなされた、従属性要件を満たす役務の提供が給与所得に該当することは否定しないが、給与所得がすべて従属性要件を満たす必要はないということであり、従属性要件を満たさない給与もあるということである。

【従属性要件は給与所得に該当するための必要要件ではない】		
従属性要件を満たす役務の提供 （使用者の指揮命令に服してなされた役務の提供）	→	給与等に該当
従属性要件を満たさない役務の提供	→	×給与等に該当しない ○給与等に該当しないわけではない ○給与であるものもある（歳費、役員報酬、役員賞与等は給与等に該当するから）

　そうすると、本判決における考え方は、昭和56年最高裁判決が示した判断の基準とは異なるものということになる。この点について本判決では、昭和56年最高裁判決は判決中において自ら、ここで示す基準は飽くまでも「判断の一応の基準」にとどまるものであると明示していることから、昭和56年最高裁判決を絶対視する必要はないとしている。

　本判決において従属性要件は必要要件ではないとされたが、では、給与該当性の必要要件とは何であろうか。それは、「非独立性要件」であると判示されている。独立性要件を満たすと事業所得に該当するわけであるから、支払った金員が給与等であるといえるためには、独立性要件に該当し

52

第1章　外注と給与の区分

ないことが必須ということになる。これを「非独立性要件」と呼ぶ。

　本判決においては、非独立性要件を必要条件とした上で、従属性要件は必要要件ではないと判示した。そしてこの判断の枠組みは、平成17年のいわゆるストックオプション判決と[10]、同様の考え方に基づくものであると述べられている。

③　従属性要件は必要である

　判決では、従属性要件は必要要件でないと示されたが、この点について、「給与所得は、身体が資本であり、また、使用人の指揮命令下という従属的立場ゆえに勤務条件の変更等で継続勤務ができなくなることがあり、所得稼得の機会を奪われる可能性があること…から、担税力が低いと考えられているのである。このように、所得税法がいかなる活動によって所得を稼得したかを前提として担税力を考慮する租税法であることを踏まえると、労務提供の態様たる従属性を無視して給与所得該当性を判断するということはおよそありえないのではないかと思われる[11]。」との批判があり、まさにその通りであると思われる。

　また、いわゆるストックオプション判決についてであるが、ストックオプション判決は、一時所得と給与所得のどちらに該当するかを争った事件であって、事業所得と給与所得のどちらに該当するかを争った事例に対しては、射程外であると思われる。したがって、家庭教師事件を検討する際に、ストックオプション判決を引用して、給与所得該当性については、従属性を論ずる必要はなく、非独立性のみを論じる必要があると言うことは、

---

(10)　第一審東京地裁平成15年8月26日判決・訟月51巻10号2741頁、TAINS コード Z253-9414。控訴審東京高裁平成16年2月19日判決・訟月51巻10号2704頁、TAINS コード Z254-9567。上告審最高裁平成17年1月25日第三小法廷判決・民集59巻1号64頁、TAINS コード Z255-09908。

(11)　酒井克彦「所得税法の給与所得と『従属性』（上）」税務事例46巻1号（2014）6頁。

ミスリーディングであると思われる。

　本件のように、事業所得と給与所得のどちらに該当するかを争っている場面では、従属性要件を検討することは必要であると思われる。

④　雑所得ではなかったか

　本件は、事業所得と給与所得のどちらに該当するかが争われた事例であるため、事業所得に該当しないから給与所得とされた傾向がある。しかしながら、雑所得に該当する可能性があったのではないかと思われる。

【所得税における所得区分の判定順序】

利子所得、配当所得、不動産所得、事業所得、給与所得、退職所得、山林所得、譲渡所得の８種の所得のいずれかに該当するか

↓

一時所得に該当するか

↓

最終的には雑所得に該当する

　所得税における所得区分は、図に示したように、①利子所得から譲渡所得のいずれかに該当するか、②一時所得に該当するかを検討した上で、いずれにも該当しないとすると、③雑所得に該当する、という順序で判定することになっている。

　だとすると、独立性要件を満たさないから事業所得とは言えず、同様に従属性要件も満たさないから給与所得にも該当しない所得については、順次、配当所得や譲渡所得等、他の６種の所得への該当性を検討した後、一時所得にも該当しなければ、雑所得になると思われる。

　このように、給与にも該当せず、事業所得とも言えないことから雑所得

54

第1章　外注と給与の区分

になるものの一つとして、シルバー人材センターの配分金が挙げられる。シルバー人材センターとは、高年齢者等の雇用の安定等に関する法律に基づいて設立された公益法人であるが、同法によって、センターで働く高年齢者との関係は、雇用契約に基づくものではないことが明らかにされていることから、給与所得には該当しない。また、臨時的かつ短期的な就業またはその他の軽易な業務の引き受けであるから、事業所得に該当するものではないとされており、他の所得及び一時所得にも該当しないことから、最終的に雑所得とされるものである。

　本件における家庭教師等は、家庭教師として稼得する収入が低く、また、プロの家庭教師として客観的に認められる社会的地位にあったわけでもないため、裁判所は、独立性要件を満たしていないと判断している。しかし、当該訴訟における課税庁側の担当者が作成した判決情報において「本件は、本件講師等の業務が、本件各顧客の指定する場所で行われる教育指導という内容であったため、Xから本件講師等に対し、業務命令に対する詳細な指揮命令が明らかではなく、労務の提供等の従属性が希薄ともいえる事案であった[12]」と示されているように、従属性要件も満たしていなかったのではないかと考えられる。加えて、役務提供の対価であるから一時所得にも該当しないことを考慮すると、最終的には雑所得に該当するものではなかったかと思われる。

　なお、当該役務の提供に係る対価が雑所得だとすると、消費税法上は、課税仕入れとして認められることになる。

⑤　小括

　本件においては、家庭教師および講師の一部の者が、実際には事業所得

---

(12)　東京国税局課税第一部国税訴訟官室「課税関係訴訟事件判決速報」No1278（平成25年4月26日）、TAINS コード〔判決速報1278〕。

として確定申告していなかったにもかかわらず、事業所得として確定申告していたと陳述している旨が示されているが、私見では、この点が判決の決め手になったのではないかと思われる。一つには、虚偽の陳述をしたことにより裁判官の心証を損なったのではないかということであり、もう一つには、自己の危険と計算のもとに事業を行っていたと言えない証拠との認定である。したがって、本件が給与と判断されたことはやむを得ないと思われる。

　本件は、時間的、空間的拘束を受けておらず、指揮命令を受けていたかも明確ではないことから、従属性要件を満たすものではなかったといえる事例であり、だからこそ、給与該当性の判断にあたって、従属性要件は必要要件ではないと判示したと思われる。しかしながら、従属性要件は不要とする本件判決の見解に対しては、批判が多く寄せられている。

第1章　外注と給与の区分

Ⅶ　インボイス制度の導入とその影響

1　インボイス制度の導入スケジュール

　現在の予定では、平成31年（2019年）10月1日より、消費税率が10％に引上げられ、同時に酒類と外食サービスを除く飲食料品の譲渡および定期購読契約に基づく新聞の譲渡に対して、8％の軽減税率が導入され、その4年後の平成35年（2023年）10月1日より、日本版インボイス方式である「適格請求書等保存方式」（以下、本章においては「インボイス方式」という。）が導入される見込みである（☞　詳細は327頁以下を参照）。

2　免税事業者からの課税仕入れと経過措置

　インボイス制度が導入されると、インボイス発行事業者として登録した者しか、インボイスを発行することができなくなるが、インボイス発行事業者として登録するためには、課税事業者である必要がある。また、仕入税額控除の要件として、インボイス発行事業者の発行したインボイスを保存することが必要となる。

　以上により、結果として、免税事業者からの課税仕入れは、仕入税額控除の対象ではなくなるのである。

57

【インボイス制度の導入と免税事業者からの課税仕入れ】

インボイス制度が導入されると	仕入税額控除の要件としてインボイスの保存が必要になる
インボイスが発行できるのは	インボイス発行事業者として登録した者だけ
インボイス発行事業者として登録できるのは	課税事業者に限られる

↓

結果として、免税事業者からの課税仕入れは、仕入税額控除の対象ではなくなる

　しかしながら、平成35年（2023年）10月1日から、免税事業者からの課税仕入れについて、仕入税額控除を一切認めなくなるのは、問題である。そこで、平成35年（2023年）10月1日から3年間は、インボイス発行事業者以外からの課税仕入れについてもその80％について、また、平成38年（2026年）10月1日から3年間は50％について、仕入税額控除の対象とする経過措置が設けられている。

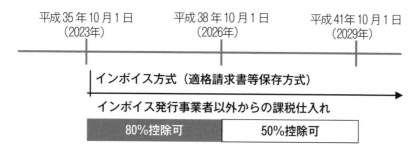

3　インボイス発行事業者の登録と給与等の関係

　本章で取り上げてきた、外注費（事業所得）・給与問題は、主に、免税事業者である小規模事業者からの課税仕入れについての問題である。その理由は、役務提供側の事業者が免税事業者だと、支払った側で仕入税額控除がで

きるのに、受領した側では課税売上に係る消費税を納める必要がないという、益税の問題が発生するからである。

では、インボイス制度が導入されると、外注費（事業所得）・給与問題はどのような影響を受けるのだろうか。

インボイス制度が導入されると、インボイス発行事業者以外の者からの課税仕入れは、仕入税額控除の対象にはならない。したがって、外注費（事業所得）・給与問題を考える上では、役務提供側がインボイス発行事業者か、それ以外の者かに応じて、分けて検討する必要がある。

① **インボイス発行事業者である場合**

役務提供の対価が外注か給与かが問題になるのは、客観的に事業者であることが認められるほどの規模を持った事業者ではなく、主に課税売上高が免税点以下の小規模な事業者の場合である。

免税事業者である者は、インボイス発行事業者の登録ができないため、課税事業者を選択した上でインボイス発行事業者として登録することになる。また、インボイス発行事業者になると、インボイスの発行義務や、修正義務、書類の保存義務等があり、また、偽りの書類を発行した場合には罰則等も設けられている。

そうすると、当該事業者は、自己の計算と危険において課税事業者を選択し、インボイス発行事業者の登録をして、事業を営む者に該当すると考えられ、このような者に支払った役務提供の対価は、基本的には外注費として取扱うことが可能であると思われる。なお、この場合には、支払側では課税仕入れとして仕入税額控除の対象とすることができるが、役務提供側には消費税の納税義務があることから、益税の問題も解消する。

ただ、相手方がインボイス発行事業者の登録さえしていれば、すべてを外注費として取扱ってよいかというと、疑問が残る。ほとんどの場合は外

59

注費として取扱うことが可能であろうが、制度を濫用する場合や、課税上弊害のある場合も考えられるからである。インボイス発行事業者の登録さえしていれば、外注費として取扱ってよいという安直な判断は控えるべきであろう。

② インボイス発行事業者ではない場合

インボイス制度の導入後は、インボイス発行事業者ではない者への支払いは、外注費であっても、給与等であっても、仕入税額控除ができないことには変わりがなくなるため、取扱いの差異は源泉徴収のみになる。したがって、外注費（事業所得）・給与問題は、現在ほど大きな問題ではなくなると思われる。

しかしながら、この場合には、給与等と認定されることが多くなるのではないかという懸念がある。

①で述べたように、役務提供者がインボイス発行事業者であれば、その支払いは基本的に外注費として取扱うことが可能になるため、外注費（事業所得）・給与問題について一応の解決をみたと言える。

その逆に、役務提供者がインボイス発行事業者でない場合は、給与等とされる場面は増えるだろう。しかしながら、インボイス発行事業者ではないが外注費である場合は、意外に多いのではないかと思われる。なぜなら、支払側で仕入税額控除ができないことを覚悟の上で、インボイス発行事業者ではない取引先と取引をするケースが考えられるからである。特に、経過措置の6年間は、80％、50％の仕入税額控除ができればよしと考える事業者は多いのではないだろうか。

このように、インボイス発行事業者ではない者に対する支払でありながら、外注費に該当する場合が存在するが、インボイス方式の導入後は、これらの者に対する支払について、外注費に該当すると説明することが困難

第 1 章　外注と給与の区分

になると予想される。

　経過措置の 6 年間を過ぎると源泉税の問題だけになるが、それまでの 6 年間は厄介な時代になるのではないだろうか。

Ⅷ　本章のまとめ

　本章では、外注費（事業所得）・給与問題について検討してきたが、ここまで読んでいただければ、H21個別通達においても、H21情報においても、あるいは注目されている最近の判決においても、給与とされる事例が増えていることが、お分かりいただけたと思う。

　このことは、判断する裁判官も、課税当局者も、給与所得者であることに原因があると思われる。特に麻酔科医事件において、専門性があっても給与所得に該当すると判断するに当たり、根拠として裁判官を例に採っている点が顕著である。

　外注費（事業所得）・給与問題が調査でクローズアップされた際、私の顧問先の社長が言い放った一言が忘れられない。「仕事が無くても面倒見なきゃならねえのが従業員で、仕事が無い時は『悪いな』って言えんのが外注だ」。このことを理論的に解釈すれば、給与所得者は生活を経営者に依拠し従属している点で非独立な存在だということであり、これに対して、外注先は仕事が無くなるかもしれないという危険を背負いながらも、自己の計算において生計を立てている点において、独立しているということであろう。独立か従属かを考える際の根本理念として、興味深い考え方であると思われる。

　所得税において、給与所得を担税力の弱いものとして取扱うのは、このように経営者に対する依存・従属関係にあるからだと解することができるが、その反射効果として、支払側の負担は増えることになる。税の取扱いにおいて、給与とされると支払側の負担が増えるのはこのことによる。したがって、現在の傾向により、給与とされるケースが増えることは、支払者側の負担が増えることであり、看過できない事態である。

　このような事態に対抗すべく、本章では、外注費（事業所得）とする観点

62

第 1 章　外注と給与の区分

から、通達や情報の取扱いおよび判決に対する反論を考えてきた。少しでも
実務の役にたてれば、筆者としては幸甚である。

コラム01

廃止された通達について

　H21個別通達が発遣されたことにより、昭和28年から昭和31年にかけて発遣された4本の法令解釈通達が廃止され、今では国税庁のHPでも見ることはできない。ここでは、廃止された4本の通達のうち、昭和30年2月22日付の通達の全文を紹介する。

昭和30年2月22日付直所5－8

「大工、左官、とび等に対する所得税の取扱について」（法令解釈通達）

大工、左官、とび等の受ける報酬が事業所得に属するか、給与所得に属するかの判定については、昭和28年8月17日付直所5－20「大工、左官、とび等に対する所得税の取扱について」通達及び昭和29年5月18日付直所5－22「大工、左官、とび等に対する所得税の取扱について」通達により指示したとおり、個々の収入の性質に応じ請負契約に基くものは事業所得とし、雇用契約に基くものは給与所得とすべきものであることはもち論であるが、その区分の明らかでない下記に掲げる者の受ける報酬については、下記によるもさしつかえないものとして取り扱われたい。なお、その者について下記のように取り扱うことを相当としない別段の事情がある場合には、この限りでないから了知されたい。

記

一　その年中を通じ職人として一定の親方に所属している者の受ける
　　労務の報酬は、原則として、給与所得の収入金額とすること。

二　常時使用人その他の従事員を有しないで、また職人として一定の
　　親方に所属もしていないいわゆる一人親方の受ける報酬については、
　　三に掲げる者である場合を除き、その年収（報酬）が450万円以下

64

第1章 外注と給与の区分

であるときは、原則として、その年収額にその金額の多寡に応じ、次に掲げる割合を乗じて得た金額は給与所得の収入金額とし、その余の金額は事業所得の収入金額とすること。

年収額のうち給与所得の収入金額の割合

130万円以下80%

160万円以下70%

190万円以下60%

230万円以下50%

260万円以下40%

300万円以下30%

370万円以下20%

450万円以下10%

三 店舗、作業場等を有し常時一般顧客のもとめに応じていると認められる者の受ける報酬は、雇よう契約によつて受けたことの明らかな個々の報酬を除いては、原則として、事業所得の収入金額とすること。

本通達では、一において、ある親方に専属で所属している者に支払われる報酬は給与である旨と、三において、店舗作業場を有し、常時一般顧客の求めに応じている場合は事業所得の収入金額に該当する旨が明らかにされているが、興味深いのは二である。

二においては、いわゆる一人親方について、支払われる報酬が130万円以下である場合には、その80%を給与所得とし残り20%を事業所得とする旨が、同様に130万円超160万円以下である場合は、70%を給与所得とし30%を事業所得とする旨が、以下、順次給与所得の割合が下がって、450万円超の場合にはこの取扱いの適用がない旨が示されている。

65

いわゆる一人親方に対して支払われた報酬が、完全に給与であるか、完全に事業所得であるかを区分することは困難であり、むしろ、部分的には給与と認められ、部分的には事業所得と認められる性格があるとした上で、報酬が低いほど給与の割合が高いようだと考えるこの通達の取扱いは、課税の公平という観点から、妥当な取扱いであったのではないかと思われる。

　この点、昭和38年12月6日付の「所得税法及び法人税法の整備に関する答申」と題する税制調査会答申の、「第2　課税所得の範囲及び計算等に関する問題」においても、「勤労性の高い事業（大工、左官、とび等）についてその収入の一定部分を給与所得の収入とみて課税するという現行の取扱いは、実情に即した適当な措置であると認められる」との見解がある。

　しかしながら、この取扱いが機能していたのは、消費税を考慮しない時代においてであり、消費税が導入された今となっては、この取扱いでは解決が図れない問題が多く、廃止されたのもやむを得ないことである。

第2章

複雑化する
納税義務の判定

Ⅰ　はじめに

　消費税法は、小規模な事業者の事務負担を軽減するため、一定規模以下の事業者の納税義務を免除している。このように、小規模な取引や事業者に対して課税しない制度を、一般に免税点といい、消費税における免税点は、基本的に、基準期間における課税売上高が1,000万円以下の事業者に対して設けられている。基準期間とは原則として2期前の事業年度である。

　納税義務があるか、免除されるかという問題は、消費税を計算する上で最初に検討すべき、最も大切な事項である。ところが、平成22年から数度に渡って改正が行われた結果、納税義務の判定は複雑化し、消費税法における最も難しい問題の一つとなっている。したがって、納税義務がないものと誤認することによる、税理士職業賠償責任保険の事故例も数多く報告されている。

　本章では、複雑化する納税義務の判定について、近年の改正を追いながら説明し、実際の会社の設立事例を検討したいと思う。

第2章　複雑化する納税義務の判定

Ⅱ　納税義務の判定に関する規定と改正の概要

　最初に、納税義務の判定に関する規定と概要について、制定された順に整理すると、次表のようになる。表中にローマ数字で示されている番号は前後バラバラであるが、説明する項を示している。

【表　納税義務の判定に関する規定】

年	名称	概要
平成元年	Ⅲ　基準期間による判定 相続、合併、分割があった場合の判定	基準期間の売上が1,000万円以下だと免税事業者 （相続、合併、分割について本書では解説なし）
平成9年	Ⅴ　新設法人の納税義務の免除の特例	資本金1,000万円以上の法人は設立時から課税事業者
平成22年	Ⅶ　調整対象固定資産を取得した場合の特例	調整対象固定資産（100万円以上）を取得した場合は、一定期間免税点も簡易課税も適用なし
平成23年	Ⅳ　特定期間による判定	前事業年度の前半6か月を特定期間とし、特定期間の売上が1,000万円以上だと課税事業者
平成25年	Ⅵ　特定新規設立法人の納税義務の免除の特例	課税売上高5億円超の大規模事業者に支配されている法人は設立から課税事業者
平成28年	Ⅷ　高額特定資産を取得した場合の特例	高額特定資産（1,000万円以上）を取得した場合は、一定期間免税点も簡易課税も適用なし

69

Ⅲ　基準期間による判定

　消費税法は昭和63年に制定され、翌、平成元年4月1日から施行された。施行当初の納税義務についての規定は、基準期間による判定と、相続・合併・分割があった場合の納税義務の判定に関する規定のみであった。なお本書では、相続・合併・分割があった場合の納税義務の判定については説明を割愛するので、ご了承いただきたい。

1　免税点に関する規定

　基準期間における課税売上高が1,000万円以下である事業者については、消費税を納める義務が免除される（消法9①）。ここで基準期間とは、事業者が法人か個人かに応じて、次のように定められている（消法2①十四）。

【個人事業者】・・・その年の前々年

【法人】

　①　前々事業年度が1年である場合・・・その事業年度

　②　前々事業年度が1年未満である場合・・・その事業年度開始の日の2年前の日の前日から同日以後1年を経過する日までの間に開始した各事業年度を合わせた期間

2　個人および前々事業年度が1年である法人

　個人の基準期間は前々年である。基準期間である前々年の途中で開業した場合であっても、個人の基準期間は一年間であるので、法人のような年換算は行わない（消基通1−4−9）（法人の年換算は後述）。

　前々事業年度が1年間である法人においては、その事業年度が基準期間で

ある。前事業年度が1年未満の場合でも、前々事業年度が1年であれば、基準期間は前々事業年度になる。

【図　前事業年度が1年未満で前々事業年度が1年の場合】

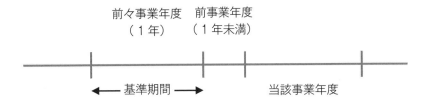

3　前々事業年度が1年未満である法人

　前々事業年度が1年未満である場合の、基準期間についての規定は読みにくいが、避けて通ることはできない。私はこれを、次のように分解して検討することにしている。

> その事業年度開始の日／の2年前の日／の前日／から同日以後1年を経過する日／までの間に開始した各事業年度

　新規設立した法人で、第1事業年度が7か月、第2事業年度は6か月、第3事業年度以後は1年である場合を例に挙げる。ここでのポイントは、第1事業年度と第2事業年度を合わせると13か月で、1年を超えるという点にある。

【図　前々事業年度が１年未満の場合】

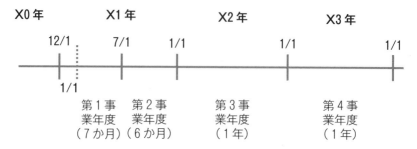

まず、第１事業年度と第２事業年度についてであるが、前々事業年度がないため、基準期間はない。

第３事業年度の前々事業年度は第１事業年度で、１年未満であるため、判定が必要になる。

【表　第３事業年度の基準期間の判定】

その事業年度開始の日	X2年１月１日
の２年前の日	X0年１月２日
の前日	X0年１月１日
から同日以後１年を経過する日	X0年12月31日
までの間に開始した各事業年度	X0年１月１日からX0年12月31日までの間に開始した事業年度は第１事業年度のみ

判定の結果、第３事業年度の基準期間は、第１事業年度の７か月間ということになる。

法人の場合、基準期間に含まれる月数が12か月でない場合には、基準期間に含まれる月数で除し12を掛けるという、いわゆる年換算をすることになる（消法９②二）。なお、ここでの月数は暦に従って計算し、１月に満たない端

第2章　複雑化する納税義務の判定

数を生じたときは、これを1月とする（消法9③）。

　第4事業年度も、前々事業年度は第2事業年度で、1年未満であるため、判定が必要になる。

【表　第4事業年度の基準期間の判定】

その事業年度開始の日	X3年1月1日
の2年前の日	X1年1月2日
の前日	X1年1月1日
から同日以後1年を経過する日	X1年12月31日
までの間に開始した各事業年度	X1年1月1日からX1年12月31日までの間に開始した事業年度は 第2事業年度のみ

　したがって、この場合の第4事業年度の基準期間は、第2事業年度の6か月間ということになり、1年未満であるから年換算が必要になる。

73

Ⅳ 特定期間による判定（H23改正）

1 特定期間による判定の創設

　消費税の納税義務を、基準期間という、いわば2年前の課税売上高によって判定する方法には批判が多い。というのは、当期の課税売上高が数億円、もっといえば数十億円、数百億円という大規模な事業者であっても、基準期間すなわち2年前の課税売上高が1,000万円以下であったら消費税の納税義務は免除されるからである。

　そこで、平成23年度の税制改正で、基準期間における課税売上高が1,000万円以下である事業者であっても、特定期間における課税売上高が1,000万円を超える場合には、納税義務は免除されないという制度が創設された（消法9の2）。

2 特定期間における課税売上高

　ここで、「特定期間における課税売上高」には、「特定期間中に支払った給与等の額」を用いることができるとされている（消法9の2③）。したがって、特定期間中における課税売上高と、支払った給与等の額のどちらを使用するかは、納税者の任意の選択に任されていることになる。

　例えば、基準期間における課税売上高が1,000万円以下で、特定期間中の課税売上高は1,000万円を超えるものの、特定期間中に支払った給与等の額は1,000万円以下である事業者の場合、課税売上高による判定を採用すれば、当課税期間は納税義務者ということになるが、給与等の額を採用して1,000万円以下であるとすれば、当該課税期間は免税事業者ということになる。すなわち、このような場合には、課税事業者になることも免税事業者でいることも、納税者の自由ということである。

74

第2章 複雑化する納税義務の判定

【表 特定期間中の課税売上高と給与等の額との関係】

特定期間中の課税売上高	特定期間中の給与等の額	納税義務の判定
1,000万円超	1,000万円超	納税義務あり
1,000万円超	1,000万円以下	納税義務あり・なし 選択可能
1,000万円以下	1,000万円超	
1,000万円以下	1,000万円以下	納税義務なし

　なお、ここでいう給与等の額とは、所得税法施行規則100条1項1号に規定する給与等の金額をいうとされている。したがって、所得税の課税対象とされる給与、賞与等は該当し、所得税が非課税とされる通勤手当、旅費等は該当しないことになり、また、未払額は含まれないことになる（消基通1－5－23）。

3　特定期間とは

　特定期間についても、事業者が法人か個人かに応じて、次のように定められている（消法9の2④）。

【個人事業者】・・・その年の前年1月1日から6月30日までの期間

【法人】

　①　前事業年度が7月超である場合・・・前事業年度開始の日以後6月の期間

　②　前事業年度が7月以下である法人（前事業年度が7月以下である場合を「短期事業年度」という）・・・前々事業年度開始の日以後6月の期間

（注1）　特定期間には、基準期間に含まれる事業年度は含まない。

（注2）　前々事業年度が6月以下の場合には、6月以下である前々年度のみが特定期間になる。

75

【図　法人の場合の特定期間の判定】

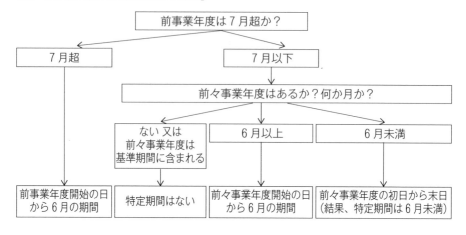

　個人の場合は必ず前年の1月1日から6月30日であるためわかりやすく、また、法人においても、前事業年度が7月超である場合には、前事業年度開始の日から6月なので判定は容易である。

　判定が困難になるのは、前事業年度が7月以下の短期事業年度である場合である。この場合は、次の3つに分けられる。

(1) 前々事業年度がない場合

　前事業年度が7月以下の短期事業年度で、前々事業年度がない場合には、特定期間はないということになる。

　例えば、新規設立法人で、設立1期の事業年度が7か月、第2期が1年である法人の場合、設立1期は基準期間も特定期間もないが、第2期はどうなるのだろうか。この場合、まず前事業年度である第1期をチェックするが、第1期は7月であり、短期事業年度に該当する。そこで、前々事業年度をみることになるが、前々事業年度は存在しないため、第2期には特定期間はないことになる。

(2) 前々事業年度があるが基準期間に含まれる場合

　基準期間に含まれる事業年度は、特定期間には含まれないことになっている。したがって、前事業年度が7月以下の法人において、前々事業年度が基準期間に含まれる場合には、特定期間はないことになる。

【図　前々事業年度が基準期間である場合】

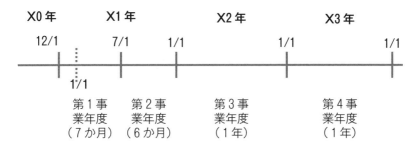

　この図で示すのは、72頁で検討した法人である。当該法人の第3事業年度を検討してみよう。第3事業年度の前事業年度である第2事業年度は6か月であり、短期事業年度に該当する。そこで前々事業年度である第1事業年度をチェックするが、第1事業年度は基準期間に含まれているため、当該法人の第3事業年度には、特定期間はないことになる。

(3) 基準期間ではない前々事業年度がある場合

　前事業年度が短期事業年度で、基準期間には含まれない前々事業年度がある場合には、前々事業年度開始の日から6月の期間が特定期間になる。

　ここで、前々事業年度も短期事業年度である場合が問題になるが、特定期間の判定においては、前々事業年度より前の事業年度に遡るということはないので、安心してほしい。

　では、前々事業年度が6月未満であった場合にはどうなるか。この場合の

特定期間は、前々事業年度終了の日までとされているため、6月未満である前々事業年度が特定期間ということになる。

　なお、特定期間はもともと1年未満の期間が想定されているため、基準期間における課税売上高のような年換算は行われない。同様に、特定期間が6月未満であっても、6月換算というべきものは行われない。したがって、特定期間における課税売上高、ないしは、特定期間中に支払った給与等の額そのものが1,000万円以下であるかによって、判定を行うことになる。

4　特定期間による判定の創設と会社の設立

⑴　機械的に7か月とすることは危険

　特定期間により納税義務を判定する場合、7月以下の事業年度は短期事業年度として取扱われるため、新規設立法人の第1事業年度を7月とすることによって、第1事業年度と第2事業年度は、基準期間もなく、特定期間もない事業年度ということになる。したがって、どんなに課税売上高が多い法人でも、設立から1年7か月は免税点の適用を受けることができるのである。この制度の導入前は設立から2年間免税であったことと比較すれば、5か月間縮まったことになるが、特定期間による納税義務の判定は、非常に煩雑であるにもかかわらず、その効果は、わずか5か月間の免税期間を短縮したに過ぎないと評されるのはこのためである。

　したがって、平成23年度改正以後の実務においては、会社設立を依頼された場合、設立事業年度を7か月にし、第2事業年度以降を1年とするようアドバイスすることが多くなったと思われる。しかしながら、設立事業年度を機械的にすべて7か月とすることは危険であるため、以下に注意を喚起する。

　単純に、設立事業年度の前半6か月の課税売上高が1,000万円以下である場合、設立事業年度を1年間としても、第2事業年度は免税であるわけであるから、機械的に設立事業年度を7か月とすることに問題があるのはわかっ

78

第2章　複雑化する納税義務の判定

ていただけると思う。しかし、それ以外にも、設立事業年度を7か月としない方がいい場合があるため、以下に例を2つ挙げることにする。

(2)　簡易課税制度との関係

　第一には、簡易課税制度との関係が挙げられる。すなわち、事業年度を7か月にして免税事業者であることを選択するよりも、設立事業年度を1年とした上で簡易課税制度を選択した方が、有利な場合があるということである。

　特定期間の課税売上高は、納税義務を判定する上で必要なものであって、簡易課税制度が適用できるかどうかとは関係ない。簡易課税制度の適用要件は、あくまでも基準期間における課税売上高が5,000万円以下であるかどうかによるのである。例えば、設立1期目の前半6か月の課税売上高が数億円ある新規設立法人の場合、第2期目は特定期間における課税売上高の判定から課税事業者になるが、第2期目の基準期間における課税売上高はない（というか、基準期間そのものがない）ことから、簡易課税が選択できるのである。

　そうすると、法人を設立する上では、次の事項を検討する必要があることになる。

　設立1期を7か月にして1年7か月免税を採るか、

　設立1期を1年にして1年免税＋1年簡易課税を採るか

　この点、具体例を挙げて検討する。

【事例1】

　年間売上が120億円の新設法人がある。資本金は1,000万円未満。卸売業を営んでおり、課税売上に対する課税仕入れの割合は10％である。

79

第一印象として、設立１期を機械的に７か月にすることにより、１年７か月間免税になることを選択したいところであるが、設立１期を１年にする場合を検討してみよう。

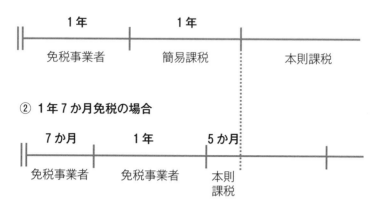

① １年免税・１年簡易課税の場合

② １年７か月免税の場合

① 　２期目に簡易課税を選択した場合

　先に、１年間免税で１年間簡易課税である場合を計算する。この場合、納税が発生するのは、２期目の簡易課税・第１種事業に係る売上高120億円に対してであるので、納税額は、次のように計算される。

> 売上高　　　消費税率　　第一種事業売上高　　みなし仕入率　　消費税率
> 120億円 × 8％ － 120億円 × 90％ × 8％
> ＝納付税額9,600万円

② 　設立１期を７か月とした場合

　設立１期を７か月にした場合、１期目および２期目の１年７か月間が免税になるが、３期目は本則課税になることを忘れてはならない。比較のためには、３期目のうち５か月間を計算に盛り込まないとならないことにな

第2章　複雑化する納税義務の判定

る。

　1期目および2期目は免税で納税額は発生しないが、この例で計算すべきは、3期目の本則課税である5か月間である。

$$
\frac{売上高}{120億円}\times\frac{5か月}{12か月}\times\frac{消費税率}{8\%} - \frac{課税仕入れ}{120億円\times10\%}\times\frac{5}{12}\times\frac{消費税率}{8\%}
$$

$$
=納付税額3億6,000万円
$$

　この例では、簡易課税の事業区分は第一種事業でありながら、売上に対する課税仕入れの実際の割合が10％と、極端な数値を設定しているため、納税額も3倍以上の結果となった。しかしながら、空き缶や古紙等を改修・販売する、再生資源卸売業においては、簡易課税の事業区分は第一種事業でありながら、売上に対する課税仕入れの実際の割合は10％程度であることがあるので、この例のような事例は現実に存在するのである。

(3)　役員給与との関係

　第二には、給与との関係である。特定期間における課税売上高には、「特定期間中に支払った給与等の額」を用いることができるとされているため、特定期間中の課税売上高が高い事業者であっても、支払給与の額が1,000万円以下である場合には、免税点の適用を受けることができるのである。

　支払給与のうち、従業員に支払う給与は調整することができないが、役員給与は調整可能な場合がある。注意すべきは、役員給与に関する法人税の規定である。法人税の規定によると、役員給与は原則として損金不算入であるが、次の3つの場合に限り、損金算入することが認められている（法法34）。

81

① 定期同額給与
② 事前確定届出給与
③ 利益連動給与

ここでは、①定期同額給与と②事前確定届出給与の場合の例を挙げて検討する。

① **定期同額給与の場合**

【事例2】
当社は資本金300万円の株式会社であり、平成26年1月1日に設立された。事業年度は1年間で、決算期は12月である。従業員はおらず、給与の支払いは役員のみである。

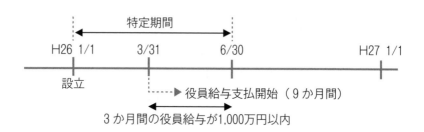

法人税の規定によると、定期同額給与として認められるためには、役員給与の改訂を、事業年度開始の日から3か月以内に行う必要がある（法令69①一イ）。事例の法人の場合は、設立から3か月間は役員報酬を支払わず、事業年度開始の日から3か月以内に役員報酬を決定して、4か月目から支払うことが考えられる。

第２章　複雑化する納税義務の判定

　この場合、設立１期が免税事業者なのは当然であるが、第２期の特定期間を考えてみる。第２期の特定期間は、設立１期開始の日から６か月の期間であるが、事例の法人には役員しかいないわけであるから、特定期間中に支払った給与の額は、４、５、６月の３か月分の役員給与の合計ということになる。すなわち、この３か月分の役員給与の合計が1,000万円以内であれば、第２期は免税ということになる。

　３か月分の役員給与の額を1,000万円以内にするためには、１か月あたりの支払額は333万円ということなる。設立１期で支払うことができる定期同額給与は４月分から12月分の９か月分であるから、月額333万円×９か月分＝約3,000万円（年額）まで支払っても、第２期は免税ということになる。

② **事前確定届出給与を適用する場合**

> 【事例３】
> 　資本金および設立の経緯は事例２と同じであるが、従業員がおり、平成26年１月から６月までの給与の支払いは980万円である。

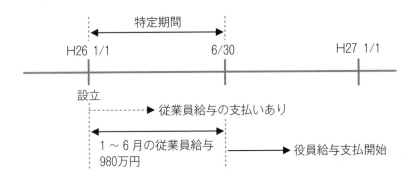

　この場合、あらかじめ事前確定届出給与の届出をすることにより、平成

83

26年7月1日から役員給与を支給することとすれば、第2期の特定期間である、平成26年1月1日から同年6月30日までにおける支払給与は、従業員分のみということになる。したがって、特定期間における給与の支払いが980万円であるから、第2期も免税ということになる。

　以上、事例を3つ検討したが、いずれにおいても設立1期を7か月にする必要はなかった。このような事例はほかにも考えられるため、会社の設立相談を受けた場合において、設立1期を機械的に7か月と考えることは避けるべきである。

第2章　複雑化する納税義務の判定

Ⅴ　新設法人の納税義務の免除の特例（H9改正）

1　規定の概要

　平成元年に消費税が創設された当初の納税義務の判定は、基準期間の課税売上高によってのみ行われていたため、法人の場合、設立から2年間は、どんなに課税売上高があっても免税事業者であるという問題があった。

　そこで平成9年より、新規に設立された法人のうち、事業年度開始の日における資本金の額または出資の金額が1,000万円以上であるものを「新設法人」と定義づけ、新設法人の基準期間がない事業年度に含まれる各課税期間については、納税義務を免除しないとする改正が行われた（消法12の2）。なお、この規定は、社会福祉法に規定する社会福祉法人で専ら非課税資産の譲渡等を行うことを目的として設立された法人については、適用されない。

　したがって、「新設法人」とは、消費税法において定義づけられている用語であって、単純に設立されたばかりの法人を示す「新規設立法人」とは意味が異なるので注意が必要である。

2　資本金の額または出資の金額

　新設法人の判定に用いる「資本金の額」とは、会社法において定義されている資本金の額をいい、資本準備金の額は含まないとされている。

　また、資本金の額が1,000万円以上であるかどうかの判定は、「事業年度開始の日」において判定することになっている。したがって、事業年度開始の日における資本金の額が1,000万円未満で、期中で増資して1,000万円以上になった法人の、増資のあった事業年度については、この規定の適用はない。

　出資の金額については、合名会社、合資会社または合同会社に係る出資の金額に限らず、農業協同組合及び漁業協同組合等の出資の金額や、特別の法

85

律により設立された法人で出資を受け入れることとしている法人に係る出資の金額、その他の法人で出資を受け入れることとしている場合の当該法人に係る出資の金額が該当すると、通達に示されている（消基通 1 - 5 - 16）。

　この点、行政書士法人の信用出資が、消費税法に規定する出資に該当するとされた裁決がある[1]。特殊法人における納税義務の判定は慎重に行わなくてはならないという警鐘と捉えることができる事例であろう。

3　適用される事業年度

　この規定は、「新設法人の納税義務の免除の特例」と銘打たれているものであるため、設立事業年度の特例と考える向きがあるが、この規定が適用される事業年度は、あくまでも「基準期間がない事業年度」であり、法人を新規に設立した事業年度に限らず、設立事業年度の翌事業年度以後であっても、基準期間がない事業年度であれば適用があると通達に示されている（消基通 1 - 5 - 15）。特に、設立から 2 年以内の事業年度を短く区切った場合には、注意が必要である。

　その逆に、新設から 3 年目以後に、基準期間ができた後の納税義務の判定においては、この規定の適用はない。したがって、原則通り基準期間における課税売上高と特定期間における課税売上高によって判定するのであって、資本金の額が1,000万円以上でも免税事業者になる可能性はあるのである。

4　実例検討

　新設法人の納税義務の免除の特例に関する実例を、 2 つ挙げて検討してみたい。

---

(1)　平成29年 6 月15日裁決、公表裁決事例集 No.107。

第2章　複雑化する納税義務の判定

(1) 設立直後に増資した場合

> 【事例　設立直後に増資した場合】
> 　当社は平成28年1月10日に設立した12月決算法人である。設立時の資本金は500万円で、設立の翌日に2,000万円に増資した。人材派遣業の許可を取得するため3か月間は課税売上がないが、許可を取得してからは月10億円の売上見込みである。

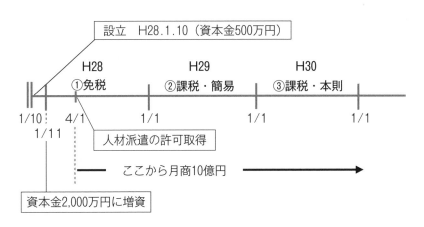

【設立1期】
　上述の通り、資本金の額が1,000万円以上であるかどうかの判定は、「事業年度開始の日」において行う。本事例では、設立時の資本金額は500万円で、1,000万円未満であることから、たとえ設立の日の翌日に2,000万円に増資していたとしても、設立1期は免税である。なお、人材派遣業の許可を取得するためには、資本金が2,000万円以上必要であると聞いている。
　本事例では、人材派遣の許可取得に3か月かかり、その間の課税売上はゼロであるが、取得後は月商10億円という設定である。それでも設立1期は免税ということになる。

87

【第2期】

　第2期は、事業年度開始の日における資本金の額が2,000万円であり、1,000万円以上という新設法人の要件を満たしているが、同時に、前事業年度が7月超であるため、特定期間もあることになる。なお、特定期間の課税売上高は30億円である（4月から6月の3か月について月商10億円）。

　新設法人の特例と、特定期間における判定については、特定期間による判定が優先する（消法12の2①）。どちらにしろ、本事例の法人の第2期は課税事業者になるわけであるが、その際に提出する届出書は、消費税課税事業者届出書（特定期間用）であって（消法57①一）、消費税の新設法人に該当する旨の届出書（消法57②）ではないことになる。

　ここで、第2期は特定期間の課税売上高によって課税事業者となるわけであり、基準期間における課税売上高はない（というか基準期間がない）わけであるから、簡易課税を選択することが可能である。

　本事例における法人は、第3期以後は課税事業者で本則課税であるが、設立1期の9か月間が免税で、第2期の1年間は簡易課税の適用を受けることができることになる。

⑵　事業年度変更をする場合

【事例　事業年度変更をする場合】

　当社は平成28年12月1日に設立した法人である。資本金は2,000万円で、設立1期は6か月間、第2期は7か月間、第3期以降は1年間の事業年度である。設立から3か月後に人材派遣業の許可を申請し、その3か月後に許可を取得する見込みである。したがって、設立1期は課税売上がないが、許可を取得してからは月10億円の売上見込みである。

88

第2章　複雑化する納税義務の判定

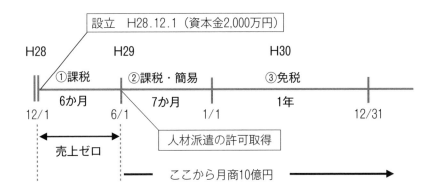

【設立1期】

　設立1期は基準期間も特定期間もないが、設立の日の資本金が2,000万円であることから、新設法人に該当し、課税事業者になる。ただし、課税売上がないため、納税額はゼロである[(2)]。

【第2期】

　第2期には基準期間がない。次に特定期間であるが、前事業年度が6月（7月以下）で前々事業年度がないため、特定期間もないことになる。そこで、新設法人に該当するかのチェックをするが、事業年度開始の日の資本金が2,000万円であることから、新設法人に該当し、課税事業者ということになる。なお、第2期には基準期間がないことから、簡易課税を選択すること

[(2)] なお設立1期は、後述する調整対象固定資産を取得した場合の納税義務の免除の特例の規定（☞98頁以下参照）、および、高額特定資産を取得した場合の納税義務の免除の特例の規定（☞106頁以下参照）の適用対象となる事業年度である。したがって、設立1期が本則課税で、100万円以上の固定資産を取得した場合には、調整対象固定資産を取得した場合の納税義務の免除の特例の規定の適用を受けることになり、第2期、第3期において、免税事業者になることも、簡易課税の適用を受けることもできなくなってしまう。そこで設立1期においては、課税仕入れに係る消費税額の還付を受けることができなくなってしまうが、簡易課税を選択しておいた方が、調整対象固定資産を取得した場合の納税義務の免除の特例の規定の適用を受けないようにするために必要ではないかと思われる。

が可能である。

【第 3 期】

　第 3 期の基準期間は設立 1 期であり、設立 1 期における課税売上高はゼロである。次に特定期間であるが、前事業年度（第 2 期）が 7 月（7 月以下）で前々事業年度（設立 1 期）は基準期間に含まれることから、特定期間もないことになる。

　次いで新設法人についてであるが、課税売上がゼロとはいえ、基準期間があるわけであるから、新設法人の特例の適用はないことになる。したがって、第 3 期は免税である。

　以上より、本事例における法人は、第 4 期以後は課税事業者で本則課税になるが、第 2 期の 7 か月間は簡易課税を選択することができる上に、第 3 期の 1 年間は免税ということになる。

第2章　複雑化する納税義務の判定

Ⅵ　特定新規設立法人の納税義務の免除の特例（H25改正）

1　創設の背景

平成23年の税制改正により、特定期間の課税売上高による納税義務の判定の規定が創設されたが、その効果は、それまで新設から2年間免税であった免税期間を、1年7か月に短縮する効果しか持ちえなかったことは前述の通りである（☞ **78頁参照**）。

　そこで、平成23年10月17日に会計検査院は、消費税の納税義務のあり方について、再検討を求める旨の報告を行った。指摘の内容は次の通りである。

・新設法人でありながら、設立事業年度から多額の売上高を計上する法人がある。

・個人事業者が法人成りをした場合、多額の売上高を計上しているのに、設立1期と第2期が免税事業者であるケースがある。

・資本金1,000万円未満で法人を設立し、第2期になってから増資をするケースがある。

・免税期間を経過した第3期に解散する法人がある。

　これを受けて、平成25年度の税制改正において、「特定新規設立法人の納税義務の免除の特例」の制度が創設された。なお、この改正は、平成26年4月1日以後に設立される法人について適用されている。

2　制度の内容

　この制度の概要は、5億円超の課税売上高を有する事業者が、直接又は間接に支配する法人（親族、関連会社等を含めた資本の持分比率が50％超の会

91

社）を設立した場合には、その設立された法人の基準期間のない事業年度については、たとえその法人の資本金の額が1,000万円未満であったとしても、納税義務の免除の規定を適用しないというものである（消法12の3）。なお、新設法人の場合と同様に、社会福祉法人で専ら非課税資産の譲渡等を行うことを目的として設立された法人については、適用されない。

ここで、5億円超の課税売上高を有する事業者と、その親族、および関連会社等のこれらの者と特殊な関係にある法人を含めたグループを、税制調査会の資料では「大規模事業者等」と呼んでいる

この制度の対象となる法人を「特定新規設立法人」と呼ぶが、これは消費税法に定義のある用語である（消法12の3①）。このほかにも消費税法は、「新規設立法人」と「新設法人」の定義を設けているため、混同しないように留意されたい。

【図　新設法人、新規設立法人、特定新規設立法人】

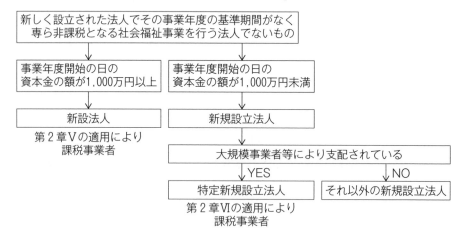

第2章　複雑化する納税義務の判定

3　適用要件

特定新規設立法人に該当するための具体的な適用要件は、次の2つである。

---

① 　大規模事業者等が新規設立法人を支配していること（これを特定要件という）

② 　支配している者の基準期間相当期間における課税売上高が5億円超であること

ここで、①の特定要件とは、次の(イ)(ロ)(ハ)のいずれかに該当することをいう。

(イ) 　大規模事業者等が、新規設立法人の発行済株式等を直接または間接に50％超保有すること

(ロ) 　大規模事業者等が、新規設立法人の事業計画等に関する重要な議決権を直接または間接に50％超保有すること

(ハ) 　合同会社、合名会社、合資会社に該当する新規設立法人の社員数の50％超を、大規模事業者等が直接または間接に占めること

特定要件の判定に当たっては、大規模事業者等が個人の場合、その親族、内縁関係者、使用人等が保有する株式等も加算することになり、また、大規模事業者等の100％支配会社（子会社など）、孫会社等もグループに含まれることになる。

ただし、大規模事業者等のグループに属する者の親族であっても、その者とは生計を一にしない親族等（別生計親族等）が支配している法人およびその法人の特殊関係法人については、判定の対象から除かれることになっている。というのは、例えば生計別である兄弟において、兄の経営する会社と弟の経営する会社が無関係の場合にまで、本規定の適用対象とするのは適当で

はないからである。

　また、特定要件の判定に当たっては、同意者の取扱いに注意が必要である。同意者とは、上記(ロ)(ハ)の判定において、判定を受ける個人または法人と、同一内容の議決権を行使することに同意している者をいう。このような者が保有する議決権は(ロ)の議決権の数に含め、またその者は、(ハ)の社員数に含めて判定することになる（消令25の2④）。

4　例による特定新規設立法人についての検討

　以下、いくつかの例を示して、特定新規設立法人に該当するかどうかを検討してみる。

(1)　法人成りの場合

【図　法人成りと特定新規設立法人の判定】

　特定新規設立法人の制度創設の趣旨として、法人成りの場合に免税事業者になることを防ぐという目的があるため（☞ **91頁参照**）、法人成りが特定新規設立法人に該当するのは当然である。

　判定は、特定要件に該当するかどうかをチェックすることにより行う。特定要件については今まで、大規模事業者等によって支配されているという表現を使ってきたが、条文から正確に引用すると、「他の者により新規設立法人の発行済株式又は出資の総数又は総額の100分の50を超える数又は金額の株式又は出資が直接又は間接に保有される場合」ということになる（消法12

の3①)。すなわち、規定においては他の「者」とされているわけであって、支配している者は法人に限らないという特徴がある。

事例の場合には、個人Aが新規設立法人Bの株式を100％保有していることから特定要件を満たすことになり、次に、支配している者である個人Aの基準期間相当期間における課税売上高が5億円を超えることから、B社は特定新規設立法人に該当するということになる。

(2) 兄弟会社の場合

【図　兄弟会社と特定新規設立法人の判定】

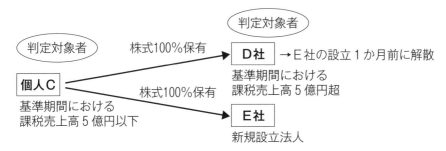

特定要件に該当するかどうかを判定する上では、新規設立法人が、ある特定の個人や法人に支配されている場合のみならず、その親族やそれらの者が支配する法人等によって支配される場合も含むこととされている。ここで、特定要件該当性を判定する上で大規模事業者等のグループに含まれる者の範囲は、次のように定められている（消令25の2①）。

イ　支配者の親族等
ロ　支配者（親族等を含む。以下同じ。）が完全に支配している法人
ハ　支配者およびロに規定する法人が完全に支配している法人
ニ　支配者およびロ、ハの法人が完全に支配している法人

また、新規設立法人の設立の日前1年以内に解散した法人のうち、解散した日において特殊関係法人に該当していたものについては、判定する者の特殊関係法人とみなして判定するとされている。したがって、図の事例において、新規設立法人Eのいわゆる兄弟会社であるD社は、たとえE社の設立1か月前に解散していたとしても、判定対象者に含まれることになる。
　本事例では、新規設立法人であるE社の株式を、個人Cが100%保有しているため、特定要件を満たすこととなるが、個人Cの基準期間相当期間の課税売上高は5億円以下である。しかし、もう一方の判定対象者であるD社の基準期間相当期間における課税売上高が5億円超であることから、E社は、特定新規設立法人に該当することになる。

(3) 親会社の親会社である場合
【図　親会社の親会社と特定新規設立法人の判定】

　上述の通り、特定新規設立法人に該当するか否かをチェックする上では、支配者の親族や、それらの者が支配する法人を含めて判定することとされているが、前ページ(2)で示した、判定対象に含める者の範囲をよく見ると、「新規設立法人を支配している者、を支配している者」、すなわち「親会社の親会社」は含まれないことがわかる。
　図で言うと、新規設立法人であるH社を支配しているG社は、いわゆる親会社であり判定の対象になる。ところが、そのG社を支配しているF社は、判定の対象ではない。

第2章　複雑化する納税義務の判定

本事例においては、判定対象者であるG社の基準期間相当期間における課税売上高は5億円以下であるため、H社は特定新規設立法人には該当しないことになる。H社の親会社の親会社であるF社の基準期間相当期間における課税売上高は5億円超であるが、F社は判定対象者ではない。

5　効果

平成25年の時点では、資本金が1,000万円未満の法人であれば、どんなに課税売上高があっても、1年7か月間は免税であるという問題があったが、ここで問題になるのは、設立早々から多額の課税売上高を計上する法人であって、設立後あまり多くの課税売上を計上できない者については、小規模事業者として、免税点の規定の適用を受けるのが適当というジレンマがあった。

これに対し、特定新規設立法人に関する規定は、設立された法人の事情ではなく、その法人を設立した者の事情により、規制すべきかどうかを検討しようとするものであり、その視点は新しい。つまり、免税点の適用を規制すべき事業者とは、1年7か月の免税期間を利用するために、会社を設立しては短期間に解散を繰り返す事業者であって、このような事業者を把握するためには、設立された法人ではなく、設立した者をチェックする必要があると視点を切り替えたということである。

この視点においては、設立早々の法人が多額の課税売上を計上するためには、多額の課税売上をシフトする必要があると考え、規制すべきは、多額の課税売上を有するグループが新しい法人を設立することだと考えたわけである。特に、解散した法人を判定の対象に含めたことが実務的である。

特定新規設立法人に関する規定の創設により、最も規制されるべき、数十億、数百億の売上を計上しながら1年7か月間免税であるという問題が、実務的に解決されたことになる。ただし、この場合でも簡易課税を選択することは可能であるという問題が残っている。

97

Ⅶ　調整対象固定資産を取得した場合の特例（H22改正）

1　非課税売上に対応する課税仕入れ

　非課税売上に対応する課税仕入れは、本来、仕入税額控除の対象にならないのが、消費税の基本的な考え方である。

　したがって、例えば賃貸用の居住用マンションを購入した場合、マンション（建物）の購入であるから、課税仕入れにはなるものの、契約において人の居住の用に供されることが明らかである場合には、その賃貸料は消費税法上非課税であるため、対応するマンションの購入は、非課税資産の譲渡等に対応する課税仕入れとして、個別対応方式を採った場合には、仕入税額控除の対象にはならない。

　同じことは病院や介護施設等にもいえる。医業収入のうち、社会保険診療や助産の費用は、消費税法上非課税であり、同様に、介護保険法に基づく施設介護サービス料等も非課税であるため、病院建物や介護施設、および機械等を課税仕入れした場合に係る消費税額は、非課税資産の譲渡等に対応する課税仕入れとして、仕入税額控除の対象にはならない。

2　H22改正前のスキーム（いわゆる自販機スキーム）

　これに対し、非課税売上に対応する資産を取得した場合にも、作為的に仕入税額控除を可能にし、多額の還付を受ける手法が存在する。これが自販機スキームと呼ばれる還付手法である。

　なお、このスキームが有効だったのは平成22年の消費税法改正前のことであるので、平成19年に個人が資産を取得したケースを例に採って説明する。

第2章　複雑化する納税義務の判定

【事例　自販機スキームの例】
　個人事業者甲は居住用の賃貸アパートの建設をしている。建物の完成引渡しは平成19年12月25日、入居者は平成20年から募集する予定である。

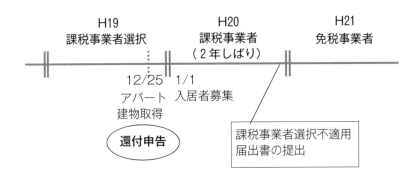

【平成19年　課税事業者】

　事例の事業者は新規開業者なので、平成19年中に課税事業者選択届出書を提出することにより、平成19年から課税事業者になる。

　入居者の募集は平成20年になってからなので、この年の賃貸料収入すなわち非課税売上はゼロであり、もし、ここで、少額でも課税売上を計上することができれば、平成19年の課税売上割合は100％になる。課税売上割合が95％以上の場合は、課税仕入れの用途区分を問わず全額の仕入税額控除が受けられるから、賃貸アパート建設に係る消費税が全額還付されることになる。

　ここで、平成19年に少額の課税売上を計上する方法として、賃貸アパートの前に設置した自動販売機による、飲料の販売売上が利用されたため、このスキームのことを「自販機スキーム」と呼ぶのである。

【平成20年　課税事業者】

　アパート賃貸収入が計上されるが、非課税売上高であるため、この年の納

99

税額はゼロである。平成20年の末までに、課税事業者選択不適用届出書を提出することにより、平成21年から免税事業者になることができる。

【平成21年　免税事業者】

　平成19年に、一時的に高い課税売上割合を作ることによって全額控除を受けても、その後、課税売上割合が低下した場合には、調整対象固定資産に係る消費税額の調整が必要なはずである（☞ **詳細は244頁（コラム05）参照**）。もし、この事業者に調整対象固定資産に係る消費税額の調整が適用された場合には、平成19年に還付された消費税が過大であったとして、大半の返納を求められることになる。

　しかしながら、この調整対象固定資産に係る消費税額の調整は、課税事業者にのみ適用されるため、平成21年から免税事業者になったこの事業者は、調整計算を受けなくて済むのである。

　以上のようなスキームによって、本来、仕入税額控除を受けることができない、賃貸アパートに係る消費税額の還付を受けることが可能であった。

3　税制調査会の指摘

　自販機スキームは、本来仕入税額控除の対象とすることができない、非課税売上に対応する課税仕入れに係る消費税額を、一時的に高い課税売上割合を作出することによって、仕入税額控除の対象とするものであるため、不適切な還付事例として、会計検査院の指摘するところとなった。これを受けて平成18年6月16日、旧税制調査会において、次のような問題提起がなされた。

　…これも技術的なのですけれども、今度は課税売り上げと非課税売り上げがある場合に、本来、非課税売り上げに対応する仕入れは控除できないとい

第2章　複雑化する納税義務の判定

うことになっているわけですけれども、課税売り上げが95％以上の場合には、全部控除できるということを利用して、…例えば住宅などをつくった年に少額の課税売り上げを発生させ、住宅の建設にかかる消費税の還付を受けるというような事例があります。この辺あたりにつきましても、これからちょっと検討していきたいと思っております。

4　調整対象固定資産を取得した場合の特例の創設

税制調査会の指摘を受け、平成22年度の税制改正で次のような改正が行われた（消法9⑦、37③）。

課税事業者選択届出書を提出した事業者が、課税事業者の選択から2年以内に調整対象固定資産を取得した場合には、取得から3年間は、事業者免税点及び簡易課税の適用はない。

資本金1,000万円以上で設立された新設法人の設立から2年間についても同様である。

ここで、調整対象固定資産とは、建物、構築物、機械及び装置、船舶、航空機、車両及び運搬具、工具、器具及び備品、工業権その他の資産で一の取引単位につき100万円以上のものをいう（消法2①十六）。

この改正の目的は、自販機スキームを行おうとする事業者が、調整対象固定資産に係る消費税額の調整を逃れるために、課税仕入れを行った直後に免税事業者になること、あるいは、簡易課税を選択することを防止しようとする点にある。

具体的には、自販機スキームは、課税事業者を選択した上で行われるケースが多いことから、課税事業者を選択し、調整対象固定資産を取得した事業者について、第三年度の課税期間まで、免税点および簡易課税の適用を認め

ないことにより、調整対象固定資産に係る調整計算を強制しようとするものである。

　なお、資本金1,000万円以上で新設された、新設法人においては、課税事業者の選択届出書を提出しなくても課税事業者になり得ることから、新設法人の基準期間がない事業年度についても、課税事業者を選択した場合と同様の制限を設けることとされた。

　また、平成25年度の改正では、大規模事業者等に支配されて設立された特定新規設立法人に関する規定が創設されたが、特定新規設立法人の基準期間がない事業年度についても、同様に取り扱うこととされている。

5　課税事業者の選択不適用と簡易課税の選択との関係

　この規定は、課税事業者を選択している事業者が、その選択から2年内に調整対象固定資産を取得した場合には、取得から3年間は事業者免税点と簡易課税制度の適用がないと説明されるが、具体的には、課税事業者の選択不適用届出書と、簡易課税制度の選択届出書を、一定期間提出することができなくなるという規定である。

　そうすると、調整対象固定資産を取得する見込みがない時点において、翌期から簡易課税制度を適用しようと、簡易課税制度選択届出書を提出した後に、調整対象固定資産を取得した場合はどうなるのかという問題があるが、この場合には、先に提出した簡易課税制度選択届出書の提出がなかったものとみなされることになる（消法37④）。この規定は、課税事業者選択不適用届出書の提出においても同様である（消法9⑦）。

第2章　複雑化する納税義務の判定

【図　簡易課税制度選択届出書の提出がなかったものとみなされるケース】

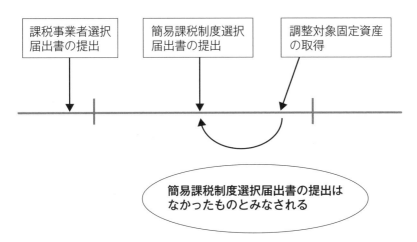

　問題は、取得から3年が経過した後に、簡易課税制度を選択しようとする場合である。先に提出した簡易課税制度選択届出書は、提出が「なかったものとみなされて」いるわけであるから、後に簡易課税制度を適用しようとする際には、改めて選択届出書を提出する必要があるということになる。この取扱いは、課税事業者選択届出書においても同様であるので、注意が必要である。

6　H22改正の穴
(1)　あらかじめ課税事業者を選択する方法

　平成22年度改正が対象とする課税期間は、課税事業者を選択した事業者または新設法人の、納税義務が強制される期間（通常は2年間）である。

　そうすると、あらかじめ課税事業者を選択しておき、2年以上が経過した時点で自販機スキームを行うという、非常に簡単な方法により、平成22年度改正は破られることになる。

103

(2) **特定期間を利用する方法**

また、特定期間を利用する方法によっても、平成22年度改正に対抗することは可能である。

平成22年度改正の対象となる事業者は、課税事業者を選択した事業者および新設法人・特定新規設立法人である。ということは、課税事業者を選択すること、あるいは、資本金1,000万円以上という新設法人の規定や、特定新規設立法人の規定によることなく、課税事業者となる事業者については、平成22年度改正の適用を受けないことになる。

つまり、特定期間の判定によって納税義務者となった場合には、平成22年度改正の適用はないということになる。特定期間による納税義務の判定は、平成23年度の税制改正で創設されたものであるが、皮肉にも、平成23年度の税制改正によって、平成22年度には想定されなかった新しい問題が生じたということになる。特定期間を利用した自販機スキームの例を次に挙げる。

【図　特定期間を利用した自販機スキームの例】

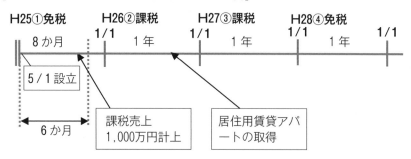

【平成25年】設立1期（8か月間）

平成25年5月1日に資本金1,000万円未満の法人を設立し、事業年度は8か月とする。事業年度開始の日から6か月以内に、課税売上高を1,000万円以上計上する。このように人為的に課税売上高を計上する方法としては、金

第2章　複雑化する納税義務の判定

地金やゴルフ会員権の譲渡が利用される。

【平成26年】第2期（1年間、以下同じ）

　第2期の特定期間は1期目の事業年度開始の日から6月間である。この期間には1,000万円以上の課税売上高があることから、課税事業者選択届を提出しなくても第2期は課税事業者になる。この期に居住用賃貸アパートの課税仕入れを行い、自販機スキームを行う。

【平成27年】第3期

　第3期の基準期間は設立1期であり、設立1期中の課税売上高は1,000万以上なので、第3期も課税事業者である。ただし、第3期においてはアパートの賃貸収入（非課税）のみで、課税売上はないため、納税額はゼロである。

【平成28年】第4期

　第4期の基準期間は第2期、同様に特定期間は第3期の前半6か月であるが、どちらも課税売上高がゼロなので、第4期は免税事業者になる。

　この例においては、第2期にアパート建物の課税仕入れを行い、全額の還付を受けているが、第4期は免税であるため、調整対象固定資産に係る消費税額の調整計算を逃れることができるのである。

　このように、平成22年度の改正後においても自販機スキームを行うことは十分に可能であり、当該改正は自販機スキームへの対策としては不十分であったといえよう。

105

Ⅷ　高額特定資産を取得した場合の特例（H28改正）

1　H22改正との比較

　上述の通り、平成22年度の改正は自販機スキームへの対策としては不十分であったため、平成28年度に、高額特定資産を取得した場合の特例として、更なる改正がなされた。要件及び効果を平成22年度改正と比較すると次のようになる。

【表　平成22年度改正と平成28年度改正の比較】

	平成22年度改正	平成28年度改正
要件	①課税事業者を選択した事業者が納税義務の強制適用期間で 又は ②資本金1,000万円以上の新設法人又は特定新規設立法人の基準期間のない課税期間で 簡易課税制度の適用のない課税期間中に 国内において 調整対象固定資産の仕入れ等を行った場合	課税事業者が 簡易課税制度の適用を受けない課税期間中に 国内において 高額特定資産の仕入れ等を行った場合
効果	調整対象固定資産の仕入れ等の課税期間から第3年度の課税期間までの間、 免税点制度及び簡易課税制度を適用しない	高額特定資産の仕入れ等の課税期間から第3年度の課税期間までの間、 免税点制度及び簡易課税制度を適用しない

　このように整理するとわかるように、平成28年度の改正においては、平成22年度改正に対する反省から、適用対象となる事業者について、課税事業者

第2章　複雑化する納税義務の判定

を選択したとか、新設法人であるといった要件を一切排除し、すべての課税事業者としている点に特徴がある。すなわち、課税仕入れ等の課税期間において本則課税であったら、すべて適用されるということである。

なお、簡易課税制度の選択届出書を提出した後に、調整対象固定資産を取得した場合、簡易課税制度の選択届出書の提出はなかったものとみなす規定があるが（☞ **102頁参照**）、高額特定資産の取得の場合にも同様の規定が設けられている（消法37④）。

2　高額特定資産の定義

平成22年度改正と平成28年度改正とのもう一つの違いは、適用対象となる資産の取得が、平成22年度改正では調整対象固定資産であるのに対し、平成28年度改正では高額特定資産となっている点である。

高額特定資産とは、「棚卸資産及び調整対象固定資産のうち、一の取引の単位に係る税抜の取得価額が1,000万円以上のもの」とされており（消法12の4①、消令25の5①一）、ここで、一の取引の単位とは、通常一組又は一式をもって取引の単位とされるものにあっては、一組又は一式をいうとされている。

すなわち、調整対象固定資産とは税抜の取得価額が100万円以上の固定資産を指すが、高額特定資産は1,000万円以上の固定資産および棚卸資産である点が異なっている。高額特定資産を取得した場合の特例は、すべての課税事業者を適用対象とする広いものであることから、対象となる資産の取得については逆に範囲を狭め、1,000万円以上としたものと推測される。

なお、高額特定資産に関する規定の創設後も、調整対象固定資産に関する規定は生きており、両者は併存している。したがって、高額特定資産に該当しない場合でも、調整対象固定資産に該当する場合には、改めて調整対象固定資産に係る規定のチェックが必要になるので、注意されたい。

107

3 棚卸資産を利用した還付スキーム

(1) 会計検査院の指摘

　調整対象固定資産には棚卸資産が含まれないが、高額特定資産には棚卸資産も含まれている。これは、棚卸資産を利用した還付スキームについて、会計検査院より指摘がなされたことから、付け加えられたものである。

【平成24年度決算検査報告より抜粋】

　「高額の不動産等の売買等を行う特別目的会社に係る消費税の取扱いについて」

　消費税の事業者免税点制度及び簡易課税制度においては、基準期間という過去の一定の期間における課税売上高によって納税義務の有無や簡易課税制度の適用の可否を判定することとしている結果、基準期間における課税売上高が1000万円以下又は5000万円以下であれば、課税期間における課税売上高が多額である場合であっても、これらの制度を適用することができることとなっている。

　-- 中略 --

　上記のとおり、売上高、資産の状況などから判断して、事務処理能力等があり、また、その事務負担に配慮する必要がないと思料される法人が、多額の課税売上高等を有する課税期間に事業者免税点制度や簡易課税制度を適用することができることとなっていて、多額の推計納付消費税額及び消費税差額等が生じている状況となっていた。

---

(2) SPCスキームの具体例

　会計検査院より指摘された事例とは、具体的に次のようなものである。

第2章 複雑化する納税義務の判定

【事例 SPC（特別目的会社）を使った還付スキーム】

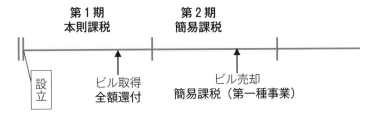

【第1期】

　SPCを設立し、出資者から出資を募り、ビルを取得する。SPCは資本金が1,000万円以上であるのが通常なので、新設法人に該当し、課税事業者になる。第1期においては課税売上がなく、課税仕入れのみであるため、ビルの取得に係る消費税の全額が還付される。

【第2期】

　新設法人であるため第2期も課税事業者であるが、基準期間における課税売上高がないため、簡易課税が選択できる。他から購入したビルを不動産事業者に売却する取引は第一種事業（卸売業）に該当し、90％のみなし仕入率が適用される。すなわち、10％の納税額で済むということである。

　SPCとは、特別目的会社（Special Purpose Company）のことで、ある特定の目的のためのみに設立され、目的達成後は解散し配当するために存在する会社のことである。SPCは特に不動産の証券化の際に利用されることが多い。不動産証券化のためにSPCを設立するというのは、単独では購入が難しい、高額な不動産を取得する場合に、その不動産を取得する目的のみのためにSPCを設立し、株式出資という形で多数の投資家から資金を募ることをいう。この場合、投資の対象が不動産から出資に変わることになるため、これを不動産の証券化と呼ぶのである。

　SPCを利用した不動産証券化においては、数十億、数百億という不動産の

転売が珍しくない。不動産の転売は、簡易課税の事業区分では卸売業として第一種事業に該当するため、このスキームによる益税は、数十億、数百億の不動産に係る消費税額の90％に上る。恐ろしいスキームがあったものである。

⑶ スキームの繰り返し

このスキームが本当に恐ろしいのは、繰返しできる点にある。関係会社であるＡ社とＢ社があった場合、次のように延々とスキームを繰り返すことが可能である。

【事例　還付スキームの繰り返し】

①　Ａ社がビルを購入し、消費税の還付を受ける。

　翌期にＢ社に売却するが、その際Ａ社は簡易課税の適用を受ける。（Ａ社による還付スキーム完了）

②　Ｂ社はビルを購入した際、消費税の還付を受ける。

　翌期に再度Ａ社に売却するが、その際Ｂ社は簡易課税の適用を受ける。（Ｂ社における還付スキーム完了）

③　Ａ社はビルを購入した際、消費税の還付を受ける。

　翌期に再度Ｂ社に売却し・・・・

数十億の、いや、数億の不動産でも、このスキームによる効果は絶大である。打出の小槌ではないが、ビル一棟を関係会社間で転売すれば、延々とスキームの利用が可能というのも恐ろしい話である。

4　H28改正と適用期間

このような経緯で、高額特定資産を取得した際の特例が制定されたのであるが、驚くべきはその適用時期である。この改正は、平成28年4月1日以後

第2章　複雑化する納税義務の判定

に行われた高額特定資産の課税仕入れ等に適用されるのであるが、平成28年の税制改正法案が国会で可決されたのは、平成28年3月29日であり、適用開始までわずか2日しかなかった。経過措置として、平成27年12月31日までに締結した契約に基づいて平成28年4月1日以後に行った高額特定資産の課税仕入れについては、当該改正を適用しないとされたものの、適用開始まで2日というのも異常である。与党による税制改正大綱の公表が平成27年12月16日であったことを考慮に入れても、3か月余りしかない。

　それだけ、高額特定資産を巡るスキームについて課税当局は、早期の対策を打つ必要があると考えていたことが見て取れるといえよう。

5　強制される期間はいつまでか

(1)　消費税法の規定

　調整対象固定資産を取得した場合についても、高額特定資産を取得した場合についても、納税義務が強制され本則課税が強制される期間については、ここまで、3年間と大体の数字で説明してきたが、これは、わかりやすく説明するための方便であって、もっと厳密にチェックしておく必要がある。ここで、消費税法の規定をみてみよう。

消費税法12条の4

事業者（第9条第1項本文の規定により消費税を納める義務が免除される事業者を除く。）が、第37条第1項の規定の適用を受けない課税期間中に国内における高額特定資産（…）の課税仕入れ等を行つた場合（…）には、当該高額特定資産の仕入れ等の日（…）の属する課税期間の翌課税期間から当該高額特定資産の仕入れ等の日の属する課税期間の初日以後3年を経過する日の属する課税期間までの各課税期間（…）における課税資産の譲渡等…については、第9条第1項本文の規定は、適用しない。

111

すなわち、「仕入れ等の日の属する課税期間の初日以後3年を経過する日の属する課税期間」までが正しい期間ということになる。
　この期間は、事業年度が1日から始まっている事業者においては、ぴったり3年間であるが、新規設立法人などで、事業年度が1日から始まっていない事業者においては4年になることがあるので、注意が必要である。

(2) **事業年度が1日から始まる場合**

> 【事例　事業年度が1日から始まる場合】
> 　事業年度は毎年1月1日から12月31日の12月決算法人で、平成28年12月25日に高額特定資産の課税仕入れをした場合

　それでは、事業年度が1日から始まる場合の例を見てみよう。この場合は、平成30年12月31日までの、ぴったり3年間になる。

高額特定資産の仕入れ等の日の属する課税期間	平成28年1月1日から12月31日
の初日	平成28年1月1日
以後3年を経過する日	平成30年12月31日
の属する課税期間	平成30年1月1日から12月31日

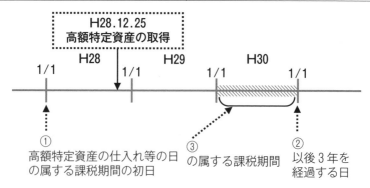

112

第2章　複雑化する納税義務の判定

もっとも、高額特定資産の仕入れをした課税期間である、平成28年1月1
日から12月31日は、還付を受けるために、必然的に課税事業者で本則課税で
あるわけであって、課税事業者と本則課税を強制されているわけではない。
本法によって強制される期間は、高額特定資産の仕入れ等の日の属する課税
期間の翌課税期間からであり、平成29年1月1日から12月31日の課税期間か
ら強制が始まるのである。したがって、強制されている期間は平成29年1月
1日から平成30年12月31日までの2年間である。

高額特定資産を取得した場合には、課税仕入れを行った課税期間から第三
年度の課税期間まで納税義務と本則課税が強制されると説明されるが、実際
には強制される期間は2年間である。解説書によっては、3年間の強制期間
と書いてあったり、2年間の強制期間と書いてあったりするが、混乱のない
ようにされたい。

(3)　事業年度が1日以外から始まる場合

【事例　事業年度が1日以外から始まる場合】

　当社は平成28年1月10日に設立された法人で、設立1期の事業年度は平成
28年1月10日から12月31日、2期以降は1月1日から12月31日である。平成
28年12月25日に高額特定資産の課税仕入れをした。

本事例では、高額特定資産の取得をした日の属する課税期間が、1日以外
から開始している。このような場合には、課税事業者と本則課税が強制され
る期間は、平成31年12月31日までの4年間ということになる。

高額特定資産の仕入れ等の日の属する課税期間	平成28年1月10日から12月31日
の初日	平成28年1月10日

113

以後3年を経過する日	平成31年1月9日
の属する課税期間	平成31年1月1日から12月31日

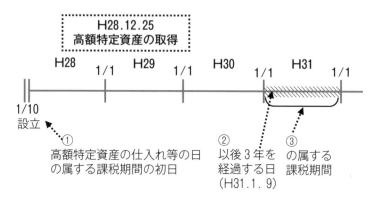

　この場合、第4年度である平成31年1月1日から12月31日までの課税期間を、1年ではなくもっと短い期間、例えば1か月とかに事業年度変更すれば、課税事業者および本則課税を強制される期間はもっと短くなるのであるが、1年決算だと、ほぼ4年間、課税事業者と本則課税が強制されることになるのである。

　新規設立法人の場合、登記所に設立申請をした日が設立の日になるが、登記所の休日の関係から、1日に設立できないケースは多い。したがって、納税義務と本則課税が強制される期間が4年間である法人は多く存在すると思われるので、注意が必要である。

6　自己建設高額特定資産

　高額特定資産の定義においては、課税仕入れ又は保税地域からの引き取りを行った高額特定資産については「高額特定資産の課税仕入れ等」と規定されているが、他の者との契約に基づき、または当該事業者の棚卸資産もしくは調整対象固定資産として自ら建設等をした高額特定資産については、「自

第2章　複雑化する納税義務の判定

己建設高額特定資産」として、別に規定がなされている。

　これは、自ら建設等をした高額特定資産については、完成までに相当な期間がかかるものがあるため、課税仕入れによって取得した高額特定資産よりも、長い期間に渡って、課税事業者と本則課税を強制する必要があるからである。具体的には、自己建設高額特定資産の場合、建設に要した費用の額が1,000万円以上となった課税期間から、建設が完了した日の属する課税期間の3年後の期間まで、課税事業者と本則課税が強制されることになる。

　自己建設高額特定資産については、通達に興味深い取扱いが示されている。自己建設資産が調整対象固定資産である場合と、棚卸資産である場合との、高額特定資産の判定の相違についてである。

(1)　自己建設資産が棚卸資産である場合

　自己建設資産が棚卸資産である場合には、自己建設をする際の原材料の中に、100万円以上、あるいは1,000万円以上のものがあったとしても、それらを含めた棚卸資産全体の仕入対価をもって、高額特定資産の判定をすることになる（消基通1－5－27）。

　建物の請負を例に採ると、建設業者にとって、建設した建物は棚卸資産である。ここで、エレベーターを800万円で外注し、建物全体の工事原価は1700万円である場合を考えてみる。もし、エレベーター800万円と、その他の工事原価900万円（1,700万円－800万円）を切り離して高額特定資産の判定を行うことができるのであれば、どちらも1,000万円未満であり、高額特定資産には該当しないことになる。しかしながら、エレベーターだけ切り離して高額特定資産を判定するわけではないというのが、この通達による取扱いである。棚卸資産である自己建設資産の場合には、あくまでも建物全体の仕入対価である1,700万円をもって、高額特定資産に該当するかどうかの判定を行うことになる。

115

(2) 自己建設資産が調整対象固定資産である場合

　これに対し、自己建設資産が調整対象固定資産である場合には、資産ごとに、調整対象固定資産に係る100万円基準による判定、あるいは高額特定資産に係る1,000万円基準による判定を行うことになる（消基通1‐5‐26）。

　すなわち、先のエレベーターと建物の例でいうと、購入したエレベーターは800万で取得した資産として単体で判定し、建物については、エレベーターの価格を除いた1700万円‐800万円＝900万円で取得した資産として判定するということである。これによると、エレベーターも建物も、調整対象固定資産には該当するが、高額特定資産には該当しないということになる。

　調整対象固定資産および高額特定資産に該当するかどうかの判定は、一の取引の単位ごと（通常一組又は一式をもって取引の単位とされるものにあっては、一組又は一式をいう）に行うとされている。したがって、ある装置を仕入れた時に、その装置が一の取引単位と言える状態、すなわち、一組とか一式とか言える状態のものであった場合には、その装置だけで調整対象固定資産および高額特定資産に該当するかどうかの判定を行うことになる。購入したエレベーターが、一の取引単位として認識できるものであったなら、エレベーターは建物とは別に判定することになる。

　なぜ、棚卸資産の場合と取扱いが異なるのかというと、調整対象固定資産である自己建設資産は、そもそも、固定資産として自己が使用する前提であるからと説明できる。自己が固定資産として使用するものを取得した場合には、建物は建物勘定、エレベーターは建物付属設備として経理することになるが、この場合、二つの資産を購入して使用していると言える。したがって、判定は別々に行うわけである。これに対して、いろいろな材料を購入して棚卸資産を建設等した場合には、その全体が棚卸資産なのであって、個々の材料を別々に販売しているとはいえない。したがって棚卸資産の場合には、その全体で判定を行うわけである。

第2章　複雑化する納税義務の判定

　繰返しになるが、高額特定資産に該当するかどうかの判定は、納税義務の
有無および簡易課税の適用の可否に直結する問題であり、単に取引の課税区
分を誤るのとは次元が異なる。したがって、ここで挙げた例において、エレ
ベーターと建物を別々に判定できるか、それとも一体として判定しなくては
ならないかという問題は、実務上、極めて重要な問題である。

7　効果とその他の問題点

(1)　SPCスキームとの関係

　高額特定資産の取得に係る規定の創設により、簡易課税を選択できる時期
が2年間延期されたが、簡易課税を選択することができなくなったわけでは
ないため、この改正によってSPCスキームが適用不可能になったわけではな
い。

　しかしながら、適用が2年間延期されるということは、SPCスキームを実
行する上で、致命傷を与えるものであった。というのは、このスキームを実
行するためには、多額の資金が必要になるが、これだけの資金を2年間確保
するのは、実務上困難だからである。

　暗号を作成する場合において、絶対解けない暗号を作るのは不可能だが、
3年間とか4年間解けない暗号を作ることができれば、実務上は役に立つそ
うである。高額特定資産の取得に係る改正は、SPCスキームを根絶したわけ
ではないが、実務上、十分に有効な改正であったと言えよう。

(2)　自販機スキームとの関係

　適用が不可能になったわけではないが、実行が困難になったという点にお
いては、自販機スキームへの対策としても同様である。

　平成22年の調整対象固定資産に関する規定においては、適用対象を、課税
事業者を選択した事業者および基準期間のない新設法人に限った結果、抜け

117

穴ともいうべき手法がいくつも考えられた。そこで、平成28年の高額特定資産に関する規定を創設する際には、適用対象を限定しなかったため、規定の適用対象となる事業者が拡大し、多くの事業者において自販機スキームの実行が困難になったのは間違いなかろう。

しかしながら、まだ抜け穴は存在している。調整対象固定資産および高額特定資産を取得した場合に、取得から3年間、課税事業者と本則課税を強制する理由は、第三年度の課税期間において、調整対象固定資産に係る消費税額の調整計算を受けさせることにある。これに対し、この調整計算の適用を受けなければよいという抜け穴が存在するのである。

具体的には、この調整計算は、課税売上割合が著しく変動した場合にのみ行われるものであるため、人為的に課税売上割合を上げることにより、この調整計算を免れることが可能になるのである。人為的に課税売上割合を上げる方法としては、金地金やゴルフ会員権の売買が利用されることが多いようである。ただし、これはかなり力技のスキームと言える。

本書は、スキームを解説することが目的ではないため、ここまでにするが、消費税の不適切な還付を受けるために、不自然で作為的な取引を行うことは、税務否認リスクが伴うことを指摘しておく。

第2章　複雑化する納税義務の判定

Ⅸ　インボイスの導入による影響

　現在の消費税法の規定では、平成31年（2019年）10月1日より税率が10％に引上げられ、同時に食品および新聞に軽減税率が導入される予定であり、その4年後の平成35年（2023年）10月1日には、日本版インボイス制度である適格請求書等保存方式が導入される予定である。

　納税義務の判定と簡易課税の適用に関する問題を考える上では、税率が引き上げられることと、軽減税率が導入されることは、取り立てて検討すべき事項ではないと思われるが、インボイス制度の導入による影響は大きいと思われる。

1　課税事業者の選択との問題

　インボイス制度が導入されると、インボイスの保存が仕入税額控除の要件となるが、インボイスは、課税事業者であって適格請求書発行事業者としての登録を受けた者しか発行することができないため、結果として、免税事業者から行った課税仕入れは、仕入税額控除の対象とならないことになる。

　したがって、インボイス制度の導入後は、免税事業者が取引から排除される懸念があるため、課税事業者を選択した上で適格請求書発行事業者の登録を受ける者が急増するものと推測される。

　本章Ⅶで述べた通り、課税事業者を選択した者が調整対象固定資産を取得した場合には、納税義務の免除と簡易課税の選択に制限が付されている。現行法の下では、課税事業者を選択する者は多くないため、この規定が適用されるケースは少ないが、インボイス制度の導入後は、課税事業者を選択する者が急増すると思われるため、この規定の適用を受ける者が増えるものと思われる。

119

納税義務の判定や、簡易課税の選択については、平成22年の改正以後、制度が複雑化し、税の専門家たる税理士においても、理解が難しい分野と化している。だが、納税義務の判定や選択、簡易課税制度の選択に関する事項は、納税額を直接左右する重要な事項であるから、十分な理解が必要であるし、専門家の説明責任も重い。

免税点以下の課税売上である小規模な事業者に対して、消費税の仕組みを説明し、免税について、課税事業者の選択について、調整対象固定資産について、インボイス制度等々について説明することは説明する側の負担も大きいが、小規模事業者に対する負担も大きいし、理解できない者も多いことであろう。

インボイス制度の導入後、課税事業者を選択する者が増加することによって、調整対象固定資産を取得した場合の納税義務および簡易課税の選択について、課税庁とのトラブルが増えると予想され、また同様に、税理士に対する説明責任を問う訴訟も増加する懸念がある。

2 1年7か月間免税であることについて

新たに設立された法人のうち、新設法人および特定新規設立法人に該当しない者は、設立から1年7か月間、どんなに課税売上高があっても免税事業者であるという問題があるが（☞ **詳細は「第2章 Ⅳ－4(1)」参照**）、インボイス制度の導入後、この問題はどのような影響を受けるのであろうか。

ここで考慮すべきは、上述1同様に、インボイス制度が導入されると、免税事業者からの課税仕入れは仕入税額控除の対象にならなくなるという点である。売上側の事業者にとっては、インボイスの導入後も、1年7か月免税でいられるという点に変わりはないが、取引先にどのような者が多いかによって、対応方針が決まることになる。

第2章　複雑化する納税義務の判定

【表　インボイスの導入と免税事業者の対応】

取引先の傾向	事業の種類	インボイスへの対応
事業者との取引が多い	第三者との取引が多い	適格請求書発行事業者の登録は必須
	グループ企業間など関係者との取引が多い	登録する場合もしない場合もある
消費者との取引が多い	コンビニエンスストア、スーパーマーケットのような事業者	登録する必要性は低いが、登録することが多いのではないか
	小規模な八百屋、魚屋のような事業者	登録する必要性は低い
	医者、介護事業者等	登録する必要性は低い

　まず、事業者との取引が多い者か、消費者との取引が多い者かという観点によって二つに区分できる。事業者との取引が多い者は、第三者との取引が多いか、それともグループ企業のように関係者との取引が多いかによって更に区分できるであろう。第三者との取引が多い者の場合、売上側の事業者が免税事業者でいると取引先で仕入税額控除ができないことから、課税事業者を選択して適格請求書発行事業者になるケースが多いと思われる。

　グループ企業のように関係者との取引が多い者の場合、取引先で仕入税額控除が出来ても、売上側で納税義務が生ずるわけであるから、課税事業者を選択した上で適格請求書発行事業者の登録をするかどうかは疑問である。登録してもしなくてもよい事業者ということになるであろう。ただし、インボイス導入後は、新規法人を設立しても1年7か月免税といううまみがなくなるため、法人の新規設立そのものが減るのではないかと推測される。

　消費者との取引が多い事業者のうち、コンビニエンスストアやスーパーマーケットのような事業を営む事業者は、取引先は消費者が多いため、適格請求書発行事業者として登録する必要性は低いように思われるが、例えば飲食店が食材を仕入れる場合や、事業者が消耗品を購入する場合など、意外に事

業者と取引するケースが多いと思われるため、適格請求書発行事業者として登録する者が多いのではないだろうか。

このように考えると、小規模な八百屋や魚屋等の小売店で、相手がほとんど消費者である場合は、適格請求書発行事業者としての登録をしなくても良いのではないかと思われる。ただし、このような事業者においても、飲食店等の事業者が食材を購入する場合等は、インボイスの発行を求められるケースが予想されるため、適格請求書発行事業者の登録を検討する必要もあると思われる。

インボイス制度が導入されても、適格請求書発行事業者として登録する必要がない業種として、医業や介護事業が挙げられるのではないかと考える。これらの事業における相手方、すなわち患者や要介護者は、医療サービスや介護サービスを受けても仕入税額控除の対象とすることがないからである。

3 自販機スキームに対して

自販機スキームの目的は、本来、仕入税額控除の対象とはならない非課税対応の課税仕入れについて、人為的に課税売上割合を上げることによって、無理やり仕入税額控除の対象とすることにある。すなわち、自販機スキームにおける課税仕入れは、例えば居住用の賃貸アパートや、病院建物や医療用の機械、介護事業用の施設等、非課税対応の建物や機械ということになろうが、これらの施設の購入は、通常は課税事業者である第三者からの課税仕入れである。

したがって、自販機スキームとインボイスの関係性は薄く、インボイス制度を導入することによって、自販機スキームの対策になるというわけではないと思われる。

第2章　複雑化する納税義務の判定

4　SPCスキームに対して

　SPCスキームは、免税事業者であることを利用する制度ではなく、簡易課税制度を利用したスキームである。インボイス制度の導入と簡易課税制度は直接の関係がないため、インボイス制度の導入によりSPCスキームが影響を受けることはないと思われる。また、SPCスキームにおいて課税仕入れの対象となるものは、大規模な建物等であり、それらを販売する事業者や建設業者は通常は課税事業者であるから、インボイス制度の導入後、免税事業者からの課税仕入れが仕入税額控除の対象とならなくなるという問題とも、関係は薄い。

　余談であるが、SPCスキームへの対策については提案があるので、申し述べたい。

　平成28年度の改正では、SPCスキームへの対策として、高額特定資産を取得した場合の特例を創設するという、大掛かりな手段によったが、平成22年度の改正以降、納税義務の判定と簡易課税制度の適用について、制度が複雑になり過ぎているという問題がある。

　そこで、SPCスキームへの対策として、簡易課税の適用を制限する方法を提案する。具体的には、簡易課税を適用できる課税期間を、その課税期間における課税売上高が5,000万円以下である場合に限定するというものである。そうすれば、SPCが何十億もの売上に対して、簡易課税を適用することはできなくなる。同様に、新設法人の項で説明したような、売上が何十億とありながら簡易課税を適用できるケースへの対策にもなる。

　なお、簡易課税の適用を、現行の基準期間による判定ではなく、当課税期間の課税売上高による判定にすべきであるという意見は、日税連の税制改正に関する建議書でも提案されているものであることを申し添える[3]。

---

(3)　日本税理士会連合会「平成31年度税制改正に関する建議書」（平成30年6月28日）15頁。

123

> **コラム02**

マネキンへの支払いが給与
であるとされた事例 [1]

　平成26年の公表裁決事例集には、マネキン紹介所を通じて手配したマ
ネキンに支払った金員が、給与等に該当するため、消費税の課税仕入れ
に該当しないとされた事例が掲載されており、ここに紹介する。

1　事案の概要

　弁当等の販売業を営むＸ（請求人）は、マネキン紹介所等の職業紹介
事業者から紹介された販売員に支払った金員について、課税仕入れに当
たるものとして、仕入税額控除の対象として消費税等の確定申告を行っ
ていた。これに対し所轄税務署長が、当該金員の支払いは給与等に当た
るため、課税仕入れに該当せず、所得税法による源泉徴収義務があると
して、消費税等の更正処分及び源泉徴収に係る所得税の納税告知処分等
を行った。本件は、Ｘがその処分の取消しを求めたものである。

2　審判所の判断

　給与等とは、雇用契約又はこれに類する原因に基づき、自己の危険と
計算によることなく、使用者の指揮命令に服して提供した労務の対価と
して使用者から受ける給付をいうものと解され、具体的には、受給者が
①指揮監督を受けているかどうか、②時間的な拘束を受けているかどう
か、③材料や用具等の供与を受けているかどうか、④自己の責任におい
て他者を手配して役務の提供に当たらせることが認められるものではな
いかどうか等の事情を総合勘案して判断するのが相当であると解される

---

(1)　平成26年2月17日裁決・公表裁決事例集 No.94、TAINS コード J94-3-08。

第2章　複雑化する納税義務の判定

ところ、販売業務を行う際に必要なエプロン等については請求人が用意したものでなかったことが認められるが、本件各販売員は、請求人の指揮監督を受けるとともに、時間的拘束を受け、役務の提供の代替が認められていなかったこと、さらに、本件各販売員の役務提供に至る経緯等を併せ考慮すれば、本件各販売員に支払われた金員は、いずれも雇用契約に基づき、自己の危険と計算によることなく、使用者の指揮命令に服して提供した労務の対価として支給されたものといえ、給与等に該当すると認められる。

3　コメント

　本事例における請求人は、マネキン紹介所に対して、指定した日時に指定した場所に、指定した人数の販売員を手配するよう依頼したものであり、販売員を請求人が雇用しているという意識は非常に希薄であったと思われる。この点、販売員を手配するよう依頼した先が人材派遣会社であったなら、請求人と人材派遣会社の労働者派遣契約になり、請求人と販売員との関係は雇用関係ではない。

　しかしながら、本問において請求人が販売員の手配を依頼したのは、マネキン紹介所であったため、事情は異なる。マネキン紹介所とは、職業安定法に規定する有料職業紹介事業所の一形態であり、人材を派遣する存在ではなく、雇用関係の成立をあっせんする事業所である。したがって、請求人がマネキン紹介所に依頼したのは、職を探している日雇い労働者のあっせんであって、人材の派遣ではない。

　本裁決においては、請求人と販売員との契約が雇用契約に基づくものであるとした上で、更に、使用者の指揮監督を受けていたか、時間的な拘束を受けていたか、材料や用具等の供与を受けていたか、自己の責任において他者を手配して役務の提供に当たらせることが認められるかど

125

うか等を検討し、総合勘案した上で給与等であると判断したものであり、この結果は支持し得るものである。

　本文中で述べている通り、昭和56年最高裁判決は給与等について、「雇用契約又はこれに類する原因」に基づいて受ける給付をいうと示しているが、基本となる契約が雇用契約であると明らかな場合には、給与所得に該当する可能性は非常に高くなる。判断に当たっては、第一に契約をチェックする必要があると留意されたい。

第 3 章

課税売上・
課税仕入れの計上時期

Ⅰ　はじめに

　平成26年4月1日（施行日）より、消費税率はそれまでの5％から8％に引き上げられたが、その際、施行日をまたぐ取引に適用される税率について、関心が集まった。例えば、平成26年3月31日にチェックインして4月1日にチェックアウトした場合、新旧どちらの税率が適用になるのかといった問題である。

　このような問題を何例か検討したところ、税率引上げ時に特有の問題ではなく、売上および仕入をいつ計上するかという、根本的な問題に直結していることが明らかになった。先の問題で言えば、新旧どちらの税率が適用になるかという問題ではなくて、そもそも3月31日に売上を計上するのが正しいのか、それとも4月1日で計上するべきかという問題だということである。

　また、売上および仕入の計上時期という問題は、消費税独自の問題ではなく、所得税や法人税においても重要な問題である。ところが、所得税と法人税で計上時期の取扱いに違いがある場合、消費税の取扱いはどうなるかという問題が生ずることになる。

　この点については、事業者が法人の場合は法人税の取扱いに従い、事業者が個人の場合には所得税の取扱いに従ってきた経緯がある。しかしながら、消費税法を解釈する際に、事業者が個人か法人かによって取扱いを変えるのには疑問がある。

　このように、消費税における資産の譲渡等と課税仕入れの計上時期については、いくつもの問題があり、10％への税率引上げを控えた今、検討を要する課題であると思われる。

　なお、税率引上げの施行日をまたぐ取引に対しては、経過措置が設けられているが、本書では経過措置の適用はないものとして検討することにする。

128

第3章　課税売上・課税仕入れの計上時期

Ⅱ　9月30日チェックイン10月1日チェックアウト問題

1　計上時期の原則

　はじめに、施行日をまたいでチェックイン・チェックアウトする問題を検討する。なお、次回の税率引上げは平成31年（2019年）10月1日であるため、「9月30日チェックイン10月1日チェックアウト問題」と呼称することにする。

【図　9月30日チェックイン10月1日チェックアウト問題】

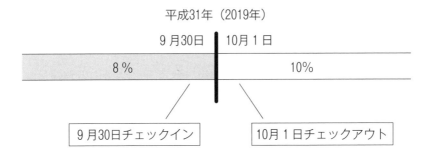

　資産の譲渡等の計上時期については、消費税法および施行令、施行規則には規定がない。そこで、消費税法基本通達をチェックすると、資産の譲渡等を行った日について、9－1－1から9－1－20にかけていくつかの取扱いが示されていることがわかる。棚卸資産ほか、代表的な資産の譲渡等の日について整理すると、表のようになる。

【表　通達による資産の譲渡等の時期】

資産の譲渡等の内容	時期
棚卸資産の譲渡	引渡しの日
目的物の引渡しを要する請負	目的物の引渡しの日
目的物の引渡しを要しない請負	役務の提供を完了した日
固定資産の譲渡	引渡しの日
賃貸借契約に基づく資産の貸付け	契約または慣習により賃貸料の支払いを受けるべき日

2　9月30日計上説

　9月30日チェックイン10月1日チェックアウト問題に対して、大きくは、9月30日に計上すべきという説と、10月1日に計上すべきという二つの説が考えられるところである。

　この点、9月30日で計上するため旧税率であるという有力な見解がある[1]。その根拠は、宿泊サービス（役務の提供）の資産の譲渡等の日はサービスが提供された時であるが、9月30日チェックイン10月1日チェックアウトの場合は、9月30日の宿泊と認識されることから、9月30日の宿泊サービスとして旧税率が適用になるというものである。

　宿泊サービスの資産の譲渡等の時は、サービスが提供された時であるという点については同意できるが、問題は、9月30日から10月1日の宿泊が、9月30日のサービス提供と考えられるかということである。9月30日は役務の提供の途中であり、資産の譲渡等の時といえるか、疑問が残る。

3　理論的には10月1日か

　宿泊サービスは、単に部屋を賃貸する契約ではない。したがって、資産の

---

(1)　阿部泰久監修『図表＆事例詳解　消費税経過措置』（2013新日本法規）16頁。

第3章　課税売上・課税仕入れの計上時期

貸付けには該当しない。宿泊サービスが役務の提供であるという点について
は、9月30日計上説でも確認されている。

　そもそも宿泊契約とは、顧客の安全、衛生等に責任を持ち、宿泊させたり、
飲食させたり、荷物を預かったりする、総合的な役務の提供を内容とする契
約である。したがって、チェックイン時から翌日の朝まで、役務の提供は完
了しないと考えるべきであろう。たとえ、チェックイン時に料金を支払う、
素泊まりの形態のホテルであったとしてもである。

　だとすると、9月30日チェックイン10月1日チェックアウトにおける資産
の譲渡等の日は、10月1日であると思われる。これにより新税率が適用され
ることになると思われるが、それはあくまでも結果に過ぎない。

4　継続適用

　9月30日から10月1日の宿泊について、チェックアウトの日である10月1
日を資産の譲渡等の日と考えることが、理論的には適当と思われるが、継続
して、チェックイン時の9月30日を資産の譲渡等の日としてきた事業者にあ
っては、その取扱いも容認されると思われる。

　棚卸資産の資産の譲渡等の日については、出荷基準、検収基準、検針日基
準などいくつかの基準から、棚卸資産の種類、性質、契約の内容等に応じて
合理的な基準を事業者が選定し、継続適用するという取扱いが示されている
（消基通9－1－2）。建設工事も同様に、作業結了基準、受入場所搬入基準、
検収完了基準等から、合理的と認められる日を継続して適用するとされてい
る（消基通9－1－6）。

　これに対し、請負の場合に、継続適用を要件にいくつかの基準から選定す
ることという取扱いは、消費税法基本通達には明示されていない。しかしな
がら、通達の具体的運用に当たっては、字句の形式的解釈に固執したり、通
達中に例示がないという理由だけで、法令の趣旨や社会通念等に即しない解

131

釈におちいることのないようにと示されている[2]。したがって通達には明示がないが、請負契約の一種である宿泊契約についても、合理的と思われる基準を継続適用することは、認められると思われる。

5　Q＆Aにみる役務の提供の計上時期

　税率引上げ時の適用税率については、平成30年11月２日にQ＆Aが２つ公表されており、「基本的な考え方編」と「具体的事例編」と呼ぶことにする[3]。

　Q&Aには、９月30日チェックイン10月１日チェックアウト問題についての記述はないが、役務の提供に係る資産の譲渡等の日については、いくつかの記述がある。ここでは、基本的な考え方編・問６の事例を検討することにする。

基本的な考え方編・問６（要約）

　平成31年９月１日に、同日から１年間の役務提供を行う契約を締結するとともに、１年分の対価を受領しています。この場合、消費税法の適用関係はどのようになりますか。

【答】

　役務提供契約が、契約期間を１年間として料金を年額で定めており、役務提供が年ごとに完了するものである場合には、その資産の譲渡等の時期は役務の全部を完了する日である平成32年８月31日となりますので、平成31年10

---

(2)　法人税基本通達前文より。
(3)　「平成31年（2019年）10月１日以後に行われる資産の譲渡等に適用される消費税率等に関する経過措置の取扱いQ＆A【基本的な考え方編】」平成30年10月国税庁消費税室、および、「平成31年（2019年）10月１日以後に行われる資産の譲渡等に適用される消費税率等に関する経過措置の取扱いQ＆A【具体的事例編】」平成30年10月国税庁消費税室。

第3章　課税売上・課税仕入れの計上時期

月1日以後に行う課税資産の譲渡等として、原則として新税率（10％）が適用されます。

　ただし、1年分の対価を受領することとしており、中途解約時の未経過部分について返還の定めがない契約において、事業者が継続して1年分の対価を受領した時点の収益として計上している場合は、平成31年9月30日までに収益として計上したものについて旧税率（8％）を適用して差し支えありません。

(1)　前半のケース

　前半に示されているのは、1年間が取引の単位であると認められるケースである。このような取引は契約期間満了日の資産の譲渡等として計上すべきであり、本問における契約期間満了日は新税率の適用後であるから、新税率が適用されると回答されている。

　これに対し、具体的事例・問2では、契約期間は1年間であるものの、月単位で料金が設定されている事例について、毎月の役務提供が完了する都度収益に計上すべきであるから、税率引上げ前の期間に対応する分は旧税率、引上げ以後の期間に対応する分については新税率が適用される旨が示されている。

　両者の取扱いは矛盾しているように思われるが、本問のケースは、1年分をまとめて資産の譲渡等として計上すべき事例についての取扱いであり、具体的事例・問2は、毎月、資産の譲渡等を計上すべき事例についての取扱いであると考えると納得がいく。

　つまり、課税売上は、そもそも資産の譲渡等を行った日に計上すべきものであって、税率は副次的な問題であり、その資産の譲渡等を行った日の税率が適用されるに過ぎないということである。

133

⑵ 後半のケース

本問の後半の、ただし書きに示されているケースも同様に考えられる。このケースで重要なのは、「中途解約時の未経過部分について返還の定めがない」という点と、「継続して当該対価を収受したときに収益に計上している」点である。このような契約は、4で述べた通り、そもそも対価を収受した日に資産の譲渡等を計上すべきケースということになる。そうすると、対価を収受した日が税率の引上げ前であったら旧税率が適用され、収受した日が税率の引上げ以後であったら、新税率が適用される。

なお、このように、対価を収受した日に資産の譲渡等を計上すべきケースというのは、中途解約があった場合でも、未経過分の料金を返還しないケースに限られるのではないかと思われる。例として、具体的事例には、ゴルフ場の年会費や（問9）インプラントの治療代（問24）が挙げられている。

このように考えると、適用される税率は、資産の譲渡等を計上すべき日がいつかによって一義に決定されるわけであり、「旧税率を適用して差し支えありません」という、本来は新税率が適用になるのだが、特別に旧税率の適用を認めているかのような記述を、Q＆Aはすべきではないと思われる。

6　小括

以上、検討してきた通り、9月30日チェックイン10月1日チェックアウト問題に対しては、事業者が継続適用している資産の譲渡等の計上時期に従うべきだと回答する。これにより、9月30日の計上として旧税率が適用になる事業者も、10月1日の計上として新税率が適用になる事業者もいると思われるが、税率は副次的な問題に過ぎない。適用税率による有利不利を考えるのではなく、資産の譲渡等の内容に応じて、この取引は、そもそもいつが資産の譲渡等の時期かを考える必要があると思われる。

筆者の住所の近くには、箱根や伊豆といった観光地があるため、顧客には

第3章　課税売上・課税仕入れの計上時期

旅館業を営む者がある。税率引上げ時の話ではないが、箱根の旅館が調査された時、小田原税務署の調査官から、「このあたりの旅館では、決算期をまたいだ宿泊の場合、夜70％、朝30％の割合で売上を計上しているようですが、先生はご存じありませんか」と言われて驚いたことがある。

その際に、宿泊契約や旅館業法等を調べ、「宿泊サービスは役務の提供であるから、役務の提供を完了するまで売上を計上する必要はない」と主張して認められた。この経験に基づき、9月30日チェックイン10月1日チェックアウト問題について、私見では10月1日説を採るのである。

しかしながら本節で検討した通り、継続適用している計上基準が合理的なものであるのならば、9月30日に70％、10月1日に30％計上する処理も認められるであろう。この場合には、70％分は旧税率、30％分は新税率が適用されることになるはずである。

Ⅲ　9月30日出荷10月1日到着問題

　次に採りあげるのは、販売者が棚卸資産を平成31年（2019年）9月30日に出荷し、購入者に10月1日に到着した場合の問題である。販売者側で出荷基準を採用していると、この棚卸資産の譲渡の日は9月30日になるが、購入者が到着基準を適用していると、10月1日が課税仕入れの日となる。この場合、販売者と購入者で適用税率が異なるのではないかというのが、「9月30日出荷10月1日到着問題」である。

【図　9月30日出荷10月1日到着問題】

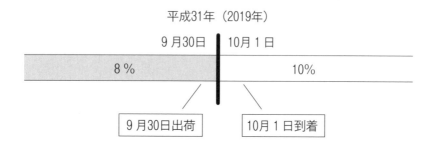

1　棚卸資産の計上時期

　棚卸資産の譲渡の日については、上述の通り、出荷基準、検収基準、検針日基準などいくつかの基準から、棚卸資産の種類、性質、契約の内容等に応じて合理的であると認められる日のうち、事業者が継続して棚卸資産の譲渡を行ったこととしている日によるものとされている（消基通9－1－2）。
　これに対し、課税仕入れを行った日については、資産の譲渡等の時期の取扱いに準ずると示されている（消基通11－3－1）。したがって、購入者に

第3章　課税売上・課税仕入れの計上時期

おいても、到着基準、検収基準等から合理的と思われるものを選定できることになる。

このように、売上側での資産の譲渡等の時期の認識基準と、仕入側での課税仕入れの時期の認識基準について、双方が複数の基準から選択することができることになっているため、同じ取引であっても、売上側と仕入側で認識する時期に差が生じるという問題が発生する。

2　基本的な考え方編・問3

この問題には、課税仕入れ側の税率を売上側の税率に、「合わせるべしという説」と、「合わせる必要はないという説」が対立している。

この点、国税庁はQ＆Aで、税率を合わせるべしとの回答を示している。基本的な考え方編・問3を抜粋して掲げる。

問3（事業者間で収益・費用の計上基準が異なる場合の取扱い）

　当社（A社）と取引先（B社）の収益、費用の計上基準の違いにより、当社が10月初旬に検収基準により仕入れを計上したものであっても、取引先が出荷基準によっている場合、平成31年10月1日前に出荷された商品について、取引先から、旧税率（8％）に基づく請求書が送付されてくるものと考えられます。当社の仕入税額控除の計算はどのように行えばよいですか。

【答】 照会の事例は、B社がA社に対して、平成31年10月1日前に行った課税資産の譲渡等ですので、A社においても、旧消費税法の規定に基づき仕入税額控除の計算を行うこととなります

消費税は取引の各段階で次々に転嫁され、最終的には消費者が負担する性格の税であり、前段階控除方式を基本原理に置いていることを考えると、「前段階で転嫁された税額を控除対象とすることが適当」ということになる。

137

これが、売上側の税率に合わせるべしという説の根拠である。

9月30日出荷10月1日到着問題について国税庁は、平成9年に消費税率が3％から5％に引き上げられた時から一貫して、売上側の税率に合わせるようにとの取扱いを公表しており[4]、本問も同じ立場を明らかにしている。また、この見解に立つ識者も多い。

3　合わせなくてよいとする見解

9月30日出荷10月1日到着問題に対して筆者は、「合わせる必要はない」という見解を支持する。その理由は次の通りである。

第一の根拠は、現行のわが国の消費税法は、仕入税額控除の方式として、アカウント方式を採用していることである。アカウント方式とは、インボイス方式に対応する用語である。

インボイス方式においては、売上側が転嫁した消費税額を、インボイスに明示するよう求められており、明示された消費税額を仕入税額控除の対象とするよう、法令で定められている。したがってインボイス方式においては、売上側と仕入側での適用税率および消費税額は一致する。

これに対してアカウント方式では、請求書等に記載された税率および消費税額を基に、仕入税額控除の計算をするようには求められてはいない。

第二の根拠は、控除対象仕入税額の計算についての規定である。現行のわが国の消費税法においては、課税仕入れに係る支払対価の額（税込）に、108分の6.4を乗じることによって仕入税額を計算することになっているが、この計算の過程では、売上側が何％で転嫁しているかは条件に入っていない。あくまでも仕入側が支払った税込の対価の額のみによって、計算が完了するのである。したがって、仕入税額控除を計算する際に、売上側と仕入側で税

---

(4)　小高克己「改正消費税法の適用に当たって留意すべき事項について〈下〉」税務通信2468号（1997.3）17頁。

第3章　課税売上・課税仕入れの計上時期

率を合わせる必要があるという解釈は、条文からは読み取ることができない。

　第三の根拠は、免税事業者からの課税仕入れとの対比である。現行のわが国の消費税法では、免税事業者からの課税仕入れも仕入税額控除の対象になる。ここで、税率を合わせるべしという説に従って、免税事業者が適用している税率に合わせようとすると、おかしなことになる。これは、わが国の現行の消費税法が、売上側の事情と仕入控除税額の計算を、切断して規定していることによるものである。

4　小括

　9月30日出荷10月1日到着問題に対して、仕入側は売上側の税率に合わせるべきであるという説は、前段階控除方式を採用している消費税の趣旨から考えると適切である。理想的な消費税においては、そうあるべきと思われる。

　しかしながら、現行の消費税法は、残念ながら理想的とはいえない。というのは、アカウント方式を採用しているからである。特に免税事業者からの課税仕入れが仕入税額控除の対象となる点において、理想の姿からはかけ離れていると言える。

　それでも、租税法律主義によると、租税法の解釈は文理解釈によるべきである。文理解釈によると、仕入側は、売上側の消費税率に合わせなくてよいということになる。

　「租税法規は侵害規範であって、法的安定性の要請が強く働くものであるから、みだりに規定の文言を離れて解釈すべきではない[5]」と判例は示している。Q&Aで示されている取扱いが、文理解釈から導かれない以上、改める必要があると考える。

---

(5)　最高裁平成22年3月2日第三小法廷判決（民集64巻2号420頁、TAINSコード Z260-11390）。

Ⅳ　9月30日受領10月分家賃問題

　三つ目の問題は、平成31年（2019年）9月30日に、翌10月から1年分の不動産賃貸料の支払いを受けた場合、新旧どちらの税率が適用になるかという問題である。以下、「9月30日受領10月分家賃問題」と呼ぶ。
　この問題については、平成8年の税率3％から5％への引上げ時に、「9月30日に1年分の売上を計上するので、1年分全部に旧税率が適用される」という取扱いが公表されているが、疑問の残る取扱いである。以下に検証を加えることにする。

【図　9月30日受領10月分家賃問題】

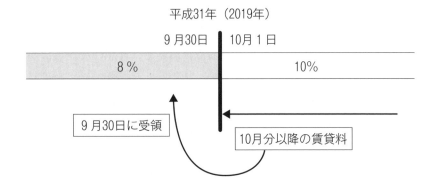

1　賃貸料の計上時期
(1)　法人税の取扱い

　法人税において、受取賃貸料の計上時期は、前受けに係る額を除き、契約または慣習によりその支払いを受けるべき日の属する事業年度の益金の額に算入するとされている（法基通2－1－29）。

第3章　課税売上・課税仕入れの計上時期

　法人税では、適正に期間損益を算定するという企業会計の要請に基づいて収益が認識されるため、当該事業年度の収益として認められない前受部分を、当期の収益から除くのは当然のことである。

　したがって、平成31年9月30日に受け取った平成31年10月から1年分の賃貸料については、受け取った時点では前受金として処理し、時の経過とともに、平成31年10月以後1年間の売上として計上することになる。

(2)　所得税の取扱い

　所得税において賃貸料を計上すべき時期は、契約又は慣習により支払日が定められているものについてはその支払日、支払日が定められていないものについてはその支払いを受けた日とされている（所基通36－5）。これによると、個人事業者が平成31年9月30日に、平成31年10月から1年分の賃貸料を受領した場合には、平成31年9月の収入として計上することになる。

　所得税においてこのような考え方を採るのは、個人の場合には法人と異なり、継続的な記帳を前提とした所得計算がとりにくいことによると説明されている[6]。

　したがって、所得税の場合でも、継続的な記帳にもとづいて所得計算をしている場合には、貸付期間に対応する賃貸料の額を計上することが認められている[7]。この取扱いによる場合の賃貸料の計上は、法人と同じになる。

(3)　消費税の取扱い

　消費税における資産の譲渡等の時期は、法人であれば法人税と同様に、個人であれば所得税と同様に考えるのが、判例および通説の考え方である[8]。ここでは、通説判例の見解に従った取扱いを検討してみる。

---

(6)　三又修ほか編『所得税基本通達逐条解説』〔平成29版〕（2017大蔵財務協会）300頁。

(7)　48.11.6付直所2-78「不動産等の賃貸料にかかる不動産所得の収入金額の計上時期について」

(8)　濱田正義編『消費税法基本通達逐条解説』〔平成30年版〕（2018大蔵財務協会）684頁。

賃貸料の計上時期について、法人は法人税と同様に、個人は所得税と同様に考えるといっても、上述の通り、法人税と所得税では取扱いを異にしている。だからこそ、消費税における取扱いが問題となるのである。この点、通達には次のように示されている。

消費税法基本通達 9 − 1 −20

　資産の賃貸借契約に基づいて支払を受ける使用料等の額（前受けに係る額を除く。）を対価とする資産の譲渡等の時期は、当該契約または慣習によりその支払を受けるべき日とする。

　この通達は、法人税の通達によく似ているが、「前受けに係る額を除く」という文言がカッコで囲われている点が異なる。これは、法人税においては前受けに係る額は除くことになる一方、所得税においては、前受けに係る額を除くケースと除かないケースがあることから、法人税と所得税の両方の取扱いを表現するために、カッコを使用したのではないかと思われる。通達の立案者の苦労がしのばれる。

　したがって、消費税法基本通達が示す賃貸料の取扱いは、判例通説の見解の通り、法人については法人税と同様に、個人については所得税と同様に取り扱うものと思われる。

　適用税率であるが、法人については対応する期間に応じて資産の譲渡等に計上するため、旧税率が適用になる期間の賃貸料には旧税率が、新税率が適用になる期間の賃貸料には新税率が適用されることになり、問題はない。

　問題となるのは、個人の場合の適用税率である。個人における原則的な取扱いでは、平成31年9月30日に翌1年分の賃料を受領した場合には、平成31年9月30日の収入として計上することになるが、平成31年9月30日の資産の譲渡等に適用される税率は、旧税率である。したがって、平成31年10月分か

第3章　課税売上・課税仕入れの計上時期

ら1年分の賃貸料に対して、旧税率が適用されることになる。

2　H8の取扱い

　この問題は、平成9年4月1日より消費税率が3％から5％に引き上げられた時にも検討された。この時、国税庁が示した取扱いは、「平成9年3月中に受領した、平成9年4月分から平成10年3月分の賃貸料については、平成9年3月の資産の譲渡等として取扱うことから、適用税率は旧税率でよい」というものであった。公表された取扱いでは、法人を対象とするものか個人を対象としているか明らかにされていないが、個人を前提として作成されたものと思われる。

3　具体的事例編・問4

　9月30日受領10月分家賃問題については、具体的事例編の問4に取扱いが示されている。

【図　Q&Aより、賃貸料に係る適用税率】

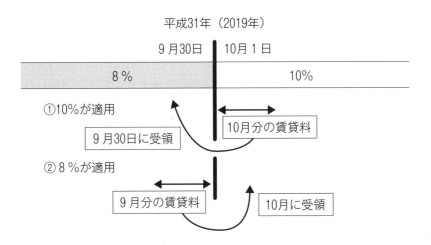

問4（不動産賃貸の賃借料に係る適用税率）（原文ママ）

　当社は、不動産賃貸業を営む会社ですが、次の賃貸料に係る消費税の適用税率について教えてください。

① 当月分（1日から末日まで）の賃貸料の支払期日を前月〇日としている賃貸借契約で、平成31年10月分の賃貸料を平成31年9月に受領する場合

② 当月分の賃貸料の支払期日を翌月〇日としている賃貸借契約で、平成31年9月分の賃貸料を平成31年10月に受領する場合

【答】

　①は、平成31年10月分の賃貸料であり、平成31年10月分の資産の貸付けの対価として受領するものですから、10月末日における税率（10％）が適用されます。

　②は、平成31年9月分の賃貸料であり、平成31年9月分の資産の貸付けの対価として受領するものですから、支払期日を10月としている場合であっても、9月末日における税率（8％）が適用されます。

　このQ＆Aが公表された際には、国税庁が賃貸料に関する取扱いを変更したと、雑誌に記事が掲載されたものである。しかしながら、このQ＆Aは法人が対象になっているため、平成31年10月分については平成31年10月に資産の譲渡等があったものとして新税率が適用され、平成31年10月分については平成31年10月の資産の譲渡等として旧税率が適用されるという取扱いは、それまでの取扱いと変わるものではない。

4　小括

　以上、9月30日受領10月分家賃問題について、法人については法人税と同様に、個人については所得税と同様に取り扱うという、判例、通説、通達の見解に沿って検討してきたが、結論として、法人と個人で適用税率が異なる

第3章　課税売上・課税仕入れの計上時期

ことになった。しかしながら、私見ではこのように法人と個人で消費税の取扱いが異なることには、違和感を覚える。

　法人税と所得税で異なる取扱いをすることについては異論がない。法人税と所得税では、課税の対象や計算の方法といった、税の体系そのものが異なるからである。

　しかしながら、法人と個人で消費税の適用税率が異なることには、異論がある。課税期間や基準期間、特定期間に関する取扱いや、みなし譲渡の取扱い等、法人と個人の違いによって消費税の取扱いが異なる項目があることは認めるが、適用税率は、法人と個人とで取扱いが異なる項目ではないと思うし、異なってはおかしいと思われる。

　これはすべて、個人における、消費税の資産の譲渡等の計上時期を、所得税における収入計上の時期と同時だと解釈することに問題があると思われる。そこで次節では、個人の賃貸料の計上時期を争った事例を検討することにする。

145

V　賃貸料の計上時期を争った事例の検討[(9)]

1　本事例の特徴

　本事例におけるXは、新規で取得した建物を課税対応として確定申告したのだが、課税庁がこの建物は非課税対応であるとしたため、審査請求の過程で主張を変更し、当課税期間の課税売上割合を計算し直すと、95％以上になるので全額控除が適用になるはずだ、と主張したものである。

　ここでXが、課税売上割合を計算し直す上で変更したのが、賃料の計上時期である。当初申告では、入金ベースで賃貸料を計上していたのだが、審査請求において、4月分は3月末に入金しているが、4月の売上にすべきだと、対応する期間で計上するように求めたのである。

　さあ、Xの請求は通ったのであろうか。事例を見てみよう。

2　事案の概要

　不動産賃貸業を営むXは、以前から消費税の課税事業者であった。平成21年3月27日にXは賃貸用の土地建物の購入をし、引渡を受けた。当該土地建物の売買契約において、平成21年3月分の賃料は売主に帰属しXは受領しない旨と、平成21年4月分の賃料は3月中にXが支払を受ける旨が記載されていた。Xはこのほかにも賃貸不動産を有しており、12室を店舗、1室を事務所、1室を住宅として賃貸していた。

　Xは課税期間を短縮する旨の届出書を提出しており、平成21年3月1日から同年3月31日までの課税期間の消費税について、新規に購入した建物の賃料を非課税売上げに含めた上で、課税売上割合は69％程度であると計算し、新規に購入した建物は課税対応であるとして、確定申告書を提出した。

---

(9)　平成23年3月28日裁決（非公開）、大裁（諸）平22-69、TAINSコード F0-5-120。

第3章　課税売上・課税仕入れの計上時期

　これに対し所轄税務署長は、新規取得建物は非課税対応であるとして、仕入控除税額の大半を認めない内容の更正処分を行った。
　Xは審査請求において、確定申告の際に当課税期間の資産の譲渡等の対価の額に含めて計算した、新規取得建物に係る賃料等の額は、翌課税期間の資産の譲渡等の対価の額とすべきであると主張した。Xの主張の通り計算すると、当課税期間の課税売上割合は95％以上となり、課税仕入れに係る消費税額の全額が控除されることになる。
　なお、新規取得建物は25室すべてが住宅として賃貸されていた旨が確認されている。

【図　賃貸料の計上時期を争った事例】

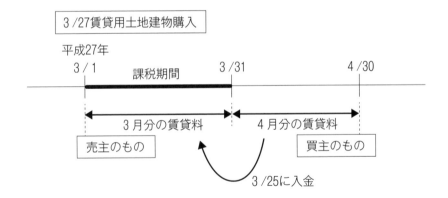

3　争点

　本事例における争点は、Xが賃貸している建物の賃貸料について、資産の譲渡等の日を賃貸料の支払を受けるべき日とするか、貸付期間に応じて計上すべきかである。

147

4 審判所の判断

審判所は次のように示してＸの請求を退けた。

「消費税法においては、課税売上げをした時についての規定はないから、基本的には、所得税の収入金額等の計上時期と同様に解すべきである。」

「消費税法基本通達９－１－20は、所得税における上記の考え方と同様に、資産の賃貸借契約に基づいて支払を受ける使用料等の額を対価とする資産の譲渡等の時期を、契約又は慣習によりその支払を受けるべき日とする旨定めており、この取扱いは、当審判所においても合理性があると認める。」

「本件課税期間において請求人の所有する建物の賃料等は、不動産賃貸借契約書等に基づき、前月の25日ないし月末までに請求人に支払う旨定められているから、本件課税期間における請求人の賃料等に係る資産の譲渡等の時期は、本件賃料等の額を含む３月中に支払を受けるべき４月分に対応する賃料等の額となる。」

5 検討

(1) 通説の立場から

はじめに、通説的な見解である、賃貸料の消費税における資産の譲渡等の計上時期は、所得税における収入金額への算入時期と同じとする立場から、本事例を検討する。

審判所は、所得税において賃貸料を収入金額に算入する時期は、所得税法36条１項に「その年において収入すべき金額」と規定されていることから、その年において収入すべきことが確定し、相手方にその支払を請求し得ることとなった金額、すなわち、収入すべき権利の確定した金額であると解するのが相当とした。その上で、賃貸料の資産の譲渡等の計上時期は、消費税法基本通達９－１－20が示す、契約又は慣習によりその支払を受けるべき日とする取扱いは合理的であると示した。審判所の論旨は先に述べた通説的な見

第3章　課税売上・課税仕入れの計上時期

解に合致するもので、この見解によると、Xの賃貸料に係る資産の譲渡等の日は、平成21年3月末ということになる。

　裁決文の引用はしなかったが、審判所は、Ⅳ-1⑵で述べた、継続的な記帳にもとづいて所得計算をしている場合の所得税の特例についても触れている。消費税法基本通達9-6-2には、「資産の譲渡等の時期について、所得税又は法人税の課税所得金額の計算における総収入金額又は益金の額に算入すべき時期に関し、別に定めがある場合には、それによることができるものとする。」という取扱いが示されているが、本事例で審判所は、継続的な記帳に基づいて所得計算をしている場合の特例は、ここにいう「別に定めがある場合」に該当すると示したのである。

　これに対し、本事例では、当初申告では入金ベースで計算がされており、また、所得税の確定申告においても入金ベースで申告されていることから、審査請求において特例の適用を主張しても、適用は認められないと裁決された。

　そうすると、当初申告から特例を適用していたら、認められたということであろう。

⑵　所得税と同様に解する点について

　この裁決においては、消費税における資産の譲渡等の時期を、所得税の収入金額等の計上時期と同様に解すべきと示しているが、その根拠は、「消費税法においては、課税売上げをした時についての規定はないから」というものである。

　消費税における資産の譲渡等の対価の額と、所得税の収入金額は、その性質が大きく異なると思われる。したがって、消費税に資産の譲渡等の時期についての規定がないから、所得税の収入金額の計上時期の規定によるというのも、ずいぶん乱暴な話ではないかと思われる。しかし、筆者の勉強不足か、文献、判決を検討しても、なぜ所得税の収入金額の計上時期と同じに解すべ

149

きか、詳しく説明したものは見当たらない。

　私見では、資産の譲渡等の時期について、法人は法人税の収益計上時期の規定と同様に、個人にあっては所得税の収入金額の計上時期と同様に解するという通説的な見解は、おそらく自明のものとして、詳細に検討することなしに受け入れられているのではないかと危惧する。

(3)　賃貸料のあるべき資産の譲渡等の時期

　資産の譲渡等とは、資産の譲渡および貸付け並びに役務の提供である。この3つに対する計上時期を、所得税における収入金額の計上時期に合わせる場合の全てが、問題になる訳ではない。賃貸料の場合に問題が顕著になるものと思われる。

　そもそも、所得税における賃貸料の収入金額への計上時期について、契約においてその支払いを受けるべき日と定められているのは、早すぎるのではないだろうか。本事例においては、4月分の家賃について、3月25日から末日までに支払うよう契約書に定められていたが、社会通念上の感覚では、3月25日の時点では前受家賃であって、その時点で収入に計上すべきとは思われない。法人税における前受金としての取扱いの方が、社会通念に合致するのではないかと思われる。

　所得税における収入金額への計上時期は、「収入すべき権利の確定した時期」とされ、これを権利確定主義と呼ぶ。所得税の課税対象である「所得」とは、「経済的価値の外部からの流入」であると説明されるが、賃貸料の場合、契約においてその支払いを受けるべき日の時点で、収入すべき権利が確定し、経済的価値が外部から流入するわけであるから、この時点を以て所得税の課税対象とするのが適当ということになる。

　これに対して、消費税の課税対象は、資産の譲渡等という、消費税固有の概念である。資産の譲渡等とは、「事業として対価を得て行われる資産の譲

第3章　課税売上・課税仕入れの計上時期

渡及び貸付け並びに役務の提供」と定義されており、ここでは「対価性」が重視される。そうすると、資産の譲渡等の計上時期を考える上でも、対価性が重視されるはずである。

　このように考えると、消費税独自の観点による賃貸料の資産の譲渡等への計上時期は、「資産の貸付けの対価の支払いを受けるべき日」になると思われる。基本的には、貸付けが完了した時点ということになろう。結論としては、法人税における賃貸料の収益への計上時期と、ほぼ同じになるのではないかと思われる。

　以上の検討により、私見では、消費税における資産の譲渡等への計上時期と、法人税における収益への計上時期、あるいは所得税における収入金額への計上時期とは、異なる解釈をすべきだと思われる。法人税および所得税と消費税は、課税の対象も異なるし、税の構造そのものが異なる訳であるから、計上時期の取扱いが異なっても当然と思われる。

151

Ⅵ 税率引上げ時特有の問題

　資産の譲渡等の時期は、税率引上げ時に固有の問題ではないと述べてきたが、税率引上げ時固有と思われる問題もある。以下にＱ＆Ａ第二弾に採りあげられている問題を３つ取り上げて検討する。ただし、これらの場合にも、「そもそも資産の譲渡等の時期はいつか」が解決の鍵になるので興味深い。

1　未成工事支出金・建設仮勘定

　具体的事例編・問５には、未成工事支出金についての取扱いが示されている。

問５　（未成工事支出金として経理したものの仕入税額控除）

　当社は、未成工事支出金として経理した課税仕入れにつき、目的物の引渡しをした日の課税期間における課税仕入れとしていますが、この場合において、平成31年９月30日までの課税仕入れの金額について未成工事支出金として経理したものを平成31年10月１日以後に完成する日の属する課税期間において課税仕入れとするときは、旧税率（８％）により、仕入税額控除の計算を行うこととなりますか。

【答】

　平成31年９月30日までの課税仕入れの金額について未成工事支出金として経理したものを、平成31年10月１日以後に完成する日の属する課税期間において課税仕入れとする場合であっても、その課税仕入れは平成31年10月１日前に行ったものであることから、旧税率（８％）により、仕入税額控除の計算を行うこととなります。

第3章　課税売上・課税仕入れの計上時期

【図　未成工事支出金の取扱い】

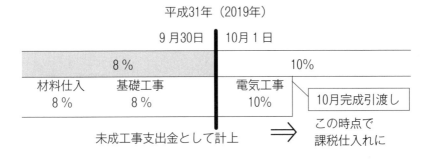

　建設工事の請負において、完成前に購入した原材料、外注費等については、未成工事支出金という科目で処理し、工事が完成した時点で工事原価に振替えるのが、一般的な経理処理であり、法人税における取扱いである。

　これに対し消費税においては、請負工事の完成とは関係なく、材料の仕入れや、個々の下請工事の完了時点で、課税仕入れを認識するのが原則である。例えば、元請業者が大規模な建物の建設を請け負った場合において、基礎工事、電気工事等、複数の下請業者に外注工事を発注することが考えられるが、元請業者としては、基礎工事、電気工事等の個々の工事の完成を以て、課税仕入れを認識し、仕入税額控除を行うのが原則ということである。

　しかしながら、法人税の損金計上の時期とは別に、消費税の課税仕入れだけを計上することは、実務的に煩雑である。そこで、未成工事支出金として経理した課税仕入れにつき、工事が完成した課税期間において課税仕入れとすることも例外として認められている（消基通11－3－5）。

　本問における質問は、施行日前に完成引渡しを受けた下請工事等について、例外的な処理によって未成工事支出金として計上し、施行日後に課税仕入れに計上する場合の適用税率である。これに対しては、本来の課税仕入れの時期が施行日前であることから、旧税率が適用になる旨が示されている。

　すなわち、本来課税仕入れとして計上すべき日は、下請業者からの完成引

渡しの日であって、未成工事支出金から完成工事原価に振替える時に課税仕入れに計上する方法は、例外的な取扱いに過ぎないため、適用税率を考える上では、本来の課税仕入れがいつ行われたかによって考えるということである。

なお、完成前は建設仮勘定として処理していた自己使用物件の建設においても、未成工事支出金に関する取扱いと同様に、完成時に課税仕入れとする方法も認められ（消基通11－3－6）、この時に適用される税率も、本来の課税仕入れがいつ行われたかによって判定する旨が、具体的事例編・問6に示されている。

2　短期前払費用

具体的事例編・問7には、短期前払費用についての取扱いが示されている。

問7（短期前払費用として処理した場合の仕入税額控除）

当社（3月決算法人）は、平成31年3月に、平成31年4月から平成32年3月までの1年間の保守契約を締結し、同月中に1年分の保守料金を支払いました。

・平成31年4月から9月分までの保守料金には旧税率（8％）
・平成31年10月から平成32年3月分までの保守料金には新税率（10％）

平成31年3月期の法人税の申告において、法基通2－2－14を適用し、保守料金の全額を支払った事業年度の損金にすることとしています。

ところで、消費税の課税仕入れについても、消基通11－3－8の規定により、支出した日の課税期間において行ったものと取り扱うこととされていますが、平成31年3月課税期間の消費税の申告において、どのように計算すればよいですか。

第3章　課税売上・課税仕入れの計上時期

【答】

平成31年3月課税期間に係る消費税の申告においては、

・平成31年4月から9月分までの保守料金（旧税率（8％）適用分）についてのみ、仕入税額控除を行い、

・平成31年10月から平成32年3月分までの保守料金（新税率（10％）適用分）に係る消費税等相当額については、仮払金として翌期に繰り越し、翌期の課税期間に係る消費税の申告において、新税率10％により仕入税額控除を行うこととなります。

なお、1年分の保守料金について旧税率（8％）により仕入税額控除を行う場合には、翌課税期間において、新税率（10％）が適用される部分（平成31年10月分から平成32年3月分）について8％の税率による仕入対価の返還を受けたものとして処理した上で、改めて新税率（10％）により仕入税額控除を行うこととなります。

【図　短期前払費用の取扱い】

1年以内の短期前払費用に係る法人税の取扱いは、支払った日の属する事業年度の損金の額に算入できる旨が通達に示されており（法基通2－2－14）、消費税にも同様の取扱いが定められている（消基通11－3－8）。

問題は、施行日をまたぐ期間を対象とする短期前払費用について、どのように取扱うかである。ここで、支出した費用に係る消費税は、施行日前に対応する部分が旧税率で、施行日以後に対応する部分は新税率で課されているという前提がある。

　この場合の処理方法は2通りが示されている。一つは、旧税率に係る部分だけ当期において仕入税額控除の対象とし、新税率に係る消費税相当額は、仮払金として経理した後、翌期の仕入控除の対象とするという方法である。

　もう一つは、当期においては旧税率で1年分控除しておいて、翌期において、新税率に対応する部分は、仕入れに対する対価の返還等を受けたものとして、一旦マイナスし、改めて新税率で控除し直すというものである。

　この二つの取扱いは、税率3％から5％への引上げに対して、平成8年に公表された取扱いと同様である。

　二つ目の取扱いは極めて技術的なものであり、仕入れに係る対価の返還についての規定である消費税法32条からは、このような解釈はできないと、租税法律主義の観点からの問題が提起されている[10]。この点、具体的事例編・問7では注書きに、平成31年9月30日以前は、新税率による申告ができないため、このような方法によって申告を行うこととなるとの記述があるが、法の不備によるやむを得ない処理として認められるということであろう。

　ここでも、簡便法によって、支出した課税期間で課税仕入れに計上することが認められるものの、適用される税率は対応する期間によって判断するということになる。適用税率の問題は、本来の課税仕入れの日によって判定するものだということがわかる事例である。

3　出来高検収書

　外注した建設工事に係る課税仕入れの時期は、発注した外注工事の全部の

（10）　熊王征秀『消費税の軽減税率と日本型インボイス制度』（2018税務研究会）298頁。

第3章　課税売上・課税仕入れの計上時期

完成引渡しを受けた日というのが原則である。

　しかしながら建設工事においては工期が長期に渡ることも多く、途中で支払った中間金がある場合においても、完成の日まで仕入税額控除が認められないのは酷である。そこで、未完成の工事についても、出来高に応じて検収書を作成し工事代金を支払っている場合には、出来高検収書に記載された課税仕入れを行ったものとして、仕入税額控除を行うことが認められている（消基通11－6－6）。

　ここで、この通達の適用を受ける工事が、施行日をまたぐ場合の取扱いについて、具体的事例編・問8に示されている。

問8（出来高検収書に基づき支払った工事代金の仕入税額控除）

　当社（9月決算法人）は、消基通11－6－6により、出来高検収書を作成し下請業者に確認を受けることにより、出来高検収書に基づき課税仕入れを計上しています。

　ところで、下請業者との間で締結した請負契約で、建設工事の目的物の引渡しを受けるのは、平成31年10月1日以後となることから、新税率（10％）により工事代金を計算しているものがあります。

　この取引について、平成31年9月課税期間に係る消費税の申告において、出来高検収書に基づいて支払った工事代金の仕入税額控除を行う予定ですが、平成31年10月1日よりも前の課税期間の申告であることから、8％の税率に基づき、仕入税額控除する予定です。

　この場合、税率10％と8％の差額の2％分については、どのように処理すればよいのですか

【答】照会の取引については、既に旧消費税法の規定（8％）に基づき仕入税額控除をした部分について仕入対価の返還を受けたものとして処理した上で、改めて新税率（10％）に基づき仕入税額控除を行うこととなります。

157

【図　出来高検収書の取扱い】

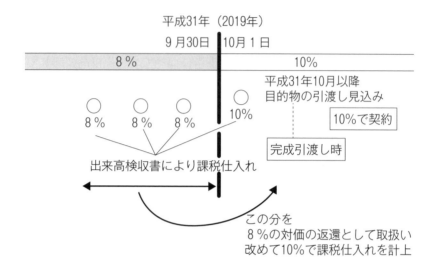

　本問では、下請業者との契約における完成引渡しの見込みが、新税率の適用期間になることから、支払額は新税率で契約しているが、出来高検収書によって旧税率の適用期間において仕入税額控除を行う場合、旧税率でしか仕入税額控除ができないことになるため、差額の消費税相当額をなんとかしてほしいという相談である。

　これに対しても、前問の短期前払費用における取扱いと同じように、まずは旧税率で仕入税額控除をしておき、後の課税期間で仕入れに係る対価の返還等を受けたものとして、既に控除の対象となった課税仕入れを一旦マイナスし、改めて新税率で仕入税額控除をする旨が示されている。

　この方法に対しても、前問と同様、租税法律主義の観点における問題があるのであろうが、私見では、これにより正しい税額での処理ができることから、技術的な方法として認められるのではないかと思っている。

第3章 課税売上・課税仕入れの計上時期

Ⅶ 軽減税率・インボイスの導入による影響

課税売上・課税仕入れの時期という問題は、税率の引上げとは、密接な関係にあるが、軽減税率の導入と直接の関係はないと思われる。

問題はインボイスである。インボイスが導入されて最も影響を受けるのは、税率引上げ局面における適用税率に関しての問題であろう。Ⅲ－3で検討した通り、9月30日出荷10月1日到着問題については、現行のアカウント方式と、インボイス方式では異なる結論となる。すなわち、現行のアカウント方式の下では、仕入側は売上側の税率に合わせる必要はないが、インボイス方式においては、仕入側は売上側が作成したインボイスに記載されている税率および消費税額をもとに、仕入控除税額を計算することになる。

しかしながら、平成31年（2019年）10月1日に、8％から10％へ消費税率が引上げられる時点では、現行と同じアカウント方式である、区分記載請求書等保存方式が適用される予定であるため、大きな問題にはならずに済むと思われる。その後、平成35年（2023年）からインボイス方式が導入されるが、インボイス方式導入後の税率引上げの予定はない。

159

Ⅷ　本章のまとめ

　以上、本章では、税率引上げの施行日をまたぐ取引を中心に、資産の譲渡等および課税仕入れを行った時期について検討を加えてきた。特に、資産の譲渡等の時期と課税仕入れの時期は同時に認識すべきか、適用する税率は同一であるべきかという問題と、法人税、所得税における収益、収入の計上時期と消費税の資産の譲渡等の時期は同一であるべきかという二つの問題については、同一であることが自明のものとして、受け入れられてきたように思われるが、検討の結果、私見では、どちらの問題も同一ではないとの結論に至った。

　最近、「収益認識に関する会計基準」が公表され、平成30年度の税制改正では、「収益認識に関する会計基準への対応」と題して、主に法人税における改正が行われた。ここで特筆すべきは、法人税と消費税で、収益基準に関して異なる取扱いをする項目がいくつか生じたことである。

　本章Ⅳ−1⑴で述べた通り、消費税における資産の譲渡等の計上時期は、法人にあっては法人税における収益の計上時期と同時と解釈されてきたが、収益認識に関する会計基準へ対応する過程において、法人税と消費税で取り扱いの違う項目、いわゆる「泣き別れ」が増えたのである。

　だとすると、消費税における資産の譲渡等の計上時期をどうするかという問題については、今後は消費税独自の観点からの検討が深まっていくのではないかと期待している。

　また、資産の譲渡等あるいは課税仕入れに対して適用される税率を考える際には、インボイスの導入による影響も大きい。消費税における資産の譲渡等の計上時期をめぐる問題は、今後も検討すべき課題が多くある分野であると思われる。

第3章　課税売上・課税仕入れの計上時期

コラム03

消費税の還付を受けるためという
目的が認められた事例[(1)]

1　本件の特徴

　仕入控除税額を計算する上で、課税仕入れを行った日の属する課税期間の課税売上が5億円以下で、当該課税期間の課税売上割合が95％以上である場合には、課税仕入れに係る消費税額の全額が控除できる（☞**詳細は199頁参照**）。

　投資用の中古賃貸マンションを取得しようとした事業者Xが、上記の取扱いによってマンションの課税仕入れに係る消費税額の還付を受けるために、マンションの課税仕入れをした課税期間において非課税売上を計上しないようにしようと考えた。具体的には、マンションの課税仕入れをした課税期間の、居住用部分の賃料を受領しないこととしたのである。

　このXの目論みは成功したのであろうか。判決を検討してみよう。

2　事案の概要および争点

　Xは平成19年11月に投資用の中古マンションの売買契約を締結した。当該マンションには、事務所用に賃貸している部分と、居住用に賃貸している部分があり、所有権の移転の日は平成19年12月10日と定められていた。

　Xは、当該マンションを購入した日の属する課税期間（平成19年1月1日から平成19年12月31日）の課税売上割合を100％にすることにより、

---

(1)　東京地裁平成24年12月13日判決、税資262号－266順号12116、TAINS コード Z262－12116。

161

当該マンションの課税仕入れに係る消費税額（約1,100万円）の全額を仕入税額控除の対象として、還付を受けようと考えた。そこで、マンションの売主Aに対し、12月分の居住用部分の賃貸料（約170万円）については、Aのものとし、日割計算をしない旨を申出でた。Aはこれを承諾したが、平成19年11月頃に作成された契約書には、日割計算を行う旨が記載されていた。

Xは平成19年分の消費税の申告にあたって、平成19年12月分の居住用部分の賃料を非課税売上として計上することなく、課税売上割合は100％であるとして還付申告書を提出したが、所轄税務署長が12月分の賃料は非課税売上に計上すべきとして更正処分を行ったため、Xが処分の取消しを求めて訴えを起こしたものである。

裁判における争点は、平成19年12月分の居住用部分の賃料がXに帰属するかである。

3 判決

東京地裁は次のように判示して、Xの請求を認めた。

「本件売買契約書には本件合意の記載がなく、むしろ、本件不動産から生ずる収益の帰属について、引渡日の前日までの分がAに、引渡日以降の分がXに帰属する旨の条項が存する。」

「しかしながら、本件売買契約書の収益の帰属は、定型の文言で記載されたものである。」「本件売買契約書に本件合意が記載されていないばかりか、本件合意と矛盾する記載内容があることに気付かなかったとしてもあながち不合理とまではいえない。」

「むしろ、Xは、本件居住用部分賃料を取得しないことで課税売上割合を100％にして、一旦納付した課税売上げに係る消費税の還付を受けることにより節税をすることを意図していたところ、本件合意によりX

第3章　課税売上・課税仕入れの計上時期

は適法に節税目的を達成できる一方で、Aは本件賃料等を取得すること
ができるのであるから、XにもAにも本件合意を締結する動機が存す
る。」

「そして、Aは、その経理上、平成19年12月分の本件賃料等の全額を
賃料収入として計上しており、本件賃料等についての清算は行っていな
い。」

「以上のとおり、本件売買契約締結の際、原告とAとの間で本件合意
が成立していたものと認められる」

4　コメント

　本件は、平成19年12月分の居住用部分に係る賃貸料について、日割清
算しない旨を合意していたが、契約書に書かなかったために、税務署と
無用のトラブルを起こしてしまった事例である。興味深いのは、消費税
を還付する目的で賃料を受取らないとすることに、合理性があると判断
された点である。

　本件において、Xが受領しないこととした12月分の日割り賃料は約
170万円で、課税仕入れをした日の属する課税期間における課税売上高
は約40万円であるから、もし、12月分の賃料を受領していたとしたら課
税売上割合は18.8％になっていたはずである。この場合、中古マンショ
ンの課税仕入れに係る消費税額は約1,100万円であるから、1,100万円×
（100％－18.8％）＝約893万円の還付が受けられなかった計算になる。
つまり、Xは、170万円の賃料を受領しないことにより、893万円の還付
を受けることができたため、差引723万円の得をしたことになる。もち
ろん、売主Aは12月分の賃料を受領することができて、170万円の得で
ある。まさに、win-winの関係というべきであろう。

　課税売上割合を一時的に高くすることによって、非課税対応の課税仕

入れを仕入税額控除の対象とし、還付を受ける手法があり、自販機スキームと呼ばれている（☞　**自販機スキームについては98頁参照**）。本件では、自動販売機による売上を利用してはいないものの、課税売上割合を意図的に一時的に高くすることにより、消費税の還付を受けている点において、自販機スキームの一種であると言える。

　自販機スキームは適法ではあるが不適切な還付事例だと評されることが多い。しかしながら、課税売上割合を調整することによって還付を受けることは、本件も含めた判決や裁決において、否定されてはいないようである。むしろ、税理士賠償責任保険の支払事例において、自販機スキーム類似の手法を用いていれば、もっと還付額が多かったはずだったのにという事故例も紹介されている[2]。

---

(2)　自販機スキームを巡る裁決と税理士職業賠償責任保険事故事例については、拙著『平成28年改正消費税法の徹底解説』（2018第一法規）231頁以下を参照。

164

第 4 章

介護事業と消費税

Ⅰ　はじめに

　介護サービスの利用料は、その大部分が居室の使用料及び介護サービスの提供料であるため、全額が非課税であると考えがちである。また、介護サービスの提供を行っている事業者も、社会福祉法人だったりNPOだったりすることが多く、消費税の納税義務はないものと誤解しているケースがある。

　しかしながら、介護サービス以外のサービスの提供料や、日常生活に必要と認められない物品の購入費などは、消費税法上、課税であり、また、介護サービスを提供する事業者が社会福祉法人やNPOであったとしても、一定の課税売上高がある事業者については納税義務が免除されないため、消費税の申告納付が必要となる事業者は多い。

　むしろ、介護サービスにおける非課税と課税の区分は判断が難しいため、消費税の取扱いは、一般の事業者よりも難しい業種であるということができるであろう。

　平成31年（2019年）10月からの10％への税率引上げについて、有料老人ホームの入居一時金には経過措置が設けられることになっている。経過措置の内容は、平成26年4月の5％から8％への税率引上げの際に設けられたものと同じであるが、老人ホームは入居期間が通常数年から十数年という長期間にわたることから、前回5％の経過措置の適用を受ける入居一時金がまだ残っている可能性がある。したがって、5％、8％、10％のどの税率が適用になるかの判断も必要になる業種である。

　加えて、税率引上げと同時に軽減税率が導入されると、老人ホーム等で提供される食事等については、特例的に軽減税率の対象とする旨が規定されているため、軽減税率についても対応が必要になる。

第4章　介護事業と消費税

　本章においては、介護事業における消費税の取扱いについて、述べることにする。

Ⅱ 介護事業と非課税の範囲

1 概要

平成元年、消費税の創設当初においては、介護サービスは一般のサービスと同じく、消費税が課税される取引であった。それが、平成12年（2000年）に介護保険法が施行されてから、非課税とされたのである。したがって、介護サービスに関して消費税の課非判定を行うには、介護保険法に関する知識が必要になる。

【表 介護サービスと消費税の課非】

内容		消費税の課・非
①介護サービスの提供に係る費用	①－1 介護保険法に規定する介護サービス（介護用品のレンタル・販売を除く）	非課税
	①－2 介護保険法に規定する介護サービス以外のサービス	課税
②－1　日常生活費		非課税
②－2　日常生活費以外の費用にあてられる費用		課税
③身体障害者用物品の譲渡および貸付け		非課税
④－1　住宅の家賃相当額（自己の選定による特別な居室を除く）		非課税
④－2　家賃相当額のうち、住宅ではない部分および自己の選定による特別な居室に係る部分		課税

介護保険法に規定する居宅介護サービスや施設介護サービスは、消費税法上非課税と規定されている（消法別表第一七イ）。基本的には、介護保険法

第4章　介護事業と消費税

の給付対象になる介護サービスは非課税と考えてよいが、介護用品のレンタルや販売は、介護保険の給付対象でありながら、非課税ではないので注意が必要である。ただし、この場合でも、レンタル・販売する介護用品が身体障害者用物品に該当する場合には、身体障害者用物品の譲渡等として、非課税になる（消基通6－7－3）。

介護サービスと非課税を考える上で厄介なのは、介護保険の給付対象ではない、日常生活費も非課税になる点である。すなわち、介護保険の給付対象であっても課税になる介護用品のレンタル等と、介護保険の給付対象ではないのに非課税になる日常生活費があるということである。

また、そのほかにも、有料老人ホームやケア付き住宅等においては、住宅の貸付けとして非課税になる場合がある（消基通6－13－6）。

したがって、介護事業と消費税の非課税を考える上では、介護サービスと、身体障害者用物品の譲渡等、住宅の貸付けの、3項目の非課税を検討する必要がある。

2　介護保険法に規定する介護サービス

消費税が非課税となる介護サービスは、介護保険法に規定する介護サービスである。これは、「介護保険法の規定によると介護サービスとなる役務の提供が非課税になる」という意味であって、非課税の対象は介護保険給付を受けるものに限るという意味ではないので、注意が必要である。

この点は、例を挙げて説明した方がわかりやすい。介護サービスを受けた場合、介護保険の給付対象となるのは、介護サービスの対価の9割であって、1割は要介護者の負担である。しかし、消費税が非課税になるのは、介護サービス全体であって、介護保険給付の対象である9割相当額ではない。

また、介護保険法においては、要介護者ごとに介護保険給付の支給限度額が定められており、限度額を超えた部分は要介護者の負担になる。この場合

169

においても、消費税が非課税となるのは介護サービス自体であって、要介護者が10割負担したとしても、その負担額は非課税である（消基通6－7－2(1)）。

3　事業の種類により異なる日常生活費の取扱い

　介護サービスの提供に伴い、食事費、おむつ代、居室費、理美容代等の負担が必要になることがあるが、これらの費用は介護保険の給付対象ではない。しかしながら、これら「日常生活費」についても、消費税法上非課税として取扱われる（消基通6－7－2(2)）。

　これに対して、通常の事業実施地域外で訪問介護等を行う場合の交通費や、利用者の選定による特別な食事・居室等の費用は、日常生活費には該当しないため、消費税は課税になる。

　日常生活費とは、「日常生活においても通常必要となるものに係る費用」であり、介護サービスの種類によって認められる範囲が違う。詳細は、旧厚生省の通知に示されているが[1]、例として、特定施設入居者生活介護と、介護福祉施設サービスの、日常生活費として非課税になる範囲を示す（☞ **旧厚労省の通知は資料編382頁以下を参照**）。

---

(1)　「通所介護等における日常生活に要する費用の取扱いについて」厚生省老人保健福祉局企画課長通知　平成12年3月30日（老企第54号）。介護事業ごとの非課税の範囲については、濱田正義編『消費税法基本通達逐条解説』〔平成30年版〕（2018大蔵財務協会）369頁以下に詳しい。

170

第4章　介護事業と消費税

【表　介護事業による日常生活費の範囲の違い】

介護事業の種類	日常生活費として非課税になる範囲
特定施設入居者生活介護	・身の回り品として日常生活に必要なものを事業者が提供する場合に係る費用 例）おむつ代他
介護福祉施設サービス	・身の回り品として日常生活に必要なものを施設が提供する場合に係る費用 ・教養娯楽として日常生活に必要なものを施設が提供する場合に係る費用 ・健康管理費（インフルエンザ予防接種に係る費用等） ・預り金の出納管理に係る費用 ・私物の洗濯代 例）通常の居室費・食事費、居住費用、理美容代他

　このように、介護サービスの内容によって、日常生活費として認められる範囲は大きく違うため、注意が必要である。なぜ介護サービスの種類によって非課税とされる範囲が違うのかというと、入居者の要介護の程度が異なるからである。比較的元気な入居者を対象とする介護サービスであれば、非課税とされる日常生活費の範囲は狭く、より介護を必要とする者に対する介護サービスでは、非課税とされる日常生活費の範囲は広くなる。

　身の回り品として日常生活に必要なものとは、一般的に要介護者の日常生活に最低限必要と考えられる物品（例えば歯ブラシや化粧品等の個人用の日用品）であって、嗜好品やいわゆる贅沢品は含まないとされている。また、教養娯楽として日常生活に必要なものとは、例えば事業者又は施設がサービスの提供の一環として実施するクラブ活動や行事における材料費等が想定されるものであり、共用の談話室等にあるテレビやカラオケ設備の使用料等については含まれない。

4　住宅の家賃と非課税

　有料老人ホームの施設利用料については、住宅の家賃相当額のほか、介護サービス費などが含まれている。このように、住宅の貸付けと役務の提供が混合した契約については、非課税となる住宅の貸付けに係る対価の額と、役務の提供に係る対価の額に合理的に区分する必要があると通達に示されている（消基通6－13－6）。

　家賃相当額について、自己の選定による特別な居室の費用は、非課税の範囲から除かれている。また、カラオケルームや娯楽施設の利用料についてであるが、住人以外の利用が不可であり、契約書において、例えば「カラオケルーム利用料を含む。」などと記載されている場合には、家賃相当額に含まれるものとして、非課税の扱いになる[2]。これに対して、カラオケ設備などの施設利用料を、居室使用料とは別途徴収している場合や、当該設備の利用が入居者以外の者でも可能な場合には、家賃相当額には含まれないことになる。また、このような費用は日常生活費にも該当しないため、消費税は課税になる。

5　身体障害者用物品と非課税

　介護サービスに必要となる車いす、歩行器、介護用ベッドなどを、本章では介護用品と呼んできたが、介護保険法の用語としては、「福祉用具」という。福祉用具の貸与・販売サービスは、介護保険法では居宅サービスの一つとして位置づけられている。しかしながら、消費税法の取扱いにおいては、介護用品（福祉用具）の販売およびレンタルは、非課税ではないとされている（消令14の2、消基通6－7－3）。

　では、介護用品（福祉用具）の販売およびレンタルは課税なのかというと、

---

(2)　国税庁HP質疑応答事例「集合住宅の家賃、共益費、管理料等の課税・非課税の判定」。

第4章　介護事業と消費税

そうとも限らないので注意が必要である。別の非課税項目である、身体障害者用物品の譲渡又は貸付けに該当すれば、非課税ということになる（消基通6－7－3）。

　福祉用具として介護保険の給付対象となるものとして、杖や介護用ベッド、ベッドに敷くマット等が挙げられるが、身体障害者用物品に該当しないものもあるため、消費税の課非判定に当たっては、慎重な検討が求められる。

Ⅲ　軽減税率の導入による影響

　介護サービスのうち、課税とされるものは軽減税率の対象にはならないが、有料老人ホームで提供される食事等については、特別に軽減税率の対象となる旨が規定されている。したがって、有料老人ホームを経営する事業者においては、課税・非課税の判断に加え、軽減税率の対象か、標準税率が適用になるかも検討しなくてはならないことになる。

1　指定した場所で行う調理等

⑴　ケータリング等は標準税率

　軽減税率の対象は、酒類および外食サービスを除く飲食料品の譲渡であるが、外食サービス等に類似するものとして、ケータリングや出張料理は軽減税率の対象から除かれている。ケータリングや出張料理の定義を条文から引用すると、「課税資産の譲渡等の相手方が指定した場所において行う加熱、調理又は給仕等の役務を伴う飲食料品の提供（改正消法別表第一①ロ）」ということになる。

　ケータリングとは、パーティやイベントなどに出張し、客の要望に応じて料理を提供するほか、会場の設営・演出なども引き受けるサービスのことをいう。すなわち、料理を配達するだけではなく、テーブルセッティングやサービスも含めて、イベントの食事周りをトータルサポートすることを内容とする役務の提供である。また、出張料理とは、寿司、フレンチなどをパーティ会場、自宅などで、顧客の目の前で料理する形態の役務の提供と考えていいだろう。

　ケータリングや出張料理は、単なる飲食料品の販売ではなく、サービスの提供を伴うものであるから、外食と同様、軽減税率の対象からは除かれてい

るのである。

⑵　家事代行サービス

　ケータリングや出張料理というと、ホテルやパーティ会場での豪華な食事を想定するところであるが、定義の上では、「相手方が指定した場所で行う食事の提供」に過ぎないため、その内容は問わず、家庭料理程度でも、該当することになる。

　したがって、家事代行サービスの一形態として、顧客の自宅において食事を作るサービスがあるが、これも出張料理として標準税率が適用されることになる（軽減税率QA個別編問56）。

　なお、介護事業者が行う訪問介護において、要介護者の食事の支度や食事の介助、要介護者の居室の掃除をしたりすることは、介護保険に規定する介護サービスとして行われているので、消費税の取扱いは非課税である。これに対し、要介護者以外の食事の支度をしたり、要介護者の居室以外の掃除等を行った場合は、消費税は課税であり、標準税率の対象となる。

2　有料老人ホームで提供される食事

⑴　軽減税率の対象

　指定した場所で行う調理等が軽減税率の対象から除かれるのであれば、有料老人ホームで提供される食事も、本来は軽減税率の対象から除かれるはずである。しかしながら、有料老人ホームの食事は、特例的に軽減税率の対象になる旨が規定されている（改正消法別表第一①ロかっこ書）。

　軽減税率の対象となるのは、老人福祉法29条１項の規定による届出が行われている有料老人ホームと、「高齢者の居住の安定確保に関する法律」６条１項の規定による登録を受けたサービス付き高齢者向け住宅（通称、「サ高住」）において、その設置者または運営者が、入居者に対して行う飲食料品

の提供に限られており、また、有料老人ホームの食事については、60歳以上の者、要介護認定・要支援認定を受けている60歳未満の者、またはそれらの者の配偶者に提供されるものに限られている（軽減税率QA個別編問55）。

⑵ 一定の基準

　有料老人ホームやサ高住で提供される食事のうち軽減税率の対象となるのは、一食当たりの対価（税抜）が640円以下で、かつ、1日の累計額が1,920円までのものである（軽減税率QA個別編問60）。ただし、朝食・昼食・間食・夕食等のうち、どの食事を累計額の対象とするかについて、あらかじめ書面で入居者等に通知している場合は、その方法によることとされている（平成28年財務省告示第100号）。この点について、例を挙げて説明する。

① 取扱いの原則

　例1）朝食500円、昼食550円、夕食640円の場合

　一食あたりはすべて640円以下で、一日の累計額は1,690円と、基準である1,920円以下なので、3食すべてが軽減税率の対象である。

　例2）朝食500円、昼食550円、間食500円、夕食640円の場合

　一食あたりはすべて640円以下だが、4食の累計額は2,190円と、基準である1,920円を超えている。ここで、朝食＋昼食＋間食の3食の累計額は1,550円で、基準である1,920円以下であるので、朝食、昼食、間食は軽減税率が適用され、夕食は標準税率が適用されることになる。

第4章　介護事業と消費税

②　あらかじめ書面により明らかにしている場合

例3）例2の金額で、朝食・昼食・夕食を累計額の対象とすることについてあらかじめ書面で通知している場合

　あらかじめ書面で通知してある、朝食＋昼食＋夕食の3食の累計額は1,690円と、基準である1,920円以下であるため、この3食については軽減税率の対象となる。それ以外の間食については、標準税率が適用される。

(3)　有料老人ホームとは

　有料老人ホームにおける食事費に軽減税率が適用になるかどうか、という問題の前に、「老人ホームの食事は非課税ではないのか？」という疑問がある。結論から言うと、「老人福祉法の規定による有料老人ホームの食事費は消費税法上課税である」ということになる。

　一般的な日本語としては、老人が入居する施設を総称して、老人ホームと呼ぶように思われる。この見解によると、料金を払って老人が入居する施設を総称して、有料老人ホームというように思われる。

　しかしながら、「有料老人ホーム」とは、法律によって定義づけられた用語なのである。すなわち、老人福祉法の規定に基づき、老人の福祉を図るため、その心身の健康保持及び生活の安定のために必要な措置として設けられている施設を指すものである（老人福祉法29①）。

　有料老人ホームで提供される介護サービスは、介護保険法の規定によると、「特定施設入居者生活介護」に該当することになる（介護保険法8⑪）。本章Ⅱ－3で上述した通り、介護サービスの非課税の範囲は、介護事業の種類によって異なるが、特定施設入居者生活介護においては、食事費は日常生活費に含まれないため、消費税は課税ということになる。

　「老人ホームの食事は非課税ではないのか？」という問いにおける老人ホ

177

ームとは、一般的な日本語における老人ホームを指していると思われるが、介護保険や老人福祉に関する法律では、老人が入居している施設について、有料老人ホーム、サ高住、養護老人ホーム、軽費老人ホーム、あるいは介護保険施設、介護福祉施設、特定施設と、種々の用語で規定されており、その取扱いは一つ一つ異なるので、注意が必要である。

　また、外観では一つに見える施設でも、介護保険法上、複数の介護事業の許可を取得している施設も多い。このような施設においては、入居者ごとに、Ａさんは短期入所療養介護なので食事費は非課税だが、Ｂさんは特定施設入居者生活介護なので食事費は課税といったことも起こり得る。

(4)　介護サービスと食事費の取扱い

　以上を踏まえ、介護サービス全体で、食事費がどのように取扱われるかを整理してみよう。

　訪問介護では、要介護者の食事の支度をしたり、食事の介助をすることは、介護保険の給付対象であるため、非課税である。

　訪問介護以外の介護サービスでは、食事費は介護保険の給付対象ではない。では課税かというと、一概にそうとは言えず、前述した「日常生活費」に該当すれば、消費税は非課税ということになる。ただし、繰返し述べている通り、日常生活費の範囲は、介護事業の種類によって異なる。通所介護においては、食事費も日常生活費に含まれるため、非課税になる。

　短期入所生活介護や介護福祉施設サービス、あるいはグループホームのように、施設に入居して介護サービスを受けるものについては、特定施設入居者生活介護を除いて、食事費も日常生活費に含まれるため、非課税になる。しかし、自己の選定による特別な食事費は日常生活費には含まれないため、課税になる。なお、これらの施設は、食事の提供が軽減税率の対象となる「有料老人ホーム」および「サ高住」ではないため、課税となる食事費につ

第4章　介護事業と消費税

いては標準税率が適用される。

【表　介護事業の種類と食事費の課非】

介護サービスの種類		食事費について	消費税の取扱い
訪問介護		要介護者の食事の支度、食事の介助	非課税
		要介護者以外の食事の支度	課税・標準
通所介護		食事費は日常生活費に含まれる	非課税
短期入所生活介護・短期入所療養介護介護福祉施設サービス・介護保険施設サービス・介護療養施設サービス小規模多機能型居宅介護（小多機）・認知症対応型共同生活介護（グループホーム）		食事費は日常生活費に含まれる	非課税
		自己の選定による特別な食事費は日常生活費には含まれない	課税・標準
特定施設入居者生活介護	有料老人ホーム、サ高住	食事費は日常生活費に含まれない	課税・金額基準による
	養護老人ホーム、軽費老人ホーム		非課税（注）社会福祉事業として

　問題は特定施設入居者生活介護であり、この場合の食事費は日常生活費に含まれないことになる。特定施設とは、有料老人ホーム（サ高住のうち有料老人ホームに該当するものを含む）、養護老人ホーム、軽費老人ホームをいうが、軽減税率の対象となるのは、有料老人ホームおよびサ高住における食事の提供に限られている。

　では、養護老人ホームと軽費老人ホームは課税で標準税率なのかというと、

179

そうではないからまたややこしい。養護老人ホームと軽費老人ホームは、表中に注で示しているが、社会福祉事業として、消費税が非課税になるのである（消法別表第一、七ロ）。念のため、養護老人ホームと軽費老人ホームの費用が非課税である根拠条文を掲載する。

【消費税法別表第一】（非課税になる取引の範囲）

　七　次に掲げる資産の譲渡等

　　ロ　社会福祉法第2条に規定する社会福祉事業…として行われる資産の譲渡等

【社会福祉法2条】

1　この法律において「社会福祉事業」とは、第一種社会福祉事業及び第二種社会福祉事業をいう。

2　次に掲げる事業を第一種社会福祉事業とする。

　三　老人福祉法に規定する養護老人ホーム、特別養護老人ホーム又は軽費老人ホームを経営する事業

以上のように整理すると、介護サービスにおいて食事費が課税となるのは、自己の選定による特別な食事を除けば、有料老人ホームとサ高住だけということになる。したがって、軽減税率に関する法律の規定では、有料老人ホームとサ高住のみが、軽減税率の対象として規定されているというわけである。

なお、有料老人ホームが行う特定施設入居者生活介護に対する食事の提供が課税とされた裁決もあるので、申し添える[3]。

---

(3)　平成29年 4 月20日 高裁（諸）平28-6（非公開）、TAINSコード F0-5-190。

第4章　介護事業と消費税

3　介護事業者とインボイス

⑴　インボイス発行事業者の登録

　介護事業者、特に有料老人ホームやサ高住を経営している事業者にとって、軽減税率の導入による影響は大きいことがわかったが、インボイスの導入による影響はどうであろうか。

　第2章IX－2で述べたように、インボイスの導入による影響が大きい事業者は、①現在、免税事業者であって、課税事業者を選択してインボイス発行事業者の登録をするかどうか検討している者と、②取引先に事業者が多く、取引先が仕入税額控除を受けるためにインボイス発行事業者の登録を求められている者である。

　介護事業者は、売上の大半が非課税であるため、免税事業者である者が多く、①の、インボイスを発行するために、課税事業者を選択するかどうか悩んでいる者は多いものと思われる。ここで、課税事業者を選択してまでインボイス発行事業者として登録するかどうかは、②の、取引先から要請されているかどうかを検討して判断することになる。

　そこで②についてであるが、介護事業者の取引先とは、主に要介護者であって、事業者ではない。したがって、要介護者の側で仕入税額控除を受けることは考えにくいため、介護事業者は、インボイス発行事業者の登録をしなくても、取引が不利になることはないと思われる。

　すなわち、介護事業は、インボイス発行事業者の登録をしなくても問題が少ない事業であると言えよう。

⑵　作成する請求書等

　介護事業者はインボイスを発行できるように登録する必要は低いと結論付けたが、では、介護事業者が作成する請求書等はどうなるのであろうか。

　介護事業者、特に有料老人ホームやサ高住を経営する者にとっては、イン

181

ボイスの影響よりも、軽減税率導入の影響の方が、請求書等を作成する上では問題になる。加えて消費税の非課税項目が多い事業であるため、非課税の項目、課税で標準税率の項目、課税で軽減税率の項目の区分をしなくてはならないことになる。

　また、介護事業者が請求書等を作成する上で忘れてはならないのは、医療費控除対象額の記載である。介護サービスを受けた者は、所得税の確定申告において、医療費控除を受けることができるが、介護サービスはどの部分が医療費控除の対象となるかわかりにくいため、領収書等に介護事業者の側で、医療費控除相当額を記載するように指導されている。

　また、直接請求書等に記載する事項ではないが、事務負担の上で考慮しなくてはならないのは、マイナンバーである。平成28年から導入されたマイナンバーは、税と社会保障の共通番号であり、介護事業においては介護保険に関する書類の作成・提出があるため、顧客のマイナンバーを収集、管理する必要がある。マイナンバーは厳密な管理を求められているため、介護事業者におけるマイナンバーへの対応は、慎重に行う必要がある。

　以上より、介護事業におけるインボイスの例を次に示す。介護事業においては、平成31年（2019年）10月の軽減税率導入時点から対応が必要になるため、早い準備が必要になるであろう。

第4章　介護事業と消費税

【介護事業者におけるインボイスの例】

×川○郎　様

発行日：2023年12月5日

有料老人ホーム　○○の園

適格請求書発行事業者登録名：株式会社××

適格請求書発行事業者登録番号：T 11234-5678-9012

利用請求書

2023年11月1日から11月30日利用分

介護保険一部負担額（1割負担）	単価	数量	単位	金額	医療費控除	消費税	うち消費税等
特定施設入居者生活介護				35,000		非	

介護保険対象外請求	単価	数量	単位	金額	医療費控除	消費税	うち消費税等
おむつ代	400	60	枚	24,000	○	非	
朝食代	432	30	回	12,960		※	960
昼食代	770	30	回	23,100		課	2,100
夕食代	648	30	回	19,440		※	1,440
レクレーション費	550	4	回	2,200		課	200

※印は軽減税率の対象です

10％適用分合計	25,300	うち消費税等	2,300
8％適用分合計	32,400	〃	2,400

医療費控除対象額	35,000

183

Ⅳ 介護事業者に建物を賃貸した事例

1 前提となる問題

⑴ 医療業におけるスキーム

　消費税を計算する上で、非課税売上に対応する課税仕入れは、仕入税額控除の対象としないという原則がある（☞ **詳細は第5章参照**）。医療業や介護事業は、売上のほとんどが非課税であることから、建物や機械、設備等を購入しても、非課税対応の課税仕入れが多く、仕入税額控除を受けることがほとんどできない。

　しかしながら、医療業においては、賃貸することによって消費税の還付を受けようとするスキームが存在する。

【図　転貸による還付スキーム】

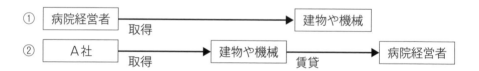

　図①のように、病院経営者が直接、病院建物や設備を取得すると、その用途区分は非課税対応ないしは共通対応になってしまい、建物や機械に係る消費税額の還付を受けることはほとんどできない。

　しかしながら、②のように、A社が病院建物と機械を取得し、病院経営者に対して賃貸すると、A社から病院経営者への賃貸は課税売上であるため、A社における建物や機械の取得は、課税対応の課税仕入れということになる。したがって、A社は建物と機械の取得に係る消費税額の全額の還付を受けることができる。

第4章　介護事業と消費税

還付を受けた後は賃貸料に対して消費税が課税されるため、賃貸料を低く抑える必要がある。特に、年額1,000万円以下に抑えることができれば、A社は免税事業者になる。

(2) 介護事業者における問題点

このスキームを介護事業に応用しようすると、思わぬ落とし穴があるので注意が必要である。というのは、賃借した建物を介護事業者が有料老人ホームとして使用する場合には、もとの賃貸借も非課税とするという取扱いがあるからである。

【図　消基通6－13－7の取扱い】

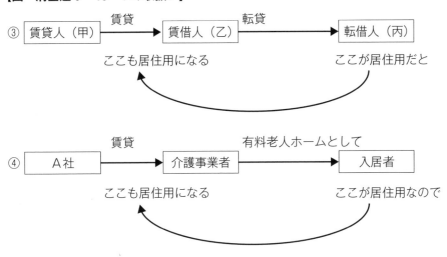

図の③では、乙は借りた建物を丙に転貸しているが、丙が居住用として使用する場合には、甲から乙への賃貸も、居住用として非課税になることが通達に示されている（消基通6－13－7）。

図④は、A社から介護事業者が賃借した建物を有料老人ホームとして使用

する場合である。有料老人ホームの利用料には、住宅の家賃相当額が含まれているため（**本章Ⅱ－3参照**）、介護事業者が老人ホームに入居者を住まわせることは、居住用住宅の転貸に該当するのである。したがって、A社から介護事業者への賃貸も非課税ということになる。

　住宅の転貸にはこのような問題があることを踏まえた上で、次節では、有料老人ホームを経営する介護事業者に、施設建物を賃貸した事例を取り上げることにする。

2　平成18年6月1日非公開裁決[4]

(1)　事案の概要

　Xは所有する建物を有料老人ホームとして運営会社に一括で賃貸している。Xは、非課税売上に該当するのは運営会社が住宅として貸し付けている部分のみであって、それ以外の、運営会社の事務室や厨房等として使用されている部分は、課税売上に該当するものとして、消費税の申告を行った。

　これに対し課税庁は、この建物の貸付けは、有料老人ホームの入居者の利用に供されることが契約上明らかであることから、その全部が住宅の貸付けとして非課税であるとして、消費税等の更正処分を行ったものである。

(2)　審判所の判断

　審判所は、この建物を次の①から④のように区分し、一つ一つを検討した上で、その全部が非課税となる住宅の貸付けに該当すると判断を示した。

---

(4)　TAINS コード F0-5-093、熊王征秀「老人ホームに対する建物の一括賃貸料の課非判断」税務事例39巻10号（2007.10）28頁。

第4章　介護事業と消費税

区分	消費税の課非	理由
①入居者の専用居室部分	非課税	入居者の日常生活に直接供される部分であるため、住宅の範囲に含まれる
②食堂兼談話室、浴室など	非課税	
③ヘルパーステーションや厨房、事務室など、運営会社が介護サービスを提供するために使用する部分	非課税	入居者の円滑な日常生活を送るために必要なサービスを、提供するために必要不可欠な部分であるから、本件入居者の日常生活を送るための場所と考えられ、住宅の範囲に含まれる。
④ゲストルーム	非課税	本件入居者の家族が来訪した際に利用されるものであることから、本件入居者の日常生活の場として住宅の範囲に含まれる

(3)　検討

　住宅用の建物を賃貸する場合、賃借人が住宅として転貸することが契約書その他において明らかな場合には、当該建物の貸付けは、住宅の貸付けに含まれるとされている（消基通6－13－7）。

　本事例における賃貸借契約では、運営会社は、本件建物を入居契約に基づき入居者の利用に供することを目的としてXから賃借し、他の用途に供してはならないこととされていた。なぜ、有料老人ホームとして使用すると書かなかったのかという疑問があるが、審判所は、住宅して転貸することが契約書において明らかな場合に該当するものとして判断を下したようである。

　私見では、有料老人ホームのうち、入居者に住宅として転貸していると言える部分は、①の専用居室と②の浴室等までであって、③の厨房や事務室まで住宅に含まれるとするのは、範囲が広すぎるのではないかと思われる。しかしながら、本裁決における、運営会社の事務室も含めた施設全体が非課税であるという考え方は、その後の裁決においても支持されており[5]、また、

(5)　平成22年6月25日裁決、裁決事例集79号、TAINSコード J79-6-368.

この裁決を踏まえた国税庁の文書回答事例も公開されていることから[6]、実務上の取扱いとしては確立されていると言えるだろう。

　ただし、有料老人ホームに建物を賃貸する場合において、運営会社の事務室も含めた全体が住宅の貸付けになるとの考え方は、納税者にとって一方的に不利なわけでもない。貸し付けている側からみると、その全体が非課税売上になるわけであるから、賃料に対する消費税の課税はないということになる。

3　インボイスの導入によるスキームへの影響

　医療業においては、上述Ⅳ－1(1)で示したように、第三者が病院建物や機械を取得して賃貸するというスキームにより、消費税の還付を受けることができるが、賃借人が介護事業者で当該建物を有料老人ホームとして使用する場合には、このスキームは成立しえないことが分かった。

　では、Ⅳ－1(1)で示したスキームは、インボイス制度の導入後、どのような影響を受けるのだろうか。

　まず、課税仕入れ側について考えてみる。消費税の還付の対象となる課税仕入れは、病院建物の取得や医療機械の購入である。インボイス制度の導入後は、これらの課税仕入れにつきインボイスが発行されない場合には、仕入税額控除の対象にはならなくなる。しかし、建物や機械の購入先は、通常の建設業者や機械の販売業者であるため、インボイス制度の導入後は、適正にインボイスが発行されるものと思われる。

　次に売上側すなわち賃貸側についてであるが、消費税の還付を受けることと、インボイスの発行事業者として登録することとは、関係がない。したがって、インボイス制度の導入後も、本スキームによって消費税の還付を受け

---

(6)　国税庁HPより、文書回答事例「認知症高齢者グループホーム用建物の賃貸に係る賃料収入及びその取得費用に係る消費税の取扱い」

第4章　介護事業と消費税

ることには、影響はないといえる。

　インボイス制度の導入の影響を受けるのは、還付を受けた後の賃貸料についてである。賃借人である医療経営者が、建物の賃借料について仕入税額控除を受けるためには、賃貸人がインボイス発行事業者としての登録を受けていなくてはならないが、本スキームにおける賃借人は、非課税である社会保険診療売上が多く、病院建物や医療機械の賃借料については、仕入控除できる税額はほとんどないという前提があるから、賃貸人はインボイス発行事業者として登録していなくても構わないことになる。

　よって、医療業におけるこのスキームは、インボイス導入の影響をほとんど受けないと言ってよかろう。

V　小括

　医療業における消費税の課非は、社会保険診療に該当するものは非課税で、該当しないものは課税という明瞭な基準があるため、わかりやすい。しかしながら介護サービスについては、介護事業の種類ごとに課非の範囲が異なる上に、介護保険法や社会福祉法といった、税理士になじみの薄い規定の知識が不可欠になることから、課非判定が困難な業種である。その上、本章では取扱わなかったが、介護事業者が公共・公益法人で、補助金や寄付金といった特定収入が多い場合には、仕入税額控除において調整計算が必要であるが、特定収入に関する調整も、一般の税理士にはなじみが薄い。

　これに、軽減税率の適用判定も加わることになったため、介護サービスに関する消費税の取扱いは、一層困難になったと言えるであろう。

　少子高齢化時代を迎え、介護事業に対する社会的なニーズが高まっているが、過去の改正経緯をみると、介護に関する制度は、より一層複雑化するのではないかとの懸念がある。介護事業者の消費税の取扱いは難しいが、税理士としては勉強し研究しなくてはならない分野ではないかと思われる。

第4章　介護事業と消費税

コラム04

土地建物の譲渡の日が契約の日ではないとされた事例

1　通達の規定

土地建物の資産の譲渡等の日については、消費税法基本通達9－1－13に次のように示されている。

【9－1－13 固定資産の譲渡の時期】

固定資産の譲渡の時期は、別に定めるものを除き、その引渡しがあった日とする。ただし、その固定資産が土地、建物その他これらに類する資産である場合において、事業者が当該固定資産の譲渡に関する契約の効力発生の日を資産の譲渡の時期としているときは、これを認める。

このように土地建物等については、引渡基準を原則としながらも、契約の効力発生日によることも認められている。

しかしながら、当該通達のただし書を積極的に利用しようとして、否認された事例が散見されるため、その適用には注意が必要である。

2　平成29年3月15日非公開裁決[1]

(1) 事案の概要

【図　裁決事例の概要図】

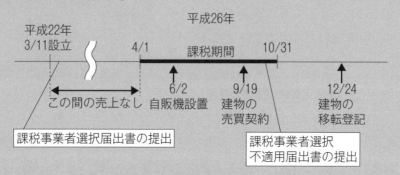

　株式会社Xは平成22年3月11日に設立された3月決算法人で、設立直後に消費税課税事業者選択届出書を提出した。設立から平成25年3月期まで、売上および収益の計上はない。

　Xは平成26年6月2日に自動販売機の設置契約を締結し、9月19日に本件建物の売買契約を締結した。その後10月決算に変更し、同年11月1日以降は免税事業者となる旨の課税事業者選択不適用届出書を提出した。

　Xは平成26年4月1日から10月31日までの課税期間について、課税売上は自動販売機の手数料収入のみのため課税売上割合は100％で、建物の課税仕入れに係る消費税額が還付になる旨の申告書を提出したが、所轄税務署長は、この建物の課税仕入れは当該課税期間ではないとして還付を認めない旨の更正処分をしたものである。

---

(1)　平成29年3月15日東裁（法・諸）平28第101号（非公開）、TAINSコードＦ０－５－193。

第4章　介護事業と消費税

(2)　裁決

　審判所は、次のように裁決してＸの請求を退けた。「Ｘが消費税等の還付を受けるためだけの目的で、ほかに合理的な理由が存在しないにもかかわらず、あえて経理処理を行って恣意的に本件通達ただし書を適用して消費税等の還付を求めたことは、租税負担の公平を著しく害する特段の事情がある場合に当たるというべきである。したがって、上記のような恣意的な本件通達ただし書の適用はできないから、建物等の課税仕入れに係る『課税仕入れを行った日』については、建物等の『引渡しがあった日』である平成26年12月１日となる。」

(3)　コメント

　本事例は典型的な自販機スキームであり、平成22年改正によって調整対象固定資産を取得した場合の納税義務の免除の特例が創設されたことを受けて、設立から２年以上経過するのを待ってスキームを行ったものである（☞ 自販機スキームについては98頁を参照）。本事例が否認されたのは、建物の売買契約の日をもって課税仕入れの日としたことにあるのであって、現実の引渡を受けてからスキームを行っていた場合には、否認されることはなかったはずである。

3　平成９年10月17日最高裁判決[2]

　平成元年の消費税創設時の事例も見受けられる。本件は、平成元年４月１日の消費税の施行日前に契約だけ済ませ、施行日後に引渡を行ったものであるが、当時の消費税法取扱通達９-１-13ただし書の取扱いに従

---

(2)　一審、平成８年10月17日津地裁判決（税資221号64頁、TAINS コード Z221-7795）。控訴審、平成９年４月９日名古屋高裁判決（税資223号291頁、TAINS コード Z223－7899）。上告審、平成９年10月17日最高裁判決（税資229号39頁、TAINS コード Z229－8004）。

193

って、契約日を資産の譲渡の日とすることにより、消費税はかからない
ものとして申告をした事例である。

　これに対して裁判所は、売主が契約後の平成元年5月28日まで当該建
物において営業を行っていたと認められること、売却収入の計上が翌年
になっていること、買主は平成元年4月1以後の取引であるとして課税
仕入れに計上していること等から、売主と買主の間で、契約日をもって
譲渡の日とする合意があったと認めることはできないとして、資産の譲
渡等の日は消費税施行後の引渡の日であると判示した。

　本事例においては、納税者の側から、消費税の課税を回避するため、
平成元年4月1日前に売買契約を締結し、これを譲渡の時期と定める合
意をしたものであると納税者自らが主張している点が興味深い。

4　小括

　通達はあくまでも課税庁内部における命令に過ぎず、法源性はないた
め、裁判の規範とはされない（☞ 310頁）。したがって、通達の定めを
逆手に取ったようなスキームについては、課税の公平という観点から否
認される可能性があることを忘れてはならない。

第 5 章

用途区分と準ずる割合

I　はじめに

　消費税の計算においては、課税売上に対する消費税を全て納付するのではなく、課税仕入れに係る消費税額を控除することが認められる。これを仕入税額控除という。

　しかし、非課税売上に対応する課税仕入れについても、その消費税が控除できるとすると、売上が非課税である上に、課税仕入れに係る消費税は控除できることになって、二重の優遇になってしまう。そこで、非課税売上に対応する課税仕入れについては、仕入税額控除の対象としないように、制度を設計する必要がある。

　これを受けて消費税法は、課税仕入れを、課税売上にのみ要するもの、非課税売上にのみ要するもの、共通して要するものの3種類に区分するように求めている。これを課税仕入れの用途区分という。その上で、課税売上に対応するものは全額控除ができるようにし、非課税売上に対応するものは控除を認めず、共通して要するものは、課税売上に対応する部分だけ控除ができるようにしているのである。

　共通して要するものについて、課税売上に対応する部分だけを控除するためには、按分が必要になる。この時に用いられる率が、課税売上割合である。課税売上割合とは、その課税期間全体の売上に対する、課税売上の割合である。

第5章　用途区分と準ずる割合

【図　仕入税額控除の対象になる課税仕入れ】

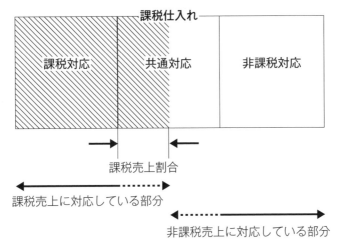

　ところが、課税売上割合が低い場合には、共通対応とされた課税仕入れに係る消費税額については、ほとんど控除できないということになる。課税仕入れの内容が、建物の取得など、多額に上るものである場合には、その影響は深刻である。

　本章では、販売用に購入したマンションを賃貸していた事業者が、当該マンションの用途区分を共通対応とされたことにより、仕入税額控除がほとんどできなくなった点を争った事例を取り上げ、用途区分と課税売上割合の問題点を検討することにする。

197

なお、本章では、重要でありながら長い用語が頻出するため、はじめに、略語についてまとめておく。

【表　本章における略語一覧】

カテゴリー	通常の用語	本章における略語
資産の譲渡等	課税資産の譲渡等	課税売上
	資産の譲渡等のうち非課税とされるもの	非課税売上
課税仕入れの用途区分	課税資産の譲渡等にのみ要するもの	課税対応
	その他の資産の譲渡等にのみ要するもの	非課税対応
	課税資産の譲渡等とその他の資産の譲渡等に共通して要するもの	共通対応

第5章　用途区分と準ずる割合

Ⅱ　仕入税額控除に関する規定の確認

1　基本的な事項

仕入税額控除について検討する前に、基本的事項を確認しておく。

(1)　全額控除

その課税期間における課税売上高が5億円以下で、かつ、当該課税期間における課税売上割合が95％以上である場合は、その課税期間中に国内において行った課税仕入れに係る消費税額の全額を、仕入税額控除する（消法30①）。

なお、課税売上割合とは、次の割合をいう（消令48）。

$$課税売上割合 \ = \ \frac{課税期間中の課税売上高（税抜）}{課税期間中の総売上（税抜）}$$

(2)　全額控除の適用がない場合

①　個別対応方式

その課税期間における課税売上高が5億円を超えるとき、または、その課税期間における課税売上割合が95％未満である場合で、課税仕入れについて、課税対応、非課税対応、共通対応に区分している場合には、仕入税額控除できる金額は、次の計算式で計算した金額とする（消法30①一）。

$$\begin{matrix}課税対応の \\ 課税仕入れに係る \\ 消費税額\end{matrix} + \begin{matrix}共通対応の \\ 課税仕入れに係る \\ 消費税額\end{matrix} \times 課税売上割合$$

199

② 一括比例配分方式

全額控除ができない場合で、課税売上げについて、課税対応、非課税対応、共通対応に区分していない場合には、仕入税額控除できる金額は次の計算式で計算した金額となる（消法30②二）。

$$\text{その課税期間における課税仕入れに係る消費税額} \times \text{課税売上割合}$$

2 用途区分と目的

上述Ⅱ－1－(2)－①で説明した個別対応方式を適用する場合には、課税仕入れを課税対応、非課税対応、共通対応に区分する必要があるが、これを課税仕入れの用途区分という。

課税仕入れの用途区分は、その課税仕入れの目的によって行われるが、消費税法基本通達逐条解説に、興味深い事例が掲載されているので、引用する[1]。

事例　個別対応方式における土地造成費等の取扱い

土地造成費及び土地売買仲介手数料に係る課税仕入れについては、次のように、課税対応、非課税対応、共通対応に区分することとなる。

---

(1)　濱田正義編『消費税法基本通達逐条解説［平成30年版]』（2018大蔵財務協会）670頁。

第5章　用途区分と準ずる割合

仕入れ時の利用目的	課税対応	非課税対応	共通対応
①　自社ビルの建設をする土地 　イ　事業者が課税売上のみの業務を行っている場合	○		
ロ　事業者が非課税売上のみの業務を行っている場合		○	
ハ　事業者が課税売上、非課税売上の双方の業務を行っている場合			○
②　貸しビルの建設をする場合	○		
③　分譲マンション（土地付）の建設をする土地			○

　土地の造成費というと、土地の譲渡や賃貸が非課税売上に該当することから、非課税対応と考えてしまいそうになるが、そうではなく、その上に建設する建物の用途によって、土地の造成費に係る課税仕入れの用途区分が決まることになる。

　なお、表の①ハについてであるが、後述するQ＆Aに、売上高の大半は課税売上で、非課税売上は受取利子程度しかない事業者が取得する本社ビルであっても、共通対応になるとの事例が挙げられているので、注意されたい（☞ **208頁参照**）。

201

Ⅲ　個別対応方式の徹底

1　95％ルールの制限

(1)　平成23年改正

　仕入税額控除、特に個別対応方式について、大きな変革があったのは平成23年の税制改正であった。税制改正法案は例年、3月末に可決されるものであるが、平成23年3月11日に東日本大震災があったことから、この年の税制改正法案は成立が遅れ、6月になって国会で可決されたのである。

　それまでの仕入税額控除のルールでは、課税売上割合が95％以上である場合には、課税仕入れの用途区分を必要とせず、課税仕入れに係る消費税額を全額控除する仕組みになっていた。これを95％ルールと呼ぶ。これに対し、平成23年6月の税制改正によって、95％ルールに適用制限が設けられた。具体的には、当課税期間の課税売上高が5億円を超える場合には、95％ルールの適用はないというものである。したがって、当課税期間の課税売上高が5億円を超えた事業者は、課税売上割合が限りなく100％に近い場合であっても、個別対応方式ないしは一括比例配分方式に拠って、仕入控除税額を計算することになる。なお、この改正は平成24年4月1以後開始する課税期間から適用された。

(2)　改正の理由

　改正に至った理由は、改正前の消費税法では、課税売上割合が95％以上であれば、どんなに規模の大きな企業でも全額控除することができたが、95％ルールとはそもそも、中小事業者の事務負担への配慮であったはずであり、大企業への適用は制限すべきである、という指摘があったからである[2]。この指摘によると、5％程度ならよいと認められるのは中小事業者に限られ、

第5章　用途区分と準ずる割合

大企業においては、たとえ1％でも巨額になるため、95％ルールを大企業に適用するのは不適切であるということになる。

この指摘には首肯できるところがあるが、だからといって、当課税期間の課税売上高が5億円を超えたら、すべて個別対応方式か一括比例配分方式を適用するという改正も、ずいぶん極端ではないかと思われる。せめて99％ルール程度に改正できなかったものかと思うが、このような話をしていると、「では先生、国会でご意見を」と言われかねないので、この話はここまでとする。

2　仕入税額控除Q＆A

(1)　公表

どのような経緯にせよ、平成23年6月の改正によって、個別対応方式または一括比例配分方式が強制される事業者が増えることになったため、国税庁消費税室は平成24年3月に、「『95％ルール』の適用要件の見直しを踏まえた仕入税額控除の計算方法に関するQ＆A」を公表した。

このQ＆Aは、「Ⅰ　基本的な考え方編」と、「Ⅱ　具体的事例編」の2編から成り、どちらも約30問ずつ合計61問から成る。（以下、本章では「仕入税額控除Q＆A基本編」、「仕入税額控除Q＆A事例編」という）。全61問を解説することは紙幅の都合でできないが、重要と思われる5項目について、約20問をピックアップして解説することにする。

(2)　「要した」ではない

仕入税額控除Q＆A基本編問9では課税対応分の意義について、問10では非課税対応分の意義についての質疑が収録されている。

---

(2)　井藤丈嗣「課税売上割合が95％以上の場合に生ずる益税問題－消費税率の引き上げを見据えて－」『第32回日税研究賞入選論文集』（2009日税研究センター）。

203

【課税売上対応分の意義】

(問9) 個別対応方式における課税売上対応分について教えてください。

(答) 課税売上対応分とは、課税資産の譲渡等を行うためにのみ必要な課税仕入れ等をいい、例えば、次に掲げる課税仕入れ等がこれに該当します（基通11-2-12）。

　① そのまま他に譲渡される課税資産

　② 課税資産の製造用にのみ消費し、又は使用される原材料、容器、包紙、機械及び装置、工具、器具、備品等

　③ 課税資産に係る倉庫料、運送費、広告宣伝費、支払手数料又は支払加工賃等

なお、課税資産の譲渡等にのみ要したものではありませんから、当該課税仕入れ等を行った課税期間において当該課税仕入れ等に対応する課税資産の譲渡等があったかどうかは問いません。（傍点ママ）

　ここで重要なのはなお書きであり、このなお書きは、2つのことを示している。第一に、「要する」であって「要した」ではないということは、判定基準として過去の実績を重視するのではなく、課税仕入れを行った日における予定や見込みといった、未来志向の事情を重視するという点である。第二には、課税仕入れを行った日の属する課税期間において、対応する課税売上はなくてもよいという点である。すなわち、課税売上と課税仕入れとは切断されており、課税売上に対応する課税仕入れと言っても、個別具体的な課税売上に対応する必要はないということである。

　以上2点を総合すると、課税仕入れの用途区分を判定する際には、課税売上にのみ要するものか、あるいは非課税売上にのみ要するものかという対応関係が求められるものの、この対応関係は、①課税売上とは別個に課税仕入れのみで判定するものであり、また、②課税仕入れの時点では、対応する予

204

第5章　用途区分と準ずる割合

定や見込みであれば十分で、個別具体的な対応関係は求められていない、ということになる。

(3)　用途区分の判定時期

①　消費税法基本通達11－2－20による取扱い

仕入税額控除Q＆A基本編問15は、消費税法基本通達11－2－20を踏まえて、課税仕入れの用途区分をいつの時点かで行うのかについて示している。

【個別対応方式における用途区分（用途区分の時期）】

(問15) 課税仕入れ等の時に用途が決まっていなかった課税仕入れ等について、課税期間の末日に用途区分したのですが、このような区分方法は認められますか。

(答) 認められます。…用途区分は、原則として課税仕入れ等を行った日の状況により、個々の課税仕入れごとに行う必要があります。しかしながら、課税仕入れ等を行った日において、その用途が明らかでない場合もあり得ることから、その日の属する課税期間の末日までに用途区分が明らかにされた場合には、その用途区分されたところによって個別対応方式による仕入控除税額の計算を行っても差し支えありません。

この取扱いによると、用途区分の判定は原則として、課税仕入れを行った日の状況によって行うとされている。しかしながら、課税仕入れを行った日に用途区分が明らかではないケースも考えられることから、例外として、課税期間の末日までに判明した場合には、末日までに明らかにされた区分によることとされている。

では、課税期間の末日までに明らかにならなかった場合はどうするか。

205

この点、Q&A個別編問16には、課税仕入れを行った日においても、課税期間末日においても、用途区分が明らかでない場合には、共通対応とする旨が示されている。

【図1　用途区分の判定の例】

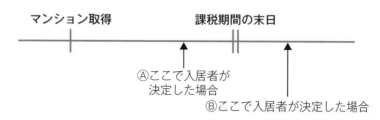

この取扱いについて例を挙げて説明する。都心のマンションは、風呂もトイレもついていて居住用に見えるものであっても、事務所として賃貸するケースもよくある。したがって、賃貸用の新築マンションを取得した時点では、居住用か事業用かが、明らかではないといえる。このマンションについて、Ⓐのように、課税期間の末日までに入居者が決まって、居住用か事業用かが判明した場合には、その用途区分に従うことになるが、Ⓑのように、課税期間の末日までに判明しなかった場合は、共通対応になるということである。

② 用途変更があった場合
【図2　用途変更があった場合】

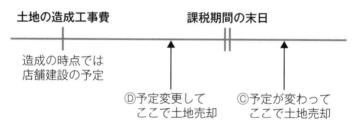

第5章　用途区分と準ずる割合

　問題は用途が変更された場合である。図2に、造成工事をした時点では、店舗を建設する予定であったものの、後に予定が変わって、更地のまま売却したという事例を挙げる。土地の造成工事は課税仕入れであるが、店舗を建設するための造成ならば課税対応、土地を売却するための造成ならば非課税対応ということになる。

　まず©のように、課税期間をまたいで変更になった場合であるが、課税仕入れの時点では店舗を建設する予定であったため、課税対応で申告を終えている。用途区分の判定は、課税仕入れの日の状況によって行えばよいのであるから、その後、課税期間をまたいで用途が変更になっても、修正申告は必要ないということになるし、逆に更正の請求もできないということになる[3]。

　では、©のように同一課税期間内で変更になった場合はどうであろうか。課税仕入れの時点では店舗建設の予定であったが、課税期間の末日までに更地のまま売却することが明らかになったため、非課税対応として処理するのか、それとも共通対応として処理するのかと悩ましい事例ではある。しかしながら、この場合においても、課税仕入れの日の状況が店舗建設予定であるため、課税対応で処理し、その後変更があったとしても、訂正する必要はないということになる[4]。

　根拠は二つ考えられる。一つには、課税期間をまたいで用途変更があった場合と、同一課税期間内に変更があった場合との取扱いが違うとすると、課税期間が1年の場合と、短縮している場合とで取扱いが異なるケースが考えられるが、それは課税の公平という観点から不適当であるということ

---

(3)　DHC消費税コンメンタール（第一法規、加除式）第2巻3231頁。
(4)　熊王征秀＝芹澤光春「個別対応方式と課税売上割合に準ずる割合の活用方法」税務通信3512号（2018.6.25）18頁。

207

である。

　二つ目の根拠として、上述(3)の通り、消費税法30条2項1号には「要するもの」とされており、「要したもの」と規定されているわけではないということが挙げられる。したがって、「要した」ものとして、当課税期間の実績により検討するのではなく、課税仕入れの日において何の目的に「要する」ものであるかという点を検討することになる。

　課税仕入れの日の状況によるということを徹底すると、図2の事例では、わずかな期間の目的の変更によって取扱いが大きく異なることになり、不適当ではないかという意見も考えられる。しかしながら、用途区分をどのように判断するかは、消費税の納税額に直接影響を与える重要な事項であるため、恣意性のないように客観的に決める必要がある。そのためには、課税仕入れの日の状況によると割り切ることが重要であろう。

　なお、用途変更があった場合で、対象となる課税仕入れ等が調整対象固定資産に係るものである場合には、「調整対象固定資産を転用した場合の消費税額の調整」（消法34、35）の規定の適用がある（☞ **244頁のコラム05参照**）。

⑷　預金利子しかない場合

　仕入税額控除Q＆A基本編問19には、非課税売上が預金利子程度しかない事業者であっても、総務、経理部門等における事務費など、課税売上対応分として特定されない課税仕入れ等については、共通対応分として区分することとなる旨が示されている。

　実務上、非課税売上が預金利子程度しか計上されない事業者は、多く存在するものと思われる。例えば税理士においては、顧問料、決算料等はすべて課税売上であるし、小売業、卸売業、建設業、飲食業等々においては、その売上のほとんどが課税売上であるケースが多い。このような事業者に対して、

第5章　用途区分と準ずる割合

微々たるとはいえ預金利息があるわけだから、本社社屋の取得費とか、総務、経理に係る費用は共通対応だとするのは、少しやりすぎの感がある。

しかしながら、消費税法30条2項1号が、「課税資産の譲渡等にのみ要するもの」という形で、「のみ」という文言を用いて規定している以上、バスケットカテゴリーである共通対応の範囲が拡大するのもやむを得ないところではある。本Q＆Aにおいても、課税売上および非課税売上として特定されないものは、共通対応になるという論調で回答がなされている。

売上のほとんどが課税売上で、非課税売上が預金利子程度の事業者は、課税売上割合が限りなく100％に近いわけであるから、総務や経理に係る費用が共通対応だとしても、消費税の納税額が著しく増えるわけではない。それでも共通対応とすることに抵抗があったのは、極めて実務的な理由による。というのは、大企業は独自の会計システムを作成していることが多いが、非課税売上が預金利子程度しかない事業者の会計システムは、用途区分の入力ができないケースが多かったのである。つまり、消費税の納税額は変わらなくても、システム変更が必要という点に対して、抗議の声が上がったのである。

これに対しては、仕入税額控除Q＆A基本編問14に示されているように、課税仕入れ等の用途区分を事業部門ごとや勘定科目ごとに行うことによって対応することが可能と思われる。非課税売上が預金利子程度しかない事業者で用途区分が入力できないシステムを使用している場合には、従来と同じように用途区分なしで入力した後、決算において、総務や経理に係る勘定科目を共通対応とすることにより、個別対応方式への対応が可能ということである。

私見では、非課税売上が預金利子しかない場合の対応という問題に対しては、事業者の側も、課税当局の側も、過剰に反応し過ぎではないかという印象がある。

⑸ **合理的に区分できる場合**

消費税法基本通達11－2－19には、共通対応の課税仕入れを合理的な基準によって区分することができる旨が明らかにされている。

【消費税法基本通達11－2－19】《共通用の課税仕入れ等を合理的な基準により区分した場合》

課税資産の譲渡等とその他の資産の譲渡等に共通して要するものに該当する課税仕入れ等であっても、例えば、原材料、包装材料、倉庫料、電力料等のように生産実績その他の合理的な基準により課税資産の譲渡等にのみ要するものとその他の資産の譲渡等にのみ要するものとに区分することが可能なものについて当該合理的な基準により区分している場合には、当該区分したところにより個別対応方式を適用することとして差し支えない。

ここでは、合理的な基準として生産実績しか例示されていないが、仕入税額控除Q＆A基本編問20では、適用できる基準について、次のように述べている。

・原材料、包装材料、倉庫料、電力料のように製品の製造に直接用いられる課税仕入れ等に適用されるもの

・課税売上あるいは非課税売上と、明確かつ直接的な対応関係があること

・生産実績のように既に実現している事象の数値のみによって算定される割合であること

・その合理性が検証可能な基準であること

・機械的に区分することが可能であること

ここで示されているように、消費税法基本通達11－2－19による合理的な

第5章　用途区分と準ずる割合

基準を適用するためには、かなり厳しい要件が付されている。それは、この取扱いを適用する上では、次節で説明する「課税売上割合に準ずる割合」のような、税務署長の承認を要しないためであると説明されている。

しかしながら、この合理的な基準が適用できる場面は多い。仕入税額控除Q&A事例編問4-2には、土地付建物を譲渡した場合の仲介手数料についての適用事例が示されている。

> **（問4-2）** 土地と建物を一括して1億円で譲渡しましたが、この土地の譲渡代金は8千万円、建物の譲渡代金は2千万円でした。個別対応方式により仕入控除税額を計算する場合には、この譲渡に当たって不動産業者に支払った仲介手数料について、その仲介手数料の総額の100分の80は非課税売上対応分とし、その100分の20は課税売上対応分としてもよいでしょうか。
>
> **（答）** よい

本事例における仲介手数料は、建物および土地の売上と明確かつ直接的な対応関係があり、基準として用いられる建物および土地の対価は既に実現している数値であり、譲渡代金の比によって按分することは、その合理性が検証可能であり、機械的に区分することが可能であるため、仕入税額控除Q&A基本編問20が示す要件のすべてを満たしている。

ほかにも、店舗として賃貸される部分と、居住用として賃貸される部分がある賃貸用ビルの課税仕入れについて、面積や原価を基に区分するなど、消費税法基本通達11-2-19が示す合理的な基準が適用できる場面はある。工夫して活用するようにしたいものである。

211

3 課税売上割合に準ずる割合

　共通対応の課税仕入れについて、課税売上割合を乗じて仕入控除税額を計算したのでは、合理的ではない場合が存在する。例えば、売上の全てが課税売上である事業者について、たまたま土地の譲渡があったことによって、低く課税売上割合が計算される場合などである。

　そこで、課税売上割合よりも更に合理的な割合を適用することが可能になるように、「課税売上割合に準ずる割合」が規定されている（消法30③）。

(1) 適用要件

　課税売上割合に準ずる割合を適用するためには、要件して次の2つが定められている（消法30③）。

---

① その割合が、事業者の営む事業の種類又は販売費、一般管理費その他の費用の種類に応じ、合理的に算定されるものであること。

② 納税地を所轄する税務署長の承認を受けたものであること

　課税売上割合に準ずる割合は、税務署長の承認が必要であるから、消費税法基本通達11-2-19による合理的な基準とは異なり、事業者固有の特殊な実情に基づく割合でも認められる場合があると示されている（仕入税額控除Q&A基本編問20）。したがって、合理的な基準に対して求められる、課税売上または非課税売上との明確かつ直接的な関係性や、実現している数値に拠ること、機械的に区分することが可能であること等の要件を満たさない場合でも、合理的に算定されたものとして税務署長の承認が受けられれば、適用可能ということになる。

　ただし、課税売上割合に準ずる割合の適用が認められるのは、個別対応方式により計算する事業者に限られており、一括比例配分方式により仕入控除

第5章　用途区分と準ずる割合

税額を計算する場合の課税売上割合に代えて、適用することはできない（仕入税額控除Q＆A基本編問29）。

　また、当該課税期間の課税売上高が5億円以下である事業者は、95％ルールにより課税仕入れに係る消費税額の全額を控除することができるが（Ⅱ－1－(1)参照）、課税売上割合に準ずる割合の承認を受けていても、95％の判定の基準となるのはあくまでも課税売上割合である点に注意が必要である（消基通11－5－9）。

(2)　税務署長の承認

　課税売上割合に準ずる割合に対する税務署長の承認は、適用する課税期間の末日までに受ければよいとされている。しかし、承認のためには一定の審査期間が必要であることから、課税期間の終了間際では間に合わない可能性があり、余裕をもって提出する必要がある旨が示されている。なお、課税売上割合に準ずる割合の承認申請には、一定の日までに承認または却下の処分がなかった場合におけるみなし承認の制度は採用されていない（仕入税額控除Q＆A基本編問27）。

　承認された課税売上割合に準ずる割合を用いて仕入控除税額を計算することが適当でないと認められる場合には、税務署長はその承認を取り消すことができる。（消令14③）。この承認の取消しがあった場合には、その取消しのあった日の属する課税期間から、その割合を用いて仕入控除税額を計算することはできなくなる（令47⑤）。

　承認を受けた場合には、課税売上割合に準ずる割合を適用することが強制されるため、課税売上割合と比較して、有利な割合を適用することはできない（仕入税額控除Q＆A基本編問21）。また、課税売上割合に準ずる割合による計算をやめようとする場合は、課税売上割合に準ずる割合の不適用届出書を所轄税務署長に提出する必要がある（仕入税額控除Q＆A基本編問28）。

213

⑶　課税売上割合に準ずる割合の例

　消費税法基本通達11－5－7と仕入税額控除Ｑ＆Ａ基本編は、課税売上割合に準ずる割合について次の例を挙げている。

【課税売上割合に準ずる割合の例】

・使用人の数又は従事日数の割合（従業員割合）（仕入税額控除Ｑ＆Ａ基本編問23）

・消費又は使用する資産の価額（消基通11－5－7）

・使用数量（消基通11－5－7）

・使用面積の割合（床面積割合）（仕入税額控除Ｑ＆Ａ基本編問25）

・取引件数（取引件数割合）（仕入税額控除Ｑ＆Ａ基本編問26）

　同11－5－7は、課税売上割合について、課税仕入れの「性質に応ずる合理的な基準」であることを求めている。例えば、福利厚生費のように人を対象とする費用については、従業員割合によることが適当といえるだろうし、また水道光熱費や支払家賃のようなものは、床面積割合によることが適当といえるケースが多いだろう。Ｑ＆Ａで示されている取引件数割合とは、例えば不動産の賃貸を行っている事業者が、電話代、営業車両のガソリン代等の営業経費について、事業用資産の賃貸と居住用資産の賃貸の件数で按分する場合などが考えられる。

　ここに挙げられているものはあくまでも例であるため、このほかにも、事業者の実情に応じた合理的な割合であれば認められる。ドイツでは、光熱費について、暖房の吹出口の数で按分する方法が認められているし、イギリスでは、金融機関で取引口座数による割合等も開発されているそうである[5]。知恵を振り絞って、ユニークで合理的な割合を考案したいものである。

---

[5]　熊王征秀「『準ずる割合』の適用手続きと留意点」税務弘報60巻8号（2012.8）17頁。

第5章　用途区分と準ずる割合

(4)　適用範囲

　課税売上割合は、事業者全体の、その課税期間の課税売上と非課税売上高の合計額によって計算するのであるから、事業所単位または事業部単位等で課税売上割合を計算することは認められない（消基通11－5－1）。

　しかし、課税売上割合に準ずる割合については、事業所単位や事業部単位等で適用することが認められる（消基通11－5－8）。同通達は適用範囲について、次のように例示している。

【課税売上割合に準ずる割合の適用範囲の例】

・営む事業の種類ごと

・販売費、一般管理費その他の費用の種類の異なるごと

・事業場の単位ごと

　仕入税額控除Q＆A基本編問22は、費用の種類の異なるごとに適用できるものの例示として、電気料は床面積割合、コンピュータのリース料は本来の課税売上割合、水道料その他については従業員割合を適用する場合を挙げている。

　この通達には、事業場の単位ごとに課税売上割合に準ずる割合を適用できる旨が明らかにされているが、仕入税額控除Q＆A基本編問24には、事業部門ごとに適用できる場合が示されている。ただし、当該Q＆Aによると、事業部門が独立採算制をとっている場合や、独立した会計単位となっている場合にのみ課税売上割合に準ずる割合を適用することが認められると示されている。

　なお、事業の種類ごと、費用の種類ごと、あるいは事業場の単位ごとに、異なる課税売上割合を適用しようとする場合には、適用すべき、課税売上割合に準ずる割合の全てについて、税務署長の承認を受けなければならないの

215

で、注意が必要である（消基通11－5－8）。

⑸　たまたま土地の譲渡があった場合

　土地の譲渡は非課税売上であるため、たまたま土地の譲渡があった場合には、課税売上割合が著しく下がる可能性がある。このような土地の譲渡は、本来の事業として予定されていなかったわけであるから、これによって仕入控除税額が減少することは、事業の実態を反映したものと言えず、不合理であると考えられる。そこで、たまたま土地の譲渡があった場合には、課税売上割合に準ずる割合の承認申請が行えるものとの取扱いが示されている。この取扱いは、以前から国税庁の質疑応答事例に掲載があったものであるが、仕入税額控除Q＆Aにおいて、その趣旨や注釈が収録されたものである。

　たまたま土地の譲渡があった場合に、課税売上割合に準ずる割合をどう適用するかについて、要件と適用する割合の計算方法が、仕入税額控除Q＆A基本編問30に示されている。

【たまたま土地の譲渡があった場合の課税売上割合に準ずる割合の承認申請要件】

　次の①〜③の要件をすべて満たす場合に限り承認申請が認められる。

①　土地の譲渡が単発のものであること

②　その土地の譲渡がなかったとした場合に，事業者の営業の実態に変動がないと認められること

③　過去３年間で最も高い課税売上割合と最も低い課税売上割合の差が５％以内であること

第5章　用途区分と準ずる割合

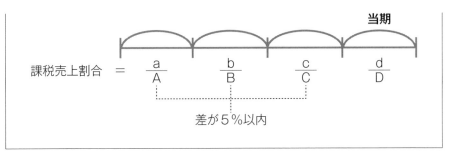

【たまたま土地の譲渡があった場合における課税売上割合に準ずる割合の計算方法】

次の①又は②の割合のうち，いずれか低い割合による。
① 土地の譲渡があった課税期間の前3年に含まれる課税期間の通算課税売上割合
② 土地の譲渡があった課税期間の前課税期間の課税売上割合

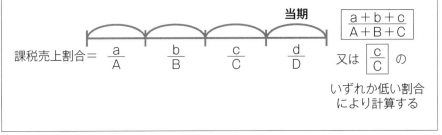

　ここに適用要件として示されている、「過去3年間で最も高い課税売上割合と最も低い課税売上割合の差が5％以内であること」について、なぜ3年なのか、なぜ5％以内なのかについては、根拠が示されていない。同様に、適用できる割合について、通算課税売上割合はなぜ前3年分で計算するのか、あるいは、なぜ通算課税売上割合と前課税期間の課税売上割合を比較して低い方とするのかについての根拠も明らかではない。
　この点については、課税売上割合に準ずる割合は、合理的に算定されるも

217

のでなくてはならないとされているため、単純に昨年のみと比較することや、単純に前課税期間の課税売上割合を適用することは、不適当であるとの配慮によるものと思われる。したがって、ここに示されているものは、単なる例示と考えるべきであり、この要件に合致しないからただちに認められないというわけではないと思われる。また、申請された割合が合理的かどうかの判断は、最終的には所轄税務署長が行うわけであるから、この取扱いに即していなくても、もっと合理的と思われる方法があったら、承認申請することは可能である。

なお、これは、たまたま土地の譲渡があった課税期間についての取扱いであるため、翌課税期間において、課税売上割合に準ずる割合の不適用届出書を提出するよう求められている。もし、提出がなかった場合には、その承認を取消す旨も明らかにされている（仕入税額控除Q＆A基本編問30）。

また、この取扱いは、土地の譲渡について適用されるものであって、有価証券の譲渡の場合には適用がない旨が示されている。理由は、有価証券の譲渡については、課税売上割合の計算上、取引価額の5％相当額を分母に算入すればよいという措置が手当されているからである（仕入税額控除Q＆A基本編問31）。

第5章　用途区分と準ずる割合

Ⅳ　マンション共通対応事件

　以上、Ⅲにおいては、仕入税額控除について、個別対応方式における課税
仕入れの用途区分と、課税売上割合に準ずる割合の活用を中心にみてきたが、
本節においては、課税仕入れの用途区分が問題となった事例を検討してみる。
　ここで取り上げるのは、販売用に購入したマンションを一時賃貸していた
場合の用途区分を争った事例である（以下、「マンション共通対応事件」と
いう）[6]。なお本事例については、裁決も公表されており[7]、裁決から判決の
一連の流れで検討すると大変興味深い。というのは、本事例における争点は、
課税仕入れをした水道施設利用権と、マンション建物の用途区分であるが、
水道施設利用権については裁決で課税対応である旨が認められたものの、裁
判では、マンション建物は共通対応とされたからである。
　本事例は、原告に合併があったり、当初の売買契約は信託受益権の売買契
約であったりする複雑な事例であるが、事案の概要においては、読みやすい
ように簡略化してあることをお断りしておく。

1　事案の概要

　不動産およびコンテナの売買、仲介、賃貸リース及び管理等を目的とする
Ｘは、平成19年11月、建設業者に居住用マンション建物の建築工事を発注し
た。この時の引渡予定日は平成20年8月11日であった。またＸは、平成19年
12月に、当該マンションの信託受益権をＡ社に売却する売買契約を交わした。
　Ｘは平成20年8月11日に、当該マンションに係る水道施設利用権を取得し

---

(6)　さいたま地裁平成25年6月26日判決・税資263号－117順号12241、TAINSコード
　　Z263-12241。
(7)　平成23年3月23日裁決・裁決事例集 No.82、TAINSコード J82-6-18。

219

た。

　平成20年９月○日にＡ社は破産の申立てを行った。ＸはＡ社に対し、信託受益権の売買契約について、解除の催告をした。

　Ｘは平成20年９月30日に当該マンションの完成引渡しを受け、同日、不動産会社と、賃貸借及び管理業務の委託契約を交わした。平成20年10月20日、Ｘは当該マンションの賃貸借を開始した。

　平成21年５月30日、ＸはＢ社と当該マンションの売買契約を交わし、平成21年６月23日に移転登記がなされた。

　Ｘはその後、当該マンションの取得及び水道施設利用権の取得は、課税資産の譲渡等にのみ要する課税仕入れであるとして、平成20年７月１日から平成21年５月30日の課税期間の消費税等の確定申告を行った。これに対し所轄税務署長は、当該マンション及び水道施設利用権の取得は、課税資産の譲渡等とその他の資産の譲渡等に共通して要するものに該当するとして更正処分等を行ったため、Ｘがその取り消しを求めたものである。

【表　事件の経過】

	H19.11	マンションの建設工事を発注
	H19.12	Ａ社にマンションの信託受益権を売却する売買契約を締結
H20.7.1 ↑ ｜ 課 ｜ 税 ｜ 期 ｜ 間 ↓ H21.5.30	H20.8.11	水道施設利用権取得
	H20.9.○	Ａ社破産。ＸはＡ社に信託受益権売買契約の解除の催告
	H20.9.30	建物完成引渡し 不動産会社と賃貸借及び管理の委託契約
	H20.10.20	マンションの賃貸開始
	H21.5.30	Ｂ社とマンションの売買契約締結
	H21.6.23	移転登記完了

第5章　用途区分と準ずる割合

2　審判所の判断

審判所は次のように裁決して、水道施設利用権については、Xの主張の通り、課税対応であると認めたが、マンション建物については共通対応であるとした。

「Xは、本件建物の取得に係る課税仕入れのあった日において、A社による信託受益権の売買残代金の支払が事実上不可能で、A社との間の信託受益権売買契約を解消することとなり、同契約において予定されていた日に信託受益権の譲渡が行われないとの認識を有していたといえる。」

「本件建物の取得に係る課税仕入れのあった日において、Xは、本件マンションの新たな売却先が見つかるまでの間、本件マンションを住宅として貸し付け、これによる賃料収入を得ることを予定していたと認めることができる。そうすると、本件建物の取得に係る課税仕入れを本件信託受益権の売買にのみ要する課税仕入れとして、課税用として区分したことには合理性がないというべきであり、本件建物の取得に係る課税仕入れは、共通用に該当すると認めるのが相当である。」

「一方、本件水道施設利用権の取得に係る課税仕入れのあった日においては、Xに帰属すべき賃料収入が生ずる可能性は、具体的なものではなかったというべきであり、…本件水道施設利用権の取得に係る課税仕入れは、課税用と認めるのが相当である。」

3　さいたま地裁判決

Xはマンション建物の取得についても課税対応であるとして、裁決を不服として訴えを起こした。これに対しさいたま地裁は、次のように判示してXの請求を退けた。

「用途区分は、課税仕入れを行った日の状況等に基づき、当該課税仕入れをした事業者が有する目的、意図等諸般の事情を勘案し、事業者において行

221

う将来の多様な取引のうちどのような取引に要するものであるのかを客観的に判断すべきものと解するのが相当である。」

「上記用途区分の基準となる課税仕入れを行った日とは、課税仕入れに該当する資産の譲受け若しくは借受けをした日又は役務の提供を受けた日をいうものと解される。」「Xは平成20年9月30日、本件請負契約に基づいてCから本件マンションの引渡しを受けているのであるから、…本件マンションの取得の用途区分は、同日の状況に基づいて客観的に判断すべきことになる。」

「Xにおいて、…本件マンションを販売する又はその信託受益権を譲渡する目的で取得したということは否定できない。一方、Xは本件課税仕入れの日と同日に不動産会社との間で管理委託契約を締結し、その後間もなく、不動産会社を通じ二人の入居者との賃貸借契約を締結している。これらの経緯からすると、Xにおいて、本件マンションの取得時に、客観的にみて、本件マンションを住宅として貸し付ける目的でも取得したと認めるのが相当である。」「このように、本件マンションの取得は、課税仕入れの日である平成20年9月30日当時において、マンションを販売する（信託受益権を譲渡する）目的とともに、住宅として貸し付けることを目的としてされたと認められる。」

「以上からすると、本件課税仕入れは、『課税資産の譲渡等にのみ要するもの』ではなく、『課税資産の譲渡等とその他の資産の譲渡等に共通して要するもの』に該当することとなる。」

4 検討

(1) 建物と水道施設利用権で異なる判断

本事例におけるXは当初、新築マンションを仕入れて単純に売却する予定でいたが、売却予定であったA社が購入直前に破産したため、自ら一時的に賃貸することにし、賃貸中に新しい売却先を見つけて売却したものである。

第5章　用途区分と準ずる割合

　したがって、当該マンション等の課税仕入れの目的は、A社の破産前においては転売のみであったのに対し、A社の破産後においては、賃貸の目的と、転売の二つが共存していたということができる。なお、A社が破産するとXが考えたのは、平成20年9月上旬であったと推測される。

【図　水道施設利用権を取得した時とマンションを取得した時の目的】

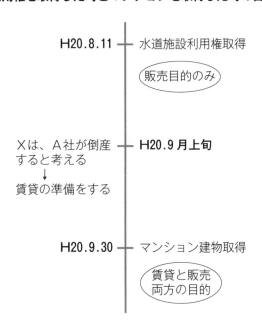

　審判所はその点を重視し、Xが水道施設利用権を取得した平成20年8月11日の時点では、A社に転売する目的のみであったとして、水道施設利用権の課税仕入れについては課税対応とした。しかしながら、A社の破産手続が開始決定された後の平成20年9月30日に、マンション建物を取得した時点では、Xは取得と同時に建物の賃貸借及び管理の委託契約を不動産業者と締結していることから、転売の目的と賃貸の目的の両方があったものとして、共通対応と裁決したのである。

Ⅱ-3で述べた通り、課税仕入れの用途区分の判定の時期は、消費税法基本通達11-2-20により、課税仕入れを行った日の状況によって行うこととされているが、本事例のように、わずか2か月の間に行われた2つの課税仕入れにつき、課税仕入れを行った日の状況が異なるものとして、異なる取扱いになるというのは、厳しい判断だという印象がある。しかしながら、本事例にはA社の倒産という特殊事情があったことを考えると、短期間とはいえ、状況は大きく変化していたと言えよう。

このように消費税法が、用途区分の判定について課税仕入れを行った日の状況によることを求め、課税期間全体を通じての状況にはよらないとしていることは、所得税や法人税の観点からすると、違和感を覚えるところである。

この点については、所得税と法人税は、国税通則法において、ある期間の終了時に納税義務が発生する「期間税」として定められているのに対し、消費税は課税資産の譲渡等の時に納税義務が成立する「行為税」として構成されているという指摘がある[8]。なお、当該規定は、納税義務の成立、すなわち、課税売上に関する論述ではあるが、同様の指摘は課税仕入れにも該当するはずである。

したがって、一つ一つの課税売上、課税仕入れを独立したものとする消費税の考え方は、所得税、法人税とは異なる論理の上に基づくものと考えられ、期間に関する取扱いが所得税、法人税と異なるのも当然であると思われる。

⑵ 消基通11-2-20後段の適用

なお、裁判でXは、仮にマンションの課税仕入れの日において、その用途区分が明らかでなかったとすれば、消費税法基本通達11-2-20後段の適用があるわけであるから、本事例においても同様に取り扱うべきだと主張して

---

[8] 三木義一「対価概念・仕入税額控除と消費税法の基本構造」立命館法学352号（2013）3057頁。

第5章　用途区分と準ずる割合

いる。

> **消費税法基本通達11−2−20《課税仕入れ等の用途区分の判定時期》後段**
> …課税仕入れを行った日又は課税貨物を引き取った日において、当該区分が
> 明らかにされていない場合で、その日の属する課税期間の末日までに、当該
> 区分が明らかにされたときは、その明らかにされた区分によって法第30条第
> 2項第1号《個別対応方式による仕入税額控除》の規定を適用することとし
> て差し支えない。

　すなわち、課税期間の末日である平成21年5月30日において、B社にマン
ションを売却することが明らかになったわけであるから、当該マンションの
課税仕入れは課税対応であると主張したのである。

　これに対して裁判所は、「基本通達11−2−20は、課税仕入れの用途区分
は課税仕入れの日の状況で判断すべきであるとの原則を示した上、課税仕入
れの日に用途区分が定まっていない場合において、課税期間の末日までに当
該区分が明らかにされたときには、例外的に、この明らかにされた区分によ
って個別対応方式を適用できるとしたものである。」と示した上で、本事例
の場合には、Xがマンションの課税仕入れをした日において、本件マンショ
ンを販売と住宅の貸付の目的で取得していたことは明らかであるから、この
日において用途区分は定まっていたとして、同通達の適用はないとした。

　用途区分の判定は、課税仕入れを行った日の状況によるのが原則であるが、
これを徹底して、課税仕入れを行った日の状況のみによって判断するとした
のでは、用途区分不明として共通対応になるもの多くなり過ぎ、実務上適当
ではない。そこで、課税仕入れを行った日において、用途区分が不明である
場合には、申告期限までに明らかになったところによって差し支えないとい
うのが本通達の趣旨である。

225

したがって裁判所が、本通達の適用について、課税仕入れの日の状況によって用途区分が明らかにならない場合に限られると解した判断は、適当と思われる。

なお、私見では、建物の課税仕入れの日において賃貸の目的があったことと、当該課税期間中において非課税売上である受取賃貸料が発生していることが、事実認定されており、逆に、課税仕入れの日においてA社は破産状態で、当該マンションを購入することは不可能であったことを考え合わせると、当該マンションの課税仕入れは、賃貸のみを目的とするものとして、非課税対応とされても仕方のない事案だったのではないかとも思う。だとすると、課税期間の末日にB社との販売契約が締結されたことにより、ようやく、販売目的と賃貸目的の双方が確認できたとして、共通対応とされたと考えることも可能ではないだろうか。

(3) 小括

このように、裁決から判決までを一貫して検討してみると、用途区分は課税仕入れの日の状況によって判断するという原則が徹底されていて、興味深い事例である。

そうすると、仮に、予定通り平成20年8月11日に建設業者からマンション建物の完成引渡しを受け、その後の同年9月初旬にA社の倒産の情報を知り、賃貸の準備を開始していたとしたら、当該マンションの課税仕入れは、課税対応と判断されていたのではないかと思われる。しかしながら、実際には、課税仕入れの日は平成20年9月30日であり、その時点では賃貸の準備もしていたわけであるので、共通対応とされたこともやむを得ない事例であると思われる。

本事例における問題点は、用途区分が共通対応とされたことではなく、共通対応になると、課税売上割合を乗じた金額しか仕入税額控除ができなくな

第5章　用途区分と準ずる割合

るが、適用される課税売上割合が大変低いという点にある。裁判資料から計算すると、20％程度と推測される。

　Ｘは不動産の賃貸や売買を行う事業者であり、マンション建物と共に土地を譲渡したり、当該マンション以外にも賃貸不動産を有していたため、本件マンションとは、無関係の土地の譲渡や居住用の賃貸料収入により、課税売上割合が低くなっていた。このような事情で低くなった課税売上割合を適用しなくてはならないということが、本事例における真の問題なのである。

　本事例で採り上げた、販売目的で取得した建物を一時的に賃貸していた場合の仕入税額控除の計算には、いくつも検討しなくてはならない課題がある。これらの課題については、節を変えて述べることにする。

Ⅴ　販売目的の建物の取得と用途区分

1　問題の所在

　マンション共通対応事件のように、販売目的で取得した建物を賃貸している場合の用途区分をどうするかという問題は、古くからあるテーマである。この問題については、平成17年に、住宅として賃貸中の建物を譲渡目的で取得した場合に共通対応であるとされた裁決もある[9]。

　共通対応であっても、課税売上割合が高ければ、仕入控除される消費税額は十分な金額になるため、事業者も不満はないのであるが、販売目的で建物を取得する事業者は、ほとんどが不動産会社であり、土地の売上や居住用建物の賃貸等が多いことから、課税売上割合が低いという特徴がある。

　本節では、販売目的の建物の取得と用途区分の問題を検討した上で、解決策として、課税売上割合に準ずる割合の活用を提案するものである。

2　審理事例集

　現在では、国税庁のHPに質疑応答事例が掲載されており、インターネットにより誰でも簡単に見ることが可能になっているが、インターネットが普及する以前は、審理事例集という非公式な事例集が作成されていた。

　審理事例集にも、販売用住宅を一時期賃貸する場合の取扱いが載っているので、その全文を引用する。

消費税審理事例集

10－176　譲渡用住宅を一時期賃貸用に供する場合の仕入税額控除

（問）

---

(9)　平成17年11月10日裁決、公表裁決事例集 No.70-369頁、TAINS コード J70-5-20。

第５章　用途区分と準ずる割合

　A社はその大口取引先であるＢ社（マンション分譲会社）に多額の売掛金を有しているが，Ｂ社はマンション市場の悪化で大量の売れ残り物件（分譲用マンション）を抱え，経営が行き詰っている。

　このため，Ａ社は全額出資の子会社Ｃ社を設立（各地区ごとに計５社を設立する。）し，この子会社が当該売れ残り物件をＢ社から買い取り，その代金でＡ社はＢ社から売掛金を回収することとした。

　Ｃ社は，買い取った分譲用マンションを分譲することとしているが，マンション市場の状況等からその分譲の完了までには数年を見込んでおり，それまでの間はこの分譲用マンションの一部を一時期賃貸することとしている。

　この場合，仕入税額控除の計算を個別対応方式で行うときにおいて，Ｃ社がＢ社から購入する分譲用マンションの課税仕入れに係る消費税額については，課税資産の譲渡等（家屋の譲渡）にのみ要するものとして計算をすることができるか。

（注）1　買取り物件は，分譲用のマンション（住宅用）であり，既入居者（Ｂ社からの購入者）との関係もあり，必ず分譲する。

　　　　なお，Ｃ社は，物件の販売が完了すれば解散する。

　　　2　Ｃ社は，宅地建物取引業の免許を取得するまでは不動産の売買が行えず，また，当該免許の申請に当たって決算書等を添付する必要があることから，当面，決算書において当該マンションを棚卸資産として計上することができないため，やむを得ず，固定資産として計上することとしている。ただし，将来販売するものであることから，減価償却は行わず，また，免許取得後は棚卸資産に振り替えることとしている。

（答）

　購入物件は分譲することを目的として取得したマンションであり，課税仕入れの時点では課税資産の譲渡等にのみ要するものに該当することは明らかであることから，仮に一時的に賃貸用に供されるとしても，継続して棚卸資産として処理し（宅地建物取引業者の免許を取得するまでの間は固定資産と

229

して処理する場合を含む。）、将来的には全て分譲することとしているものについては，法第30条 第2項第1号イの課税資産の譲渡等にのみ要する課税仕入れに該当するものとして取り扱って差し支えない。

また，これにより課税資産の譲渡等にのみ要するものとして全額控除したものを取得後3年以内に賃貸用住宅に供する場合であっても，棚卸資産であり固定資産ではないことから，法第34条 第1項に規定する課税業務用調整対象固定資産を非課税業務用に転用した場合の仕入れに係る消費税額の調整をする必要はない。

一見すると、販売用のマンションであれば、賃貸目的があっても課税対応でよいと考えられそうであるが、だとすると、マンション共通対応事件の判示と齟齬が生ずる。あくまでも、当該事例とマンション共通対応事件とは異なるものとして整理する必要がある。

この点、両者のビジネスモデルが違うということが挙げられると思う。審理事例においては、いわゆるマンションの分譲で、自ら入居する一般人に販売するものであるが、マンション共通対応事件では、賃貸物件を入居者付きで不動産賃貸業者に売却するものであったと思われる。そうすると、賃貸契約に関して、審理事例では販売の邪魔にならないような、短期間の契約であると推測されるのに対し、マンション共通対応事件では、事実認定によると2年間という長い賃貸期間で契約しているというわけである。

3　Q&Aにみる事例

(1)　一時的に資材置場として使用する場合

仕入税額控除Q&A事例編問1-5には、販売目的で取得した建物についてのQ&Aは掲載されていないが、参考となるQ&Aとして、販売目的の土地を一時的に資材置場に使用している場合の事例が掲載されている。

第5章　用途区分と準ずる割合

> **【販売目的で取得した土地を資材置場として利用している場合の造成費】（要約）**
>
> **（問1－5）**
>
> 　当社は宅地開発のため用地を取得し、一部造成工事を行いました。宅地の販売開始が翌々事業年度となることから、一時的に当社の資材置場として使用しています。造成工事の費用の用途区分はどうしたらよいですか。
>
> **（答）**
>
> 　この課税仕入れ等が非課税売上対応分に該当するかの区分は、課税仕入れを行った日の状況により行うこととされています（基通11－2－20）。したがって、質問の造成工事の費用については、販売の目的で取得した土地についての造成費用ですから、一時的に自社の資材置場として使用しているとしても、非課税売上対応分となります。

　本問では、造成費の支出の日における目的が土地の販売にあり、資材置場には、土地を販売するまでの1年から2年の間、一時的に使用するだけであるから、造成費は土地の販売に要するものとして、非課税対応である旨が示されている。したがって、販売と資材置場の二つの目的があるとして、共通対応になる訳ではないのである。

　判定のポイントは、（答）にも示されている通り、用途区分の判定は課税仕入れを行った日の状況によって行うことにあると思われる。

⑵　副次的に非課税売上が発生する場合

　また、同じく仕入税額控除Q＆A事例編問1－8には、副次的に発生する非課税売上がある場合の取扱いが示されている。

> **【副次的に発生する非課税売上げがある場合の課税仕入れの区分】**
>
> （問1－8）
>
> 　マンションの分譲を行っている事業者が、分譲用マンションを建設するための土地を取得する際に支払った仲介手数料の用途区分はどうしたらよいですか。
>
> 　なお、この土地の一部分には取得前から賃借人が存在しており、この賃借人から借地権を取得するまでの間は、賃貸料を徴することとなります。
>
> **（答）**
>
> 　一部に土地の賃貸収入があるということですが、その全体の土地の取得は、土地とマンションを同時に販売することとなる、分譲用マンションの建設計画に基づいているのですから、その取得に際して支払った仲介手数料は、共通対応分に該当します

　本問における「副次的」とは、「意図せずに」とか、「そのつもりではないのに」と説明することがわかりやすいのではないかと思われる。本問では、土地全体を取得することが目的であり、土地を賃借している相手からは、借地権を取得しようとしているのであって、地代を得ることは目的ではない。このような状況において受取地代が発生することは、「意図せずに」生じた非課税売上であるため、仲介手数料の用途区分を判定する上では、考慮されないと示されているのである。

4　ビジネスモデルの違い

　以上、マンション共通対応事件や審理事例、仕入税額控除Ｑ＆Ａ事例編に示されている事例を検討してみたが、課税仕入れの日の状況、特に目的によって用途区分を判定すると言っても、内心のことなので客観的に立証困難ではないかという疑問がある。すなわち、課税仕入れの日において、販売目的

第5章　用途区分と準ずる割合

のみで後からやむを得ず賃貸したものか、最初から販売も賃貸も目的としていたかは、言った者勝ちではないかという疑問である。

　この点について、マンション共通対応事件と審理事例では、ビジネスモデルが異なるので、客観的に判定可能ではないかと指摘したが（☞ **230頁参照**）、ビジネスモデルの違いについて、もう少し考察を加えてみたい。

　いわゆる分譲マンションとして、一般人の居住用に新築マンションを販売する場合を考える。この場合大切なことは、新築にプレミアがあることであって、一時的とはいえ賃貸してしまったら、中古マンションになってしまうのである。したがって、分譲マンションにおいては、課税仕入れの日における目的が販売のみなのは当然で、売れ残って困った場合にやむを得ず賃貸するというのは、苦渋の決断ということになる。また賃貸は一時的で、あくまでも目的が販売にある場合には、賃貸契約は販売の邪魔にならないように、非常に短期間、あるいは必要なときはすぐに立ち退いてもらえるような特約をするはずである。

　これに対し、入居者付きで不動産賃貸業者に販売する場合を考えてみると、この場合は用途区分の判定との関係で、次のように3つに区分できる。

---

① 　入手と同時に転売する場合・・・課税対応

② 　賃貸と販売の両方の目的がある場合・・・共通対応

③ 　賃貸を目的として入手したが、事情があって手放す場合・・・非課税対応

　ビジネスモデルとして考えた場合、①の場合は、マンション建物の所有権を取得する前から買主が決まっているとか、自らは賃貸人にならないように、賃貸借契約は不動産管理会社が結んでいるといった特徴が考えられる。

　また、②の場合であれば、一時的に賃貸するとは言えないような長い期間

233

の契約であるとか、転売のことを考えて管理会社が契約しているが、振込先は自らの口座であるとか、居住者の募集もしているが同時に販売先も探しているとか、一般向けに販売するのではなく、販売先として不動産賃貸業者を探しているとかいった特徴が考えられる。

③の場合は、いわゆるマンション投資であるから、長期間の住宅ローンで購入しているなど、投資計画が長期に渡る特徴がみられるはずであり、もし、販売するにしても、資金繰りの悪化など、何か事情があるケースが多いと思われる。

以上、マンション建物の取得についてのビジネスモデルを検討したが、ほかにも販売用の建物を一時的に賃貸する場合と、当初から賃貸する目的で購入する場合とでは、資金計画や、入居者あるいは販売先の募集、締結している賃貸契約の内容など、客観的に立証可能な相違点は多々あるものと思われる。

5　会計処理と用途区分

課税仕入れの用途区分を考える上で、経理処理は影響を与えるのかという論点がある。この点は、マンション共通対応事件でも、審理事例でも言及されている。

すなわち、マンション建物の仕入れが販売目的のみである場合には、当該建物は棚卸資産として計上されるはずであるし、賃貸を目的とする場合には固定資産として経理処理されるはずだということである。

経理処理が消費税の取扱いに影響を与えるかと問われれば、答えはイエスである。例えば簡易課税の事業区分の判定において、他者から購入した建物を販売する場合は、通常は第一種事業か第二種事業、リフォーム等をした場合は第三種事業に該当することになるが、この場合には、当該建物は棚卸資

産として計上してあるはずである。これに対し、固定資産として使用していた物の譲渡は第四種事業に該当するが、この場合は、固定資産として計上してあるはずである。このように、経理処理によって消費税の取扱いが影響を受ける場合は、いくつか考えられる。

しかしながら、どのように経理処理するかは、事業者の判断に委ねられているという問題がある。すなわち、作為的にある経理処理をすることにより、消費税の取扱いを有利にしようとするケースがあるのではないかという懸念である。

したがって、私見では、経理処理と消費税の取扱いとは、ある程度は関係があるが、別の問題として取り扱うべきではないかと考える。参考にはなるが、決定打ではないということである。

マンション共通対応事件においては、当初、固定資産として確定申告していたものを、後で棚卸資産と計上し直して修正申告したという経緯がある。裁判では、このように修正した経緯も含めた上で、当初から賃貸目的があったと判断されたのである。

6 問題は課税売上割合

これまで、販売用の建物を一時的に賃貸する場合の用途区分について検討してきたが、マンション共通対応事件を例に採った場合、問題になるのは、用途区分が共通対応になることではなくて、共通対応になった場合に適用される課税売上割合が低いという点である。

マンション共通対応事件においては、最終的なマンションの売却価格は2億7000万円、賃貸料収入は807万円であったから、当該マンションの販売事業だけで課税売上割合を計算すると、

$$\frac{2億7000万円}{2億7000万円＋807万円} ＝ 97.097\%$$

となり、ほぼ100％近いのに対し、当該課税期間の課税売上割合は20％程度だったのであるから、Ｘが当該マンションの課税仕入れを課税対応だと主張したのも理解できる。

【図　課税売上割合とＸが適用を望む割合】

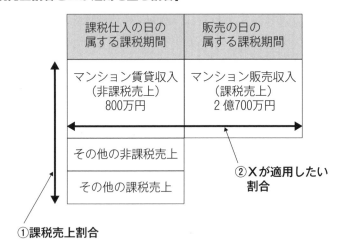

　課税売上割合とは、当該課税期間における課税売上高と、非課税売上高によって計算される割合であるが、マンション建物を取得した課税期間と、譲渡した課税期間が異なる場合には、マンション建物の譲渡から生ずる課税売上を考慮せずに、課税売上割合が計算されることになる。すなわち上述のマンション共通対応問題では、図の①に示すように、当該マンションの課税売上高を含まないところで課税売上割合が計算されたわけであり、その割合は20％程度である。

　これに対しＸが求める、当該マンションに適用すべき課税売上割合は、当該マンションに係る販売収入と賃貸料とによって求められる割合であり、図中の②で示す割合の、97.097％である。

　したがって、マンション共通対応事件を真に解決するためには、この、②

の割合が適用できるように工夫する必要がある。

7 準ずる割合による解決の提案

そこで考えられる手段は、課税売上割合に準ずる割合による解決である。準ずる割合の趣旨は仕入税額控除Q＆A基本編問21において、「事業内容等の実態が、課税売上割合によっては必ずしも反映されていないという場合に対処するために、課税売上割合よりも更に合理的な割合を適用することが事業内容等の実態を反映したものとなるのであれば、その合理的な割合を認める」と示されているが、マンション共通対応事件は、まさにそのような事態である。

(1) 合理的な基準の検討

なお、準ずる割合に先立って、消費税法基本通達11−2−19が示す合理的な基準によることができないかについて検討する。合理的な基準の適用については、「既に実現している数値のみによって算定される割合であること」が要件として求められていた。合理的な基準については、検証可能な割合によって機械的に区分できる場合にその適用が限られることから、按分するための数値としては、既に明らかになったデータを用いるよう求めたものである。しかしながらXが適用を望む割合は、マンションの販売見込額と販売までの賃料収入見込額によって計算される割合という、見込額に基づく割合である。したがって、本通達が示す合理的な基準の適用要件には、合致しないものと思われる。

(2) 準ずる割合の承認申請書

【図　課税売上割合に準ずる割合の適用承認申請書】

第22号様式

消費税課税売上割合に
準ずる割合の適用承認申請書

収受印

2通提出

※　法人番号は、税務署提出用2通の内1通のみに記載してください。

平成　年　月　日	申請者	（フリガナ）	
		納税地	（〒　　―　　） （電話番号　　　―　　　―　　　）
		（フリガナ）	
		氏名又は名称及び代表者氏名	印
＿＿＿＿税務署長殿		法人番号	※　個人の方は個人番号の記載は不要です。

　下記のとおり、消費税法第30条第3項第2号に規定する課税売上割合に準ずる割合の適用の承認を受けたいので、申請します。

採用しようとする計算方法	
その計算方法が合理的である理由	

本来の課税売上割合	課税資産の譲渡等の対価の額の合計額	円	左記の割合の算出期間	自　平成　　年　　月　　日 至　平成　　年　　月　　日
	資産の譲渡等の対価の額の合計額	円		

参考事項	
税理士署名押印	印 （電話番号　　　―　　　―　　　）

※　上記の計算方法につき消費税法第30条第3項第2号の規定により承認します。

＿＿＿＿第＿＿＿＿号

＿＿＿＿税務署長　　　　　　　　印

平成＿＿＿年＿＿月＿＿日

※税務署処理欄	整理番号		部門番号		適用開始年月日	年　　月　　日	番号確認	
	申請年月日	年　　月　　日	入力処理	年　　月　　日	台帳整理	年　　月　　日		

注意　1．この申請書は、裏面の記載要領等に留意の上、2通提出してください。
　　　2．※印欄は、記載しないでください。

第5章　用途区分と準ずる割合

　課税売上割合に準ずる割合の適用承認申請書を見ると、「採用しようとする計算方法」および「その計算方法が合理的である理由」の2点を記入すればよいことがわかる。この用紙フォームから考えると、マンションの販売を頻繁に行っている事業者であっても、マンションを購入する都度提出する必要はなさそうである。

　では、具体的な記載例を検討してみよう。なお、この例のように記載すると、申請書の記入欄には収まりそうにないため、申請書に「別紙参照」と記入し、適宜の紙に書いて添付する必要があると思われる。

　ただし、準ずる割合の承認は、最終的には税務署長の判断によるものであるため、この例のように記述しても承認されない可能性があることを申し添える。

【表　準ずる割合の承認申請書の記載例】

採用しようとする計算方法	適用対象：販売用かつ賃貸用の建物およびそれに付属する建物付属設備、構築物、機械装置、工具器具備品、リース資産 適用しようとする課税売上割合：販売計画に基づく、当該建物等の販売額および取得から販売までの賃貸料の見込額によって計算される割合 $$\frac{建物の販売見込額＋課税である賃料の見込額}{建物の販売見込額＋賃料の見込額の合計額}$$
その計算方法が合理的である理由	販売用かつ賃貸用である建物等を課税仕入れし、販売が翌課税期間以降になった場合、課税仕入れの日の属する課税期間における課税売上割合は、当該建物等の販売とは関係のない課税売上および課税仕入れによって計算されるものということになり、当該建物の販売に係る事業内容等の実態が、課税売上割合によっては反映されていないことになる。これに対処するために、建物の販売見込額と受取賃料の見込額の合計額によって計算される割合によることが、事業内容の実態を反映したものとなる
参考事項	申請に当たって、過去に売却したマンションにかかる、販売計画書と最終的な販売金額・賃料収入の明細を添付する

Ⅵ　軽減税率・インボイスの導入による用途区分への影響

　マンション共通対応問題における、適用される課税売上割合が不適当であるという問題が、課税売上割合に準ずる割合によって解決されたところで、本章の締め括りとして、軽減税率およびインボイスの導入が、課税仕入れの用途区分にどのような影響を与えるかについて述べたいと思う。

　この点、軽減税率とインボイスが導入されても、課税仕入れの用途区分の判定には、直接の影響はなさそうである。強いて挙げれば、入力が煩雑になるという問題が考えられる。

　コンピュータを利用している場合の、現在の入力事項は次のような項目であろう。

【現在の入力項目】

日付　取引先・摘要　税込取引金額　課税区分　用途区分

　取引金額について、税込経理を採用している場合は、当然に税込の取引金額を入力することになるが、税抜経理を採用している場合であっても、コンピュータの場合は、通常、税込の取引金額を入力すると、機械が税抜金額と消費税額等に計算してくれるものが多いと思われる。

　これが、軽減税率およびインボイス制度の導入後は、次のようになると思われる。下線部が軽減税率及びインボイスの導入によって増える入力項目である。

第5章　用途区分と準ずる割合

【インボイス導入後の入力項目】

日付　取引先・摘要　税込取引金額　課税区分　用途区分

① 適用税率（軽減税率・標準税率・経過措置による税率）

② 消費税額

③ 取引先がインボイス発行事業者であるか

---

① **適用税率**

　平成31年（2019年）10月1日に軽減税率が導入されると、同日以後の経理処理は、常に、軽減税率が適用される取引か、それとも標準税率かを意識しながら行わないといけないことになる。したがって、コンピュータにも、税率の入力欄ができるはずである。

　ここで、軽減税率の適用税率は合計で8％とされているが、その内訳は国税たる消費税が6.24％、地方消費税が1.76％であり、現行の8％の単一税率における消費税6.3％、地方消費税1.7％とは内訳が異なるため、注意が必要である。

【表　単一税率8％と軽減税率、標準税率の内訳】

区分＼適用時期	現　行	平成31年10月1日（軽減税率制度実施）	
		軽減税率	標準税率
消費税率	6.3%	6.24%	7.8%
地方消費税率	1.7% （消費税額の17/63）	1.76% （消費税額の22/78）	2.2% （消費税額の22/78）
合　　計	8.0%	8.0%	10.0%

国税庁「消費税軽減税率制度の手引き」（平成29年（2017年）8月）1頁より

　これにより、経過措置によって旧税率8％が適用される取引と、軽減税

241

率の8％が適用される取引とは、区分する必要が生ずる。したがってコンピュータの入力においても、単に税率8％と入力するのみではなく、旧税率8％と軽減税率8％を区分して入力するようにシステム改修をする必要がある。

② 消費税額

インボイス制度が導入されると、インボイスに記載されている消費税額を集計して、控除対象仕入税額を計算するようになる。だとすると、コンピュータの入力においては、インボイスに記載された消費税額を入力する必要が生ずるわけである。

ただし、この点については、特例が設けられている。どのような内容かというと、課税仕入れの都度、支払対価の額を基礎として消費税額等を計算し、1円未満の端数につき税率の異なるごとに端数を切捨て又は四捨五入により処理した金額を帳簿に記載している場合には、当該消費税額等の積上げ計算ができる、というものである（消令46 ②）。要するに、税込金額を入力して、計算によって求めた消費税額等によることも認められるということである。

したがって私見では、消費税額等についてはインボイスに基づいた金額をいちいち入力しなくても、対応可能だと考えている。

③ 取引先がインボイス発行事業者であるか

インボイス制度においては、インボイス発行事業者として登録した者からの課税仕入れしか、仕入税額控除の対象にはならなくなる（☞ **344頁参照**）。したがって、コンピュータに入力する際には、インボイス発行事業者からの課税仕入れであるか、それ以外かを区分して入力する必要が生ずる。

242

第5章　用途区分と準ずる割合

　なお、インボイス制度が導入される平成35年（2023年）10月1日から3年間は、インボイス発行事業者以外の者からの課税仕入れについても80％について、平成38年（2026年）10月1日から3年間は50％について、仕入税額控除の対象とする経過措置が設けられている。したがって、インボイスが導入されてから6年間は、インボイス発行事業者以外からの課税仕入れについても、適用税率や課税区分、用途区分を入力しなくてはならないことになる。

　この経過措置の適用が終了する平成41年（2029年）10月1日以後は、インボイス発行事業者からの課税仕入れについては、仕入税額控除の対象にならなくなる訳であるから、適用税率、課税区分、用途区分等についての入力は不要ということになる。

コラム05

調整対象固定資産を転用した場合の調整

1　調整対象固定資産と調整

　課税仕入れの用途区分は、課税仕入れの日の状況によって決定するため、その後用途変更があったとしても訂正する必要はなく、したがって、修正申告の必要はないし、更正の請求の対象にもならないと述べた（☞ 207頁参照）。

　しかし、長期間使用する固定資産について、課税仕入れを行った日の状況のみによって課税関係を確定させるのは、事業者の実態に即さないケースが考えられるため、固定資産のうち、一の取引の単位につき100万円以上（税抜）のものを「調整対象固定資産」と定義付け（消法2①十六、消令5）、調整対象固定資産については、後に用途区分の転用があった場合や、課税売上割合が著しく変動した場合には、調整を行う旨が規定されている。

2　転用の場合の調整

　調整対象固定資産の課税仕入れを行った場合において、当初、課税対応として仕入税額控除を行っていたものを、その課税仕入れの日から3年以内に非課税対応に転用した場合には、次ページの**表**の金額を控除対象仕入税額からマイナスする（消法34）。なお、当該調整対象固定資産の課税仕入れに係る消費税額を、調整対象税額という。

　逆に、当初、非課税対応として仕入税額控除の対象ではなかったものを、その課税仕入れの日から3年以内に課税対応に転用した場合には、次ページの**表**の金額を控除対象仕入税額に加算する（消法35）。

244

第5章　用途区分と準ずる割合

【表　転用があった場合の調整金額】

課税仕入れの日から1年以内の転用	調整対象税額の全額
〃　　　　2年以内の転用	調整対象税額の2/3
〃　　　　3年以内の転用	調整対象税額の1/3

3　課税売上割合が著しく変動した場合の調整

　課税仕入れをした日の属する課税期間において、共通対応とした調整対象固定資産がある場合で、仕入れ等の課税期間から3年間の課税売上割合が著しく増加した場合又は減少した場合には、第三年度の課税期間において、仕入税額控除の調整計算を行う（消法33）。

　具体的には、課税仕入れをした日の属する課税期間の課税売上割合に比べ、仕入れ等の課税期間から3年間の通算課税売上割合が著しく減少した場合には、過去の控除税額が過大となっているわけであるから、調整計算によって、その分だけ第三年度の納付額が増加することになる。逆に、課税売上割合が著しく増加した場合には、第三年度において調整計算をすることによって、控除不足額の控除または還付をすることできる。

4　適用の対象にならない場合

　上記2による調整が行われるのは、当初課税対応であったものを非課税対応に転用した場合、あるいは当初非課税対応であったものを課税対応に転用した場合に限られる。したがって、当初共通対応であったものを課税対応あるいは非課税対応に転用する場合、および、当初課税対応あるいは非課税対応であったものを共通対応に転用する場合には、適用がない（消基通12-4-1、12-5-1）。

245

また、上記3による調整が行われるのは、当該調整対象固定資産を、第3年度の課税期間の末日において有している場合に限られるため、途中で譲渡したり、除却、廃棄したりして第3年度の課税期間の末日において有していない場合には、適用がない（消基通12－3－3）。

5　本文の事例の場合

では、本文中（☞ 207頁）で説明している事例について、調整対象固定資産に係る調整が必要かどうか、検討する。

(1)　購入時に入居者が決まっていなかったマンションの場合
（Ⅲ－2⑶①Ｂ）

この例は、購入時に入居者が決まっていなかったため、共通対応とされたマンションである。マンションは建物であり、取引金額が100万円以上であったら、調整対象固定資産に該当する。しかし、当初の用途区分が共通対応であるため、入居者が決まった時点で課税対応、非課税対応が明らかになったとしても、共通対応から課税対応あるいは非課税対応に転用した場合に該当し、2の調整対象固定資産を転用した場合の調整計算の対象にはならない。

ただし、第3年度の課税期間の末日において、当該マンションを有しており、3年間の課税売上割合が著しく増加した場合または減少した場合に該当する場合には、3の課税売上割合が著しく変動した場合の調整計算の対象になる。

(2)　店舗の敷地予定だったが後に売却した土地の造成費
（Ⅲ－2⑶②ＣおよびＤ）

これは、当初、店舗の敷地とする予定であった土地の造成費について

第5章　用途区分と準ずる割合

課税対応とした後、予定が変わって更地で売却した事例である。なお、土地の売却は非課税売上であり、土地を売却するために行った土地の造成費であれば、非課税対応ということになる。

　ここで注意すべきは、調整計算が必要となるのは、調整対象固定資産に限られるという点である。この点、土地は調整対象固定資産ではないため、土地の造成費も調整対象固定資産に該当しない（消基通12－2－5注）。したがって、この例では、そもそも調整対象固定資産を転用した場合の調整計算の対象にはならないということになる。

第 6 章

輸出および
リバースチャージ

I　はじめに

　経済のグローバル化やインバウンドの推進に伴い、資産の輸出や非居住者に対する役務の提供、あるいは輸出物品販売場における非居住者への物品の販売等が増加している。これら輸出及び輸出類似取引は、消費税が免除される。

　輸出免税は非課税と異なり、対応する課税仕入れが仕入税額控除できるため、非課税よりも格段に有利な取引である。したがって、免税取引に該当するかどうかの判定は重要であり、多くの問題が存在する。

　本章では、輸出免税の趣旨や規定を確認した上で、要件として求められている書類の保存や、非居住者に対する役務の提供が輸出として認められるかどうかについて、事例によって検討する。

　また、平成27年度の税制改正で創設された、リバースチャージが適用される取引についても述べる予定である。

第6章　輸出およびリバースチャージ

Ⅱ　輸出免税の概要

1　輸出免税の趣旨

　財、サービスの輸出があった場合、発送した側で課税する方法と、受領した側で課税する方法との2通りが考えられる。ここで、発送した側で課税する方法を「源泉地主義」、受領した側で課税する方法を「仕向地主義」という[1]。

【図　輸出免税と国境税額調整】

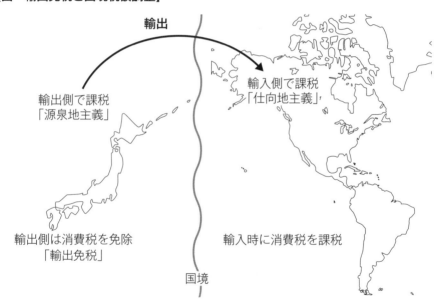

　わが国の消費税をはじめEU諸国の付加価値税は、内国消費税であることから、仕向地主義に基づき、資産の譲渡、貸付け又は役務の提供が行われた

---
[1]　金子宏『租税法』〔22版〕弘文堂（2017.4）743頁。

国、つまり消費が行われる国において課税することを原則としている。そこで、外国貨物の外国への輸出及び輸出取引に類似する取引については、売上に係る消費税額を免税とし、その輸出取引及び輸出類似取引のための国内における消費税額を控除することとしている。これを輸出免税といい、この仕組みを「国境税額調整」という[2]。

2　非課税との違い

　免税取引は消費税がかからないという点については非課税取引と同じであるが、仕入税額控除が可能であるという点において、非課税取引と異なる。

　すなわち、免税取引は消費税の計算上、課税取引として取扱われ、対応する課税仕入れに係る消費税額の仕入税額控除も可能であるし、課税売上割合の計算上も課税取引として取扱われる。言うなれば、ゼロ％の税率が課される課税取引である。

　これに対して非課税取引は、売上に対して消費税は課されないものの、対応する課税仕入れに係る消費税額も仕入税額控除することができないという性格を持つ。したがって、非課税売上に対応する課税仕入れに係る消費税額分だけ、非課税である本体売上に転嫁されることになるわけである。

3　対象

　免税取引の対象となるものは、大きく次の3つである。

① 　輸出取引及び輸出類似取引（消法7①）

② 　輸出物品販売場における輸出物品の譲渡（消法8①）

③ 　租税特別措置法に規定されるもの…外航船等に積み込む物品の譲渡に係る免税（措法85）、外国公館等に対する課税試練の譲渡等に係る免税（措法86）、海軍販売所等に対する物品の譲渡に係る免税（措法

---

(2)　岩下忠吾『改訂版　総説消費税法』財経詳報社（2006.7）173頁

第6章　輸出およびリバースチャージ

86の2）

4　基準期間における課税売上高

免税取引とは言うなればゼロ税率による課税取引であると上述したが、基準期間における課税売上高を計算する上でも、課税売上として取扱うので注意が必要である（消基通1－4－2）。

基準期間における課税売上高は、1,000万円という免税点の判定に使用されるほか（消法9①）、5,000万円という簡易課税の適用を判定する際にも使用される（消法37①）。

なお、免税取引に消費税は課されていないので、輸出売上高はその全額が本体価格であり、基準期間における課税売上高を計算する上で税抜にしてはならない[3]。

5　非課税資産の輸出等

(1)　非課税資産を輸出した場合の取扱い

本書で繰り返し説明している通り、非課税資産の譲渡等に対応する課税仕入れについては、仕入税額控除できないのが原則である。しかしながらこれは、国内で行った非課税資産の譲渡等に対する取扱いであって、輸出され、国外で消費される場合の取扱いは異なる。

国外で消費される非課税資産を輸出した場合に、対応する課税仕入れについて仕入税額控除ができないとすると、非課税資産等の本体価格にわが国の消費税相当額を転嫁することとなってしまう。そこで、非課税資産の輸出等を行った場合には、課税資産の譲渡等に係る輸出取引等に該当するものとみなして、仕入税額控除を行う旨が規定されている（消法31①）。

ここで、非課税資産の輸出等に該当するものは、身体障害者用物品や教科

---

(3)　熊王征秀『消費税の納税義務者と仕入税額控除』（税務経理協会2014）11頁。

用図書など、その譲渡が非課税である物品に限られない。非居住者に対する利子を対価とする金銭の貸付け等も含まれるので、注意が必要である。

なお、この規定により輸出取引等とみなされたものの額は、基準期間における課税売上高には含まれない。

(2) 国外移送

非課税資産を輸出した場合と同様に、国外における資産の譲渡等又は自己の使用のために資産を輸出した場合にも、輸出取引等に該当するものとみなす旨が定められている（消法31②）。

【図　国外移送と国外での資産の譲渡】

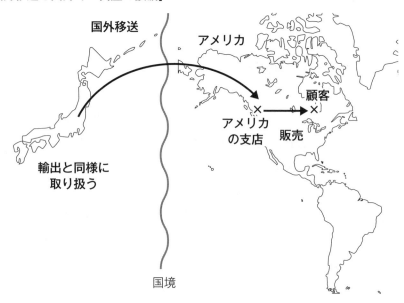

国外における資産の譲渡等とは、例えばアメリカにある資産をアメリカの会社に販売する場合が考えられる。このとき、アメリカで購入した資産を販

第6章　輸出およびリバースチャージ

売するのであれば、日本の消費税とは何の関係もないわけだが、日本からアメリカの支店に移送した後、アメリカの支店が販売したとすると、輸出取引に準じて国境税額調整を行う必要があることになる。

　そこで、国外における資産の譲渡等のために資産を移送した場合にも、課税資産の譲渡等とみなして仕入税額控除の規定を適用する旨が規定されているのである。この点は、自己の使用のために資産を移送した場合の取扱いも同じである。

　国外に支店や営業所を持つ企業、あるいは国外の取引先と輸出、輸入取引が頻繁に行われる企業にあっては、自己使用資産の移送等が行われている可能性があるため、本項の取扱いを忘れないように留意されたい。

6　課税仕入れの用途区分

　仕入税額控除に関するＱ＆Ａ具体的事例編 [4] の問2−2には、国外の建設工事に使用する原材料等を国内で課税仕入れした場合の用途区分は、課税対応である旨が示されており、同様に通達にも、国外で行う資産の譲渡等のための課税仕入れは、課税対応である旨が示されている（消基通11−2−13）。

　この取扱いの根拠の一つとして、5−(2)で示した、国外における資産の譲渡等又は自己の使用のために資産を輸出した場合には、輸出取引等に該当するものとみなすと定められていることが挙げられる。

　国外での資産の譲渡等に要する課税仕入れが課税対応になることについては、もう一つ根拠がある。それは、課税資産の譲渡等の定義との関係である。正確な定義を検討するため、該当する条文を引用する。

---

(4)　「『95％ルール』の適用要件の見直しを踏まえた仕入控除税額の計算方法等に関するＱ＆Ａ〔Ⅱ〕【具体的事例編】」平成24年3月国税庁消費税室。

> **【消費税法2条1項9号】（定義）**
> 課税資産の譲渡等　資産の譲渡等のうち、第6条第1項の規定により消費税を課さないこととされるもの以外のものをいう。
>
> **【同　8号】**
> 資産の譲渡等　事業として対価を得て行われる資産の譲渡及び貸付け並びに役務の提供をいう。
>
> **【消費税法6条1項】（非課税）**
> 国内において行われる資産の譲渡等のうち、別表第1に掲げるものには、消費税を課さない。

　資産の譲渡等とは、国内および国外の取引を含む概念であるが、非課税とされるものは、国内取引に限定されていることがわかる。ここで、課税資産の譲渡等とは、資産の譲渡等のうち非課税ではないものと定義づけられていることから、課税資産の譲渡等には、国外で行われるものはすべてが含まれることになるのである。

第6章　輸出およびリバースチャージ

【図　国内取引・国外取引と課税資産の譲渡等】

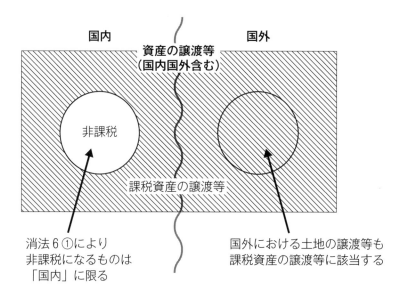

　だとすると、国外で行われる土地の譲渡や貸付けも、課税資産の譲渡等に該当することになる。そこで、仕入税額控除に関するQ&A具体的事例編の問2-1には、国外に所有する土地を売却するために、国内の弁護士に対して支払ったコンサルティング料は、課税対応である旨が示されている。

　以上より、輸出および国外取引に対応する課税仕入れの用途区分について整理すると、輸出される課税資産、非課税資産の輸出とされるもの、国外に移送されるもの、国外取引とされるもの、に要する課税仕入れはすべて、課税対応ということになる。

Ⅲ　輸出されたことを証する書類

1　輸出免税の要件

輸出免税の適用を受けるためには、要件として、その課税資産の譲渡等が輸出免税に該当するものであることについて、証明するように求められている（消法7②）。

輸出に関する手続きは大きく2つに分かれる。通常の手続きは、税関長の輸出の許可を受けて行われるが、取引価格が20万円以下の郵便物として輸出されるものについては、関税法上の簡易手続によって輸出することが認められる。保存すべき書類は、通常の手続きと簡易手続で異なるのは当然のことである。

輸出されたことを証する書類をめぐって、最近、興味深い裁決が公表されたので、ここに紹介する。

本件は、取引価格が20万円を超えているのに、偽って簡易手続に拠って輸出した事例であり、争点は、輸出されたことを証する書類として、通常の輸出手続における書類が必要であるか、簡易手続における書類でよいかである。

2　偽って簡易手続によって輸出した事例 [5]

(1)　事案の概要

本事例におけるXは、外国にある取引先から注文を受けて、日本国内で化粧品や健康食品を仕入れ、輸出する個人事業者である。Xは、20万円を超える商品を郵便物として輸出する際に、郵便発送伝票に、取引先の要望に応じて、商品の合計額として20万円以下の金額を記載することにより、関税法67条の輸出申告をせず、関税法76条1項の規定による「郵便物の輸出入の簡易

---

(5)　平成29年9月15日裁決、裁決事例集 No.108。TAINS コード J108-4-11。

258

第6章　輸出およびリバースチャージ

手続」によって輸出していた。

　Xは郵便発送伝票の控えとともに、商品名、数量、現実の取引価格などが記載された書類を保存しており、消費税等の確定申告にあたっては、当該取引が輸出免税に該当し消費税等が免除されるものとして申告した。

　これに対して所轄税務署長は、Xが輸出免税とした取引の中に、価格が20万円を超えていながら、輸出許可を証する書類の保存がないものがあるとして、その取引に係る消費税等は免除されないとした。

(2)　審判所の判断

　審判所は次のように示して、請求を却下する裁決をした。

　「簡易郵便物として資産を輸出した場合に当たるか否かは、当該郵便物が現実に簡易郵便物として扱われたか否かにかかわらず、当該郵便物が簡易郵便物に該当するか否かにより判断すべきである。なぜなら、簡易郵便物として資産を輸出した場合に当たるか否かについて、仮に、当該郵便物が簡易郵便物に該当するか否かにかかわらず、当該郵便物が現実に簡易郵便物として扱われたか否かにより判断するとすれば、郵便物の現実の取引価格が20万円を超えるにもかかわらず、その価格が20万円以下であると偽り、簡易郵便物として扱わせて輸出申告をしないということを是認することにつながり、同号や関税法第67条等による規制の趣旨を没却し、相当ではないからである。

　以上によれば、郵便物として資産を輸出した場合、当該郵便物の現実の取引価格が20万円を超えるならば、簡易郵便物として資産を輸出したことには該当せず、当該郵便物に係る輸出許可書等の一定期間の保存がない限り、当該郵便物の輸出取引について輸出免税規定は適用されないものと解される。」

3 検討

⑴ クリーンハンドの原則

税法に限らず、法全般の解釈に適用される原則の一つに、「クリーンハンドの原則」が挙げられる。クリーンハンドの原則とは、イギリス法に起源を持ち、「自ら法を尊重する者だけが法の尊重を要求することができる」というものである[6]。

すなわち、裁判に訴えるなど、法の定める手続きにより救済を求めようとする者は、自らが法を順守していなくてはならないという原則であり、逆に言えば、法に反している者は法の救済を求めることはできないということである。

本事例におけるXは、内容品の価格を20万円以下であると偽ることにより、簡易手続によって輸出を行っていたが、消費税の確定申告においては、20万円を超える資産を輸出したものとして、輸出免税の適用を受けようとしたものである。このXの行為は、クリーンハンドの原則により請求が認められない典型的な場面に該当する。したがって、審判所が、Xの請求を認めると、価格を20万円以下と偽って輸出申告しないことを是認することにつながる、と示しているのも当然である。

⑵ 保存すべき書類は法定されている

これに対しては、「輸出をしたことは事実であり、輸出をしたことを証する書類の保存はあるのだから、輸出免税の適用はあるのではないか」との反論が考えられるところである。

しかしながら、消費税法においては、輸出免税の要件として保存すべき書類は厳密に法定されており、Xが保存していた書類では、要件を満たさないのである。次に、輸出免税において保存すべき書類についての規定を抜粋し

---

(6) 四宮和夫『民法総則〔第4版補正版〕』33頁（弘文堂1996）。

て掲げる（下線部筆者）。

【消費税法施行規則5条】《輸出取引等の証明》（抜粋）

一　法第7条第1項第1号に掲げる輸出として行われる資産の譲渡又は貸付けである場合（次号に掲げる場合を除く。）　①当該資産の輸出に係る税関長から交付を受ける輸出の許可（関税法第67条に規定する輸出の許可をいう。）若しくは積込みの承認があつたことを証する書類又は当該資産の輸出の事実を当該税関長が証明した書類で、次に掲げる事項が記載されたもの

　イ　当該資産を輸出した事業者の氏名又は名称及び住所若しくは居所又は事務所等の所在地（以下この条において「住所等」という。）

　ロ　当該資産の輸出の年月日

　ハ　当該資産の品名並びに品名ごとの数量及び価額

　ニ　当該資産の仕向地

二　法第7条第1項第1号に掲げる輸出として行われる資産の譲渡又は貸付けで郵便物（②関税法第76条第1項に規定する郵便物に限る。）として当該資産を輸出した場合　当該輸出した事業者が前号ロ及びハに掲げる事項並びに当該郵便物の受取人の氏名若しくは名称及び住所等を記載した帳簿又は当該郵便物の受取人から交付を受けた物品受領書その他の書類で同号イ及びハに掲げる事項並びに当該郵便物の受取人の氏名若しくは名称及び住所等並びに当該郵便物の受取りの年月日が記載されているもの

　すなわち、消費税法施行規則5条1項は、通常の輸出手続きによる場合の書類を1号において、郵便物の簡易手続による場合を2号において規定しているのである。ここでは、輸出があったことを証するなどといった曖昧な規

定ではなく、関税法何条に規定する何々という形式で、内容が明確になるよう規定されている点に注意が必要である。

　Xが輸出した資産は、偽って20万円以下と記載したものの、実質は20万円超の取引価格である資産である。したがって、下線部②の「関税法第76条第1項に規定する郵便物」には該当しない。だとすると、保存すべき書類は、下線部①の、税関長から交付を受ける輸出の許可があったことを証する書類か、輸出の事実を税関長が証明した書類のどちらかということになるが、どちらも税関長が交付、証明したものに限定されている。Xが保存していた書類は税関長が証明したものではないから、要件を満たさないということになる。

(3)　小括

　本事例においてXは、取引の相手方の要望によって偽りの価格を書いたものである。悪しき慣習であるが、輸出時における手続の簡素化のためのみならず、輸入時に相手方において関税や消費税等を脱税するために、真実の価格より低い価格を書類に記載するよう求めることが、輸出入の現場では行われている。しかしながら、輸出免税の適用においては、このような不正行為は、クリーンハンドの原則によって保護されないため、注意が必要である。

　また、本項で検討した通り、輸出免税を受けるための要件は厳しく、輸出があったことを証する書類程度の認識では危険である。この機会に、輸出免税の適用要件を再確認されたい。

4　商社経由・名義貸しの場合

　なお、書類の保存について、筆者の下によく寄せられる質問があるので、この場を借りて説明しておきたい。それは、商社経由や名義貸しの場合の取扱いである。

第6章　輸出およびリバースチャージ

　消費税法、租税特別措置法等の規定によると、免税の規定の適用が受けられるのは、輸出申告をする名義人に限られるのが原則である。この点、第三者を介して輸出をした場合において、輸出証明書が交付されていないとして輸出免税が認められなかった事例がある[7]。

　しかしながら輸出の世界においては、書類に輸出者として表示されている者が単なる名義人であって、別の者が実際の輸出者である場合がよくある。これは違法な取引にのみ見受けられるものではなく、例えば商社経由で取引する場合や、名義貸しのような場合において普通にみられる取引である。

　このような場合には、次ページの図に掲げた「消費税輸出免税不適用連絡一覧表」を使用することにより、実際の輸出者が輸出免税の適用受けることができるようになる[8]。具体的には次のように手続きを行う。

> ①　実際の輸出者…「消費税輸出免税不適用連絡一覧表」を作成し、名義人に交付する。また、輸出申告書等の原本を保存することにより、輸出免税の適用が受けられる。
>
> ②　名義人…確定申告の際に、実際の輸出者から交付された「消費税輸出免税不適用連絡一覧表」の写しを所轄税務署長に対して提出する。輸出免税の適用は受けられない。

---

(7)　平成7年7月3日裁決、裁決事例集 No.50、TAINS コード J50-5-18。
(8)　この様式は国税庁 HP で入手ができる。（ホーム／法令等／質疑応答事例／消費税／輸出取引に係る輸出免税の適用者）。

【図】

（別紙様式）

消費税輸出免税不適用連絡一覧表

（宛　先）　　　　　　　　　　　　　　　日付：＿＿＿＿＿＿＿＿＿＿

＿＿＿＿＿＿＿＿＿＿＿

下記の輸出取引については当社が消費税法第7条（輸出免税等）の適用を受ける
こととなるので、貴社にはその適用がないことを連絡します。

輸出免税適用者名

（取引責任者名＿＿＿＿＿＿＿印）

記

No.	海　外　客　先	取引年月日	輸　出　金　額	Invoice No.
1				
2				
3				
4				
5				
6				
⋮				

第6章　輸出およびリバースチャージ

Ⅳ　非居住者に対する役務の提供

1　輸出類似取引に関する規定

　輸出免税の対象は、物を輸出することには限られておらず、「輸出取引に類するもの」も対象となる旨が規定されている（消法7①五）。このような取引は、「輸出類似取引」と呼ばれ、詳細は施行令に委任されている。非居住者に対する役務の提供もその一つである。

【消費税法施行令17条 2 項 7 号】（輸出取引等の範囲）

非居住者に対して行われる役務の提供で次に掲げるもの以外のもの

　　イ　国内に所在する資産に係る運送又は保管

　　ロ　国内における飲食又は宿泊

　　ハ　イ及びロに掲げるものに準ずるもので、国内において直接便益を享受するもの

　非居住者に対する役務の提供のうち輸出免税の対象となるものに関する施行令の規定は、対象を直接規定する方法ではなく、除かれるものを示して、それ以外のものが対象という規定の形式である。ここで重要なのはハで、非居住者に対する役務の提供であっても、「国内において直接便益を享受するもの」は、輸出免税の対象とはならない旨が示されている。

　このほか、輸出免税の対象とならない取引について、基本通達に例が示されている。

【消費税法基本通達7－2－16】

　消費税法施行令17条2項7号において輸出免税の対象となるものから除かれる非居住者に対する役務の提供には、例えば、次のものが該当する。

(1)　国内に所在する資産に係る運送や保管

(2)　国内に所在する不動産の管理や修理

(3)　建物の建築請負

(4)　電車、バス、タクシー等による旅客の輸送

(5)　国内における飲食又は宿泊

(6)　理容又は美容

(7)　医療又は療養

(8)　劇場、映画館等の興行場における観劇等の役務の提供

(9)　国内間の電話、郵便又は信書便

(10)　日本語学校等における語学教育等に係る役務の提供

2　非居住者の範囲

　なお、消費税法における非居住者の取扱いは、所得税の規定と異なる点があるので、注意が必要である。

　消費税法において非居住者とは、「外国為替及び外国貿易法第6条第1項第6号に規定する非居住者をいう」と規定されている（消令1②二）。外為法では、本邦内に住所または居所を有する自然人及び本邦内に主たる事務所を有する法人を居住者とし、外国法人等の本邦内の支店、出張所その他の事務所を居住者とみなすこととされているので、これらに該当しない自然人及び法人等が非居住者ということになる。

　ここで自然人については、本邦での滞在期間が6月以上か否かで居住性の判断をすることとされているため、外国旅券を所有し、指定された残留期間内にある外国人であっても、本邦内の滞在期間が6月以上となった者は、居

266

第6章　輸出およびリバースチャージ

住者として取扱われることになる。

　これに対し、所得税法では、住所または1年以上居所を有する個人を居住者とし、居住者以外の個人を非居住者としているため、その範囲は異なっている[9]。

3　パッケージツアー等の注意点

　非居住者に対する役務の提供が輸出免税の対象となるかどうかを争った事例は多く、特にパッケージツアーに関する事例が見受けられる。

　ここで、裁決で争われた事例を検討する[10]。本件は、旅行業を営むXが、海外旅行者向けの訪日旅行を主催する海外の旅行会社に対し、この訪日旅行のうち国内旅行部分をパッケージツアーとして提供したものであるが、課税庁より輸出免税に該当しないとされた事案である。

　本件におけるXは、この契約は、訪日旅行に参加した旅行者が国内で飲食、宿泊、輸送等の各種サービスを受けられるという地位を設定する包括的な役務提供契約であって、本件取引に係る対価の額には、飲食、宿泊、輸送等の対価の額は含まれていないと主張した。

　これに対して審判所は、旅行者が各種サービスを受けることは、Xが本件海外旅行会社に対して役務を提供することと評価するのが適当であり、本件海外旅行会社が国内において直接享受していると評価されるとして、本件取引に係る対価の額のうち、飲食、宿泊、輸送等の対価の額は、輸出免税に該当しないと裁決した。

　本事例のように、海外の旅行業者に対して国内パッケージツアーを販売することは、海外の旅行業者に対して直接、飲食や宿泊等のサービスを提供し

---

(9)　黒田正雄『国際取引をめぐる消費税実務Q&A』清文社（2013.11）171頁
(10)　平成25年11月27日採決（裁決事例集 No.93）、TAINS コード J93-5-14。類似の事例として、平成23年6月14日裁決（裁決事例集 No.83）TAINS コード J83-6-27がある。

267

たわけではなく、パッケージツアーという包括的な役務を提供したのであるから、輸出免税に該当するというＸの主張も、理解できるところではある。

　しかしながら、本事例では、海外の旅行会社が手配した海外旅行者に対して、国内で飲食、宿泊等を提供することが、Ｘにおける契約義務の履行と考えられ、また、海外旅行者は、海外の旅行会社の代理人として、役務の提供を享受したと解釈するのが適当と思われる。審判所が、海外旅行会社が宿泊飲食等のサービスを「直接享受していると評価できる」と示したのは、このような見解に基づくものと思われる。

　このほか、外国法人の従業員に対して、国内でセミナーを開催した事例について、当該外国法人が国内において直接便益を享受する場合にあたり輸出免税には該当しないとした裁決もある(11)。

　役務の提供者の側からすると、取引先は海外の旅行業者や外国法人であって、これらの者に直接、飲食や宿泊の役務を提供したわけではないことから、非居住者に対する役務の提供として、輸出免税の適用があるものと考えたくなる。しかしながら、このような取引が輸出免税に該当しないとされた事例はいくつもあるため、改めて輸出免税の適用について、検討する必要があると思われる。

---

(11)　平成15年4月24日裁決（裁決事例集 No.65）、TAINS コード J65-5-53。

268

第6章　輸出およびリバースチャージ

Ⅴ　国境を越えた役務の提供とリバースチャージ

1　平成27年度税制改正

　国境を越えた役務の提供に対して、平成27年度の税制改正では、リバース
チャージの創設を含め、いくつかの改正がなされている。なお、これらの改
正は、平成27年10月１日以後に行われる資産の譲渡等および課税仕入れに対
して適用されている。

　本節では、改正の対象である、国境を越えた役務の提供と消費税について
解説するが、この分野では、なじみのない用語が多く、わかりにくいことか
ら、制度そのものを大づかみに理解することを目指し、できるだけ平易な言
葉で解説することにする。厳密な用語の使い方とは異なる部分があるが、ご
了承いただきたい。

　なお、国境を越えた役務の提供と消費税については、平成27年５月に国税
庁からＱ＆Ａが公表されているので、参考にされたい[12]。

2　電気通信利用役務の提供と課税

⑴　平成27年改正前の問題点

　電気通信利用役務の提供とは、電子書籍、音楽、広告の配信など、インタ
ーネットを利用して行われる役務の提供をいう。

---

[12]　「国境を越えた役務の提供に係る消費税の課税に関するＱ＆Ａ」（平成27年５月）
　　国税庁消費税室。

269

【図　国境を越える電気通信を利用した役務の提供】

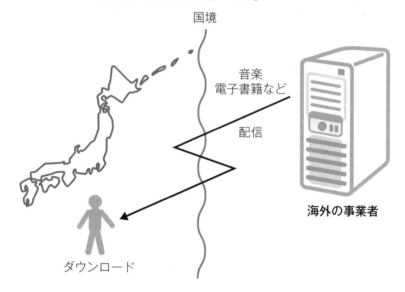

　平成27年度の税制改正の前にあっては、このようにインターネットを利用して行われる、電子書籍や音楽の配信について、国内取引か国外取引かの内外判定は、配信を行う事業者の所在地で判定していた。具体的には、サーバーがどこにあるかで判断していたのである。
　そうすると、同じ電子書籍でも、国外の事業者から購入した場合には、国外の取引として消費税がかからないが、国内の事業者から購入した場合には消費税がかかるという問題が生じることになる。

(2)　内外判定基準の変更
　平成27年度の税制改正では、この問題への対策として、電気通信利用役務の提供が国内で行われたか、それとも国外で行われたかの判定基準が変更された。
　電子書籍や音楽の配信などの、電気通信利用役務の提供について、国外の

事業者から購入した場合には消費税がかからず、国内の事業者から購入した場合には消費税がかかるという問題は、国外の事業者から購入した場合には、国外取引に該当するために消費税の課税対象外になるという点に原因がある。

そこで、電気通信利用役務の提供について、取引が国内で行われたか、国外で行われたかの判定、すなわち内外判定について、それまでの、配信する者の所在地から、「役務の提供を受ける者の住所地等」がどこにあるかによって判定する旨の改正が行われた。

【図　電気通信利用役務の提供に関する内外判定の変更】

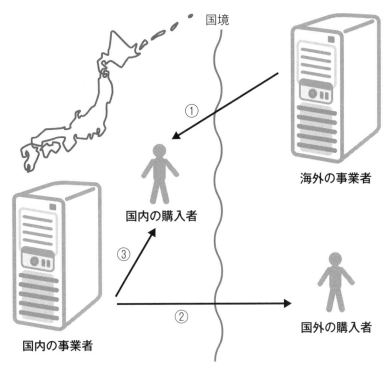

図の①の取引は、電子書籍等の提供者は国外で、購入者が国内にいる場合である。改正前は提供者の所在により、国外取引とされていたが、改正後は

購入者の所在で判定するため、国内取引に該当して消費税の課税対象となる。逆に②の取引は、国内の事業者が国外の購入者に提供する場合であるが、改正後はこのような取引は国外取引として課税の対象外になる。③は提供者も購入者も国内にいる場合であるが、この場合は国内取引であって、改正後も変更はない。

これを整理すると表のようになるが、②は消費税の課税対象外なので問題はなく、③については国内取引に変更はないので問題はない。問題となるのは①の、国外の事業者が国内の購入者に提供する場合である。

【表　改正の前後における取引の比較】

	電子書籍等の提供者の所在	購入者の所在	改正前	改正後
①	国外	国内	国外取引	国内取引（課税）
②	国内	国外	国内取引	国外取引（課税なし）
③	国内	国内	国内取引（変更なし）	

(3)　電気通信利用役務の提供に対する課税方法

①　事業者向けと消費者向けで異なる取扱い

電気通信利用役務の提供のうち、国外の事業者が国内の購入者に対して行うものは、平成27年改正前は国外取引であったが、改正後は国内取引となり課税対象となった。この場合の消費税の取扱いは、事業者向けの電気通信利用役務の提供と、消費者向けとで、異なることとなった。

すなわち、電気通信利用役務の提供のうち、事業者向けのものにはリバースチャージが創設され、消費者向けについては、提供する相手方が登録国外事業者である場合には仕入税額控除の対象とするが、登録国外事業者

でない場合には、仕入税額控除の対象とはしないということである。

【図　事業者向けと消費者向けで異なる取扱い】

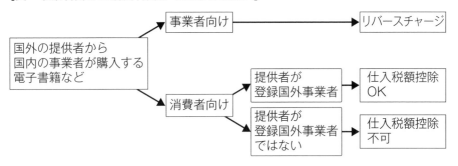

②　事業者向け・リバースチャージ

　電気通信利用役務の提供のうち、事業者向けのものについては、リバースチャージが導入された。ここで、事業者向けとは、役務の性質や取引条件等から購入者が通常事業者に限られるものとされており、インターネットを利用した広告や、ネットショッピングの出店者に対して販売場所を提供するサービス等が該当する。

　リバースチャージを直訳すると「逆に課する」という意味になるが、本来なら販売した事業者が申告納付すべきものを、購入者の側で申告納付させようというものである。購入者の側で申告納付させるためには、購入者が消費税の課税事業者である必要がある。そこで、購入者が事業者の場合に限って、リバースチャージを導入することとしたわけである。

　リバースチャージの具体的な取扱いを説明するにあたって、例として、国外の事業者に100万円のインターネット広告を依頼する場合を取り上げる。平成27年改正前は、このような取引は国外取引であったため、消費税の対象外であった。

【図　国外の事業者に広告を依頼した場合のリバースチャージ】

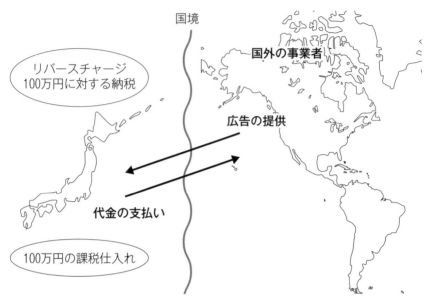

　それが、平成27年改正後はリバースチャージとして、100万円に対する消費税を、広告を依頼した国内の事業者の側で申告納付することになったわけである。

　ここで、一つの疑問が生ずる。「広告を依頼した国内の事業者の側では、課税仕入れとして仕入税額控除ができるのではないか？」その通り、同時に課税仕入れも認められるのである。

　一方では、リバースチャージとして、本来国外の事業者が納税すべき売上に係る消費税を納める義務があるが、もう一方では、課税仕入れとして仕入税額控除も認められる。もしここで、この課税仕入れが課税対応であるか、この事業者が本則課税で申告し課税売上割合が100％である場合には、リバースチャージにより納めるべき消費税額と控除できる仕入税額は同額であり、納税額に変化はないということになる。

　そこで、事業者向け電気通信利用役務の提供があった場合でも、課税売

第 6 章　輸出およびリバースチャージ

上割合が95％以上である場合、または簡易課税を適用している場合には、当分の間、リバースチャージによる申告は不要とする経過措置が設けられた。これにより、リバースチャージに対する税理士の関心は一気に低くなったのである。

③　消費者向け・登録国外事業者制度の創設

消費者向けの電気通信利用役務の提供に関しては、「登録国外事業者制度」というものが創設された。登録国外事業者とは、日本国内にいる者に対して、消費者向け電気通信利用役務の提供を行う国外の事業者であって、国税庁長官の登録を受けた事業者のことをいう。

平成27年改正によって、国外の事業者から国内の者に対する電気通信利用役務の提供が課税になった。消費者向けの電気通信利用役務の提供にはリバースチャージが適用されないため、本来であれば、役務の提供をする国外の事業者の側で申告納付しなくてはならないが、国外の事業者が確実に申告納付するとは限らない。そこで、消費者向けの電気通信利用役務の提供を行う国外の事業者については、国税庁長官に申請して、登録を求めるようにしたものである。

登録国外事業者として登録した者は、日本の消費税を納付している。したがって、登録国外事業者から受けた電子通信利用役務については、課税仕入れを行った国内の消費者は、仕入税額控除を受けることができる。しかし、登録国外事業者でない者から受けた消費者向け電気通信利用役務の提供の場合には、仕入税額控除の対象にはならないこととされた。

登録国外事業者の氏名又は名称、登録番号等は、国税庁ホームページで公表される。したがって、消費者向け電気通信利用役務の提供を受けた場合には、国税庁ホームページをチェックして、仕入税額控除の対象となる登録国外事業者か、それ以外の事業者かを確認する必要があることになる。

275

なお、登録国外事業者は本書の執筆時点である平成30年8月末において、83社しか登録されていない。

3 国外事業者が行う芸能・スポーツ等の役務の提供

(1) 問題の所在

外国人の俳優、スポーツ選手、歌手等が日本に来て、映画に出演してギャラをもらうとか、コンサートを開いて出演料を得た場合、これらの取引は課税対象であり、外国人でも日本の消費税の納税義務を負う。しかしながら、申告納税しないまま帰国するケース等があり、会計検査院から、適正に課税がなされていないと指摘がなされた[13]。

逆に、これら外国人の芸能人等に出演料等を支払う事業者においては、課税仕入れとして仕入税額控除の対象にすることができるという「納税なき控除」の問題があった。そこで、平成27年度の税制改正では、このような取引にも、リバースチャージを適用することになったのである。なお、この改正は、平成28年4月1日以後に行われる芸能人等への支払いから適用されている。

(2) 特定役務の提供

平成27年度改正で新設されたリバースチャージの対象になるものは二つあり、一つは事業者向け電気通信利用役務の提供であるが、もう一つは、ここで問題となっている、国外事業者が行う芸能・スポーツ等の役務の提供である。これを「特定役務の提供」という。

特定役務の提供とは、「国外事業者が行う、映画若しくは演劇の俳優、音

---

[13] 会計検査院『平成25年度決算検査報告（第3章第1節第7財務省）「消費税の申告審理等において国内で人的役務の提供等を行った非居住者に係る報酬等支払調書を活用することなどにより、消費税の納税義務のある非居住者を的確に把握して課税を行うよう改善させたもの」』177～181頁

楽家その他の芸能人又は職業運動家の役務の提供を主たる内容とする事業として行う役務の提供のうち、当該国外事業者が他の事業者に対して行うもの」をいう。ただし、不特定かつ多数の者に対して行う役務の提供は除かれる。

なお、リバースチャージの対象となる、事業者向け電気通信利用役務の提供と、特定役務の提供の二つを合わせて、「特定課税仕入れ」と呼ぶ。課税仕入れなのに税が課される取引なので、「特定」課税仕入れなのである。

(3) リバースチャージ

特定役務の提供に対して導入されるリバースチャージも、事業者向け電気通信利用設備に対するリバースチャージと同じである。すなわち、本来、外国人の芸能人等が納めるべきであった消費税をリバースチャージによって納めるようになる代わり、これらの者に支払う課税仕入れも仕入税額控除の対象になるということである。したがって、課税売上割合が95％以上である場合や簡易課税を適用している場合に、当分の間、リバースチャージによる申告が不要という点も同じである[14]。

しかし、相違点もある。事業者向け電気通信利用役務の提供は、平成27年度の税制改正前も仕入税額控除の対象ではなかったが、特定役務については仕入税額控除の対象とされていたという点である。

事業者向け電気通信利用役務の提供は、改正前は国外取引であったため、仕入税額控除の対象ではなかった。それが改正後はリバースチャージの対象となったが、課税売上割合が95％以上の事業者においては、リバースチャージにより納付すべき税額と仕入控除税額が相殺されるため、事業者が負担す

---

(14) リバースチャージが適用される取引を行う事業者が、本則課税で課税売上割合が95％未満の場合は、リバースチャージに関する事項も含めて申告が必要になる。この点については、濱田正義編著『クロスボーダー取引に係る消費税の実務と留意点』（2017大蔵財務協会）33頁以下に詳しい。

べき税額としては変わらない。

　ところが、特定役務の提供においては、改正前は仕入税額控除の対象となっていたのである。改正後、課税売上割合が95％以上である事業者はリバースチャージに関する申告は不要であるが、特定役務の提供については仕入税額控除ができなくなることになる。結果として、特定役務の提供については、課税仕入れ側の税負担は増加することになるので、注意が必要である。

第6章　輸出およびリバースチャージ

Ⅵ　インボイスの影響

　輸出免税については、免税すなわちゼロ税率の問題であるため、軽減税率が問題になることはない。ちなみに、輸入については、飲食料品を輸入した場合に軽減税率が適用になる旨がＱ＆Ａに示されている（軽減税率Ｑ＆Ａ個別編問35）。

　インボイスについてであるが、輸出免税は国外の事業者に対する売上の問題であり、国外の事業者が仕入税額控除を受けるために、インボイス（適格請求書等）の発行を求めるとは考えにくいため、インボイス制度の導入による影響もほとんどないと思われる。

　電気通信利用役務の提供については、インボイス制度式が導入されると、登録国外事業者制度は廃止されるのである。登録国外事業者制度は、利用の場面が消費者向け電気通信利用役務の提供を行う場合に限られているものの、登録国外事業者からの課税仕入れしか仕入税額控除の対象にならないというものである。この点、インボイス制度において、登録した者からの課税仕入れしか仕入税額控除の対象とならないこととよく似ている。もし、インボイス制度の導入後に、登録国外事業者制度が併存していると、消費者向け電気通信利用役務について仕入税額控除を受けるためには、インボイス発行事業者であり国外登録事業者からの課税仕入れである必要が生ずることになる。そこで、登録国外事業者制度は廃止されることになったのである。

　これには経過措置が設けられており、平成35年（2023年）9月1日において登録国外事業者である者であって、登録取消届出書を提出していない者は、適格請求書発行事業者の登録を受けた者とみなすという規定である。したがって、インボイス制度の導入時点において、登録国外事業者である者は、インボイスを発行することができるわけである。

279

> **コラム06**

民泊の取扱い

1 情報の公表

　民泊とは、明確な定義はないが、住宅の空き部屋等を旅行者等に宿泊させるサービスを提供することをいう。少子高齢化を背景に増加している空き家を、有効に活用したいという貸主側の事情と、急増している訪日外国人観光客の宿泊ニーズが、インターネット等を通じてマッチングすることが可能になったため、最近急速に増加しているものである。

　民泊について規定している「住宅宿泊事業法」が平成30年6月15日から施行されたことに伴い、国税庁は6月13日に、「住宅宿泊事業法に規定する住宅宿泊事業により生じる所得の課税関係等について（情報）」を公表した。

2 所得税の取扱い

　所得税法における民泊の取扱いについて、この情報では、原則として雑所得に区分される旨が示されている。その理由は、民泊は宿泊サービスの提供であるから不動産所得には該当しないことと、民泊に利用できる家屋は、現に生活の本拠として使用されている家屋等に限り、宿泊日数も年180日以下に制限されていることから、事業所得に該当するとは考えにくいことが挙げられている。

3 消費税の取扱い

　消費税における民泊の取扱いは、ホテルや旅館における宿泊サービスの提供と同様に、課税対象である旨が示されている（問7）。ここでは、

第6章　輸出およびリバースチャージ

消費税の課税対象は、事業者が事業として行った資産の譲渡等に限られるはずであるが、所得税において事業所得に該当しないものが、消費税の課税対象になるのかという疑問がある。

これに対しては、そもそも消費税における事業の概念が、所得税における事業の概念より広いからだと説明されている。消費税における「事業として」とは、「対価を得て行われる資産の譲渡等が反復、継続、独立して行われることをいう」と通達に示されているが（消基通5－1－1）、ここでは規模についての言及がないことから、消費税においては反復継続していれば、規模は問わないものと解されている[1]。これに対し、所得税における事業の概念は、ある程度の規模が判断基準に入っているようである[2]。

規模が小さくても課税対象になるという問題があるが、消費税には免税点制度が設けられていることから、バランスがとれていると言えよう。

4　注意点

この情報において特筆すべきは、ウェブサイト等での広告費について、電気通信利用役務の提供になるので、ケースによってはリバースチャージが適用になると注意喚起がなされている点である。（☞ **電気通信利用役務の提供とリバースチャージについては269頁参照**）。

電気通信利用役務の提供であっても、国内の事業者への支払いであれば、課税仕入れとして仕入税額控除の対象になる点に問題はない。

問題は、国外事業者への支払いである。ウェブサイトでの広告宣伝は、事業者向け電気通信利用役務の提供に該当するため、リバースチャージ

---

[1]　同旨の判決として、平成15年11月26日名古屋高裁判決（税資253号9473、TAINSコード Z253-9473）が挙げられる。

[2]　山本守之「課税対象取引と課税対象外取引」日税研論集30号130頁。

の対象となるのである。このとき、広告を依頼した事業者がどのように申告しているかによって、さらに次のように分けられる。

① 簡易課税で申告している事業者、または、本則課税で申告していて課税売上割合が95％以上の事業者・・・リバースチャージとして申告する必要はないが、支払った広告費は仕入税額控除の対象にはならない

② 本則課税で申告していて課税売上割合が95％未満である事業者・・・支払った掲載料は仕入税額控除の対象となるが、同額をリバースチャージ方式で課税標準に含めて計算、申告する必要がある。

第7章

簡易課税の事業区分

Ⅰ　はじめに

　基準期間における課税売上高が5,000万円以下である中小事業者が、控除できる仕入税額を計算する際には、簡易課税制度を選択することができる。

　簡易課税制度による場合には、課税売上げを6種の事業区分に分けて集計し、事業区分ごとに定められているみなし仕入率を適用することによって計算することになる。したがって、簡易課税制度においては、課税売上を事業区分ごとに区分することが最も重要ということになる。

　なお、第5章で説明したように、個別対応方式を適用する場合に課税仕入れを、課税対応・非課税対応・共通対応に区分することを、用途区分といい、簡易課税制度を適用する場合に、課税売上を事業ごとに区分することを、事業区分という。

　このように重要な事業区分であるが、通達には、「おおむね日本標準産業分類の大分類に掲げる分類を基礎として判定する。」と示されている（消基通13－2－4）。ここで、「おおむね」とはどういうことであろうか。この通達は、日本標準産業分類に掲載されている分類に、従うべきと示しているだろうか、それとも、従わなくてもいい場合があると示しているのだろうか。

　本章では、事業区分についての規定を確認した後、歯科技工士が営む事業は、サービス業か製造業かを争った事件を題材に、事業区分をめぐる問題を検討することにする。事業区分をめぐる取扱いは、消費税法に規定されているものばかりではなく、施行令や通達、質疑応答事例等で示されている場合が多いため、租税法律主義との関係も問題になる。

　また事業区分は、軽減税率の影響を強く受ける事項でもある。この点について、平成30年に改正された事項があるので、軽減税率、インボイスをめぐる論点についても、検討したいと思う。

第7章　簡易課税の事業区分

Ⅱ　事業区分に関する規定の確認

1　概要

(1)　事業区分とみなし仕入率

　簡易課税制度における事業区分について、全体像を表で整理する。なお、事業区分の判定は、事業者全体で行うのではなく、個々の取引ごとに行う（消基通13－2－1）。

【表　事業区分の概要】

事業区分	みなし仕入率	事業の種類
第一種事業	90%	卸売業…性質および形状を変更せずに他の事業者へ販売する事業
第二種事業	80%	小売業…性質及び形状を変更せずに販売する事業で卸売業に該当しない事業
第三種事業	70%	農業、林業、漁業、鉱業、採石業、砂利採取業、建設業、製造業（製造小売業を含む）、電気・ガス・熱供給・水道業 ただし、加工賃等を対価とする役務の提供を除く
第四種事業	60%	第一種から第三種まで、および第五種、第六種事業以外の事業 飲食店業等
第五種事業	50%	情報通信業、運輸業、金融業、保険業、サービス業
第六種事業	40%	不動産業

285

⑵ 沿革

みなし仕入率は、消費税法の創設当初は、卸売業が90％でその他の事業は80％から始まったが、その後、何回も改正が入って現在の形になっている。改正の経緯をまとめると表のようになる。

【表　事業区分の改正経緯】

事業の種類	H元年創設当初	H3.4.1〜	H9.4.1〜	H.27.4.1〜
卸売業	卸売業の特例（90％）	第一種事業（90％）	変更なし	変更なし
小売業	一般（80％）	第二種（80％）	変更なし	変更なし
農林漁業、建設業、製造業等		第三種（70％）	変更なし	変更なし
その他、飲食店業		第四種（60％）	第四種（60％）	第四種（60％）
金融業、保険業				第五種（50％）
運輸業、サービス業		第五種（50％）	第五種（50％）	第六種（40％）
不動産業				

2　各種事業の詳細

それでは事業区分ごとに、該当する事業をみることにする。なお、第一種事業から順番になっていないのは、第四種事業がその他の事業なので最後に説明してあるからである。

286

第7章　簡易課税の事業区分

⑴　第一種事業（卸売業）

第一種事業は卸売業であり、みなし仕入率は90％である（消令57①一、同⑤一）。みなし仕入率が高いということは、納税額が少ないということであり、卸売業は他の事業に比べて利幅が少ない事業であると考えられているわけである。

第一種事業に該当する卸売業とは、「他の者から購入した商品をその性質及び形状を変更しないで他の事業者に対して販売する事業をいう」と定義づけられている（消令57⑥）。

他から購入した商品を事業者に販売すれば第一種事業に該当するわけであるから、購入者が業務に使用する商品を販売する事業や、主に業務用に使用される機械等を販売する事業も第一種事業に該当することになる。これを通称、「事業者卸」と呼んでいる。例として、プロパンガスの販売店が食堂や工場にプロパンガスを販売する場合や、農機具店が農家にトラクターを販売する場合などが挙げられる。

ここで問題になるのは、「性質や形状を変えない」の意義である。第一種事業に該当するものを、他者から購入した商品を全くそのままの形で販売する事業に限定したのでは、範囲が狭すぎるため、例えば次のような行為を施して販売する場合であっても、性質や形状を変えない場合に該当する旨が示されている（消基通13－2－2、タックスアンサー No.6517）。

【性質や形状を変えない場合に該当する行為の例】

①　他の者から購入した商品に、商標、ネーム等を貼付け又は表示する行為

②　運送の利便のために分解されている部品等を単に組み立てて販売する場合、例えば、組立て式の家具を組み立てて販売する場合のように仕入商品を組み立てる行為

③　2以上の仕入商品を箱詰めする等の方法により組み合わせて販売する場

287

合の当該組合せ行為

④　液状などの商品を小売販売店用の容器に収容する行為

⑤　ガラスその他の商品をほかの販売業者に販売するために裁断する行為

⑥　まぐろを小売店へ販売するために皮をはいだり、四つ割にする行為

(2)　第二種事業（小売業）

　第二種事業は小売業であり、みなし仕入率は80％である（消令57①二、同⑤二）。小売業についても「他の者から購入した商品をその性質及び形状を変更しないで販売する事業で卸売業に掲げる事業以外のものをいう」と定義されている（消令57⑥）。

　卸売業と小売業の違いは販売先のみであるが、小売業の定義において、「他の事業者に対して販売する事業以外のもの」とされていることから、販売先が事業者以外であることが明らかである場合のみならず、販売先が事業者かどうかはっきりしない場合も含まれる点に注意が必要である。例として、自動販売機による販売が挙げられる。販売先が事業者であれば第一種事業に該当する商品の販売であっても、販売先が事業者かどうかはっきりしない場合には、第二種事業になるわけである。逆に、卸売業として第一種事業に該当するためには、事業者に販売したことを、納品書や請求書等によって明らかにしておく必要がある。

　小売業においても、性質や形状を変えない場合についての取扱い（消基通13-2-2、☞ **287頁参照**）は同じであるが、専ら消費者に販売する店舗において軽微な加工をする場合であっても、その軽微な加工が一般的に行われると認められるもので、加工後の食品も同一の店舗で販売されている場合には、第二種事業と取り扱って差し支えないと明らかにされている（消基通13-2-3）。ここで軽微な加工とは、例えば、仕入商品を切る、刻む、つぶす、挽く、たれに漬け込む、混ぜ合わせる、こねる、乾かす行為等が含ま

288

第7章　簡易課税の事業区分

れるが、原則として、加熱する行為は性質および形状の変更に該当すること
となるとされている[1]。

　軽微な加工についての取扱いは、消費税法基本通達13－2－3に示されて
いるものではあるが、具体的にどのような行為が軽微な加工に該当するかは、
国税庁の質疑応答等を参考にしないとわからないという問題がある。また、
同通達は、食料品を消費者に販売する店舗のみを対象にして記述されている
が、切る、刻む、つぶす等の行為は、食料品以外の販売業者も行うことであ
るし、小売業のみならず卸売業においても行われることであるから、当該通
達は食料品小売以外の小売業者や、卸売業者においても適用可能と思うが、
いかがだろうか[2]。

(3)　第三種事業（農林水産業、建設業、製造業等）

　第三種事業は、次に掲げる通り業種のみが限定列挙されている（消令57⑤
三）。

消費税法施行令57条5項3号

　第三種事業　次に掲げる事業（前2号に掲げる事業に該当するもの及び加
工賃その他これに類する料金を対価とする役務の提供を行う事業を除く。）
をいう。

　　イ　農業

　　ロ　林業

　　ハ　漁業

　　ニ　鉱業

---

(1)　濱田正義編『消費税法基本通達逐条解説〔平成30年版〕』（2018大蔵財務協会）817頁。
(2)　同様の見解として、矢頭正浩『消費税の簡易課税実務がわかる本』（2017税務経理
　　協会）49頁。

ホ　建設業

　　ヘ　製造業（製造した棚卸資産を小売する事業を含む。）

　　ト　電気業、ガス業、熱供給業及び水道業

　ここで第三種事業から除かれている、加工賃その他これに類する料金を対価とする役務の提供を行う事業については、項を変えて述べる（☞ **297頁参照**）。

　当該施行令の規定では、業種が挙げられているだけで詳しい説明がないので、消費税法基本通達13－2－4を引用する。

【消費税法基本通達13－2－4】抜粋

　令第57条第5項第3号《事業の種類》の規定により第三種事業に該当することとされている農業、林業、漁業、鉱業、建設業、製造業（製造小売業（自己の製造した商品を直接消費者に販売する事業をいう。以下13－2－6及び13－2－8の2において同じ。）を含む。）、電気業、ガス業、熱供給業及び水道業（以下「製造業等」という。）…の範囲は、<u>おおむね日本標準産業分類（総務省）の大分類に掲げる分類を基礎として判定する</u>。

　なお、日本標準産業分類の大分類の区分では製造業等…に該当することとなる事業であっても、他の者から購入した商品をその性質及び形状を変更しないで販売する事業は、第一種事業又は第二種事業に該当するのであるから留意する。

　本章で問題とする「おおむね日本標準産業分類」によるという文言は、ここで示されているわけである。「おおむね」という興味深い論点については、項を改めて検討することにする（☞ **295頁以下を参照**）。

290

第7章　簡易課税の事業区分

　ここでは、通達において、製造業等に含まれるとされている事業について説明する。

【第三種事業に含まれる範囲】（消基通13－2－5、13－2－6）

①　製造問屋

②　建設工事の全部を下請に外注に出す場合の元請としての工事

③　天然水を採取して瓶詰等して人の飲用に販売する事業

④　新聞、書籍等の発行、出版を行う事業

⑤　製造小売業

---

　①の製造問屋とは、原材料を外注先に提供し、あらかじめ指示した条件に従って下請加工させて、完成品として販売する事業をいう。特注品の依頼を受けて、製造業者に製造させて販売する事業も、同様である。

　②は工事の丸投げであるが、これは「一括下請負」といって、建設業法では禁止されている。

　⑤は製造した商品を直接消費者に販売する事業で、洋服の仕立て小売業、菓子・パン・豆腐等の製造小売業、家具・建具・畳等の製造小売業等が該当する。

　ここに掲げた事業はすべて、日本標準産業分類では製造業や建設業には含まれない事業であるが、簡易課税制度の事業区分を判定する上では、第三種事業に該当するものとされている。

⑷　第五種事業（運輸業、通信業、サービス業）

　第五種事業も、業種が限定列挙されている。（消令57⑤四）。

消費税法施行令57条5項4号

　第五種事業　次に掲げる事業（前3号に掲げる事業に該当するものを除く。）をいう。

　　イ　運輸通信業

　　ロ　金融業及び保険業

　　ハ　サービス業（飲食店業に該当するものを除く。）

　金融業および保険業が第五種事業になったのは、平成27年4月1日からのことである。

　第五種事業についても、事業名が列挙されているのみであり具体的内容は通達に委ねられ、通達において、「おおむね日本標準産業分類による」こととされている。

【消費税法基本通達13−2−4】抜粋

…同項第4号の規定により第五種事業に該当することとされている運輸通信業、金融業、保険業及びサービス業（以下「サービス業等」という。）…の範囲は、おおむね日本標準産業分類（総務省）の大分類に掲げる分類を基礎として判定する。

この場合において、サービス業等とは、日本標準産業分類の大分類に掲げる次の産業をいうもの…をいう。

(1)　情報通信業

(2)　運輸業、郵便業

(3)　金融業、保険業

(4)　不動産業、物品賃貸業（不動産業に該当するものを除く。）

(5)　学術研究、専門・技術サービス業

(6)　宿泊業、飲食サービス業（飲食サービス業に該当するものを除く。）

第7章　簡易課税の事業区分

(7)　生活関連サービス業、娯楽業

(8)　教育、学習支援業

(9)　医療、福祉

(10)　複合サービス事業

(11)　サービス業（他に分類されないもの）

　実は当該通達は、第三種事業で挙げたものと同じ通達である。当該、消費税法基本通達13-2-4には、第三種事業、第五種事業、第六種事業に該当するものがまとめて挙げられているのである。したがって、第三種事業の項で述べた、なお書きの、日本標準産業分類においては製造業等に該当する事業でも、他の者から購入した商品をその性質および形状を変更しないで販売する事業は第一種事業又は第二種事業に該当するという取扱いは、サービス業にも当てはまる。

　なお、サービス業から除くこととされている飲食店業については、消費税法基本通達13-2-8の2に、「飲食のための設備を設けて、主として客の注文に応じその場所で飲食させる事業」と示されているが、これは日本標準産業分類においても同様に飲食サービス業とされている。

(5)　**第六種事業（不動産業）**

　第六種事業は、不動産業のみである。（消令57⑤五）。

消費税法施行令57条5項5号

　第六種事業　不動産業（前各号に掲げる事業に該当するものを除く。）をいう。

　なお、第六種事業が創設されたのも、平成27年4月1日からのことである。

293

第六種事業も、上述(3)、(4)と同じ、消費税法基本通達13－2－4において、「おおむね日本標準産業分類による」こととされている。

【消費税法基本通達13－2－4】抜粋

　…同項第5号の規定により第六種事業に該当することとされている不動産業の範囲は、おおむね日本標準産業分類（総務省）の大分類に掲げる分類を基礎として判定する。

　この場合において…不動産業とは、日本標準産業分類の大分類に掲げる「不動産業、物品賃貸業」のうち、不動産業に該当するものをいう。

(注)　例えば、建売住宅を販売する建売業のうち、自ら建築施工しないものは、日本標準産業分類の大分類では「不動産業、物品賃貸業」に該当するが、他の者が建築した住宅を購入してそのまま販売するものであるから、第一種事業又は第二種事業に該当し、また、自ら建築した住宅を販売するものは、第三種事業の建設業に該当することとなる。

　当該通達における、なお書きの取扱いも、(3)、(4)と同様である。この点、第六種事業については注書きが付されており、他の者から購入した住宅をその性質形状を変更せずに販売する事業は、標準産業分類では不動産業に該当するものの、簡易課税の事業区分においては、第一種事業又は第二種事業に該当し、自ら建築したものは建設業として第三種事業に該当する旨が示されている。

(6)　第四種事業（その他、飲食店業等）

　第四種事業は、その他の事業ということになる（消令57⑤六）。

消費税法施行令57条5項6号

　第四種事業　前各号に掲げる事業以外の事業をいう。

第7章　簡易課税の事業区分

　具体的には、第三種事業から除かれる加工賃その他これに類する料金を対価とする役務の提供を行う事業、第五種事業のサービス業から除かれる飲食店業に該当する事業が含まれる（消基通13－2－8の3）。また、事業者が自ら使用していた固定資産の譲渡も第四種である（消基通13－2－9）。

　面白いのは廃材、廃品、加工くず等の売却収入の取扱いである。消費税法基本通達13－2－8には、卸売業又は小売業から生じた段ボール等の不用品を売却した場合は、第四種に該当する旨が示されているが、第一種又は第二種としても認められるとされている。また、製造業、建設業から生じた加工くず等の売却は第三種である。通達の取扱いをまとめると次表のようになる。

【表　廃材、廃品、加工くず等の売却収入の事業区分】

もとの事業	廃材、廃品、加工くず等の内容	事業区分
建設業、製造業等（第三種事業）	加工くず、副産物等	第三種事業
第一種事業又は第二種事業	段ボール等の不用物品（事業の用に供していた固定資産を除く）	原則：第四種事業 例外：当該不用物品が生じた事業区分と同じ事業区分

3　注意すべき事項

　以上、第一種事業から第六種事業に該当する事業について順にみてきたが、次に、事業区分を判定する上で注意を要する3つの事項を取り上げて説明する。

(1)　「おおむね」の解釈

　消費税法基本通達13－2－4には、第三種事業、第五種事業、第六種事業

に該当することとされる事業の範囲は、「おおむね日本標準産業分類の大分類に掲げる分類を基礎として判定する」と示されている。

ここで、「おおむね」とはどういう意味かという疑問が生ずる。おおむねとは、辞書によると「だいたいの趣意。大意。あらまし。おおよそ [3]。」ということだそうであるが、そうすると、だいたい日本標準産業分類に従うという意味になるのか。何より疑問なのは、日本標準産業分類に従えと示しているのか、それとも、従わなくてもよいと示しているのかという点である。

この点について、おおむねとは、「施行令に定められているもの及びこの通達に例外として定められているものを除くほかは」と読むのではないかと考える。

おおむね日本標準産業分類に従うということは、「基本的には日本標準産業分類に従うが、例外がある」というのが日本語としての自然な解釈ではないかと思われる。ここで、例外とされるものについて、読む者の解釈に任されているとすると、実務上の取扱いが安定しなくなるため問題である。そうすると、どこかに例外が示されていると考えるべきであり、消費税法施行令と通達に示されているものが、例外ではないかということになる。すなわち、消費税法施行令に規定されている、卸売業、小売業の定義と、消費税法基本通達13－2－5から13－2－8の取扱いである。

簡易課税の事業区分のうち、法令に定義がされているのは、第一種事業の卸売業と、第二種事業の小売業のみであるが、この二つは、通達より上位の施行令において規定されているため、通達に優先することになる。例として、他者から仕入れた建物を販売する事業を考えてみよう。他者から仕入れた建物を販売する事業は、施行令の規定によると第一種事業又は第二種事業に該当することになるが、通達により日本標準産業分類によるすると、不動産業ということになる。しかしながら、施行令は通達に優先することから、当該

---

(3)　新村出編『広辞苑』〔7版〕。

296

第7章　簡易課税の事業区分

事業は第一種事業又は第二種事業に該当することになるわけである。

　また、消費税法基本通達13－2－5及び13－2－6には、第三種事業に該当するものが示されているが、例えば製造小売業は、日本標準産業分類では小売業であるが、簡易課税の事業区分においては、特別に第三種事業として取扱う旨が示されている。

　このように、施行令および通達において示されている例外を除くほかは、日本標準産業分類に従うというのが、消費税法基本通達13－2－4が示す「おおむね日本標準産業分類による」の意味ではないかと思うが、いかがだろうか。

(2)　加工賃を対価とする役務の提供

　加工賃を対価とする役務の提供については、第四種事業になる場合と、サービス業として第五種事業になる場合がある旨が、消費税法基本通達13－2－7に示されている。

【消費税法基本通達13－2－7】

　令第57条第5項第3号に規定する「加工賃その他これに類する料金を対価とする役務の提供」とは、13－2－4本文の規定により判定した結果、製造業等に該当することとなる事業に係るもののうち、対価たる料金の名称のいかんを問わず、他の者の原料若しくは材料又は製品等に加工等を施して、当該加工等の対価を受領する役務の提供又はこれに類する役務の提供をいう。

　なお、当該役務の提供を行う事業は第四種事業に該当することとする。

（注）　13－2－4により判定した結果がサービス業等に該当することとなる事業に係るものは、加工賃その他これに類する料金を対価とする役務の提供を行う事業であっても第五種事業に該当するのであるから留意する。

297

加工賃を対価とする役務の提供は、消費税法施行令57条5項3号かっこ書きによって、第三種事業から除かれる旨が規定されている。また、どのような事業が第三種事業に該当するかについては、おおむね日本標準産業分類に基づく（消基通13－2－4）。この二つの事項を合わせて考えると、日本標準産業分類によって、製造業に該当する事業でありながら、加工賃を対価とする役務の提供と認められる事業については、施行令の規定が優先され、第三種事業から除かれるということになる。なお、除かれた事業はその他のものとして、第四種事業に該当するということになる。これが当該通達の本文の意味である。

　これに対して、日本標準産業分類の分類によるとサービス業に該当するような、加工賃を対価とする役務の提供については、そもそもサービス業として第五種事業に該当することになるわけであるから、第四種事業ではないということになる。これが当該通達の注書きの意味である。

⑶　**修理**

　修理というのは、単に悪いところを直すという作業だけではなく、壊れた部品の交換等も含む作業である。それでは、修理にともなう部品代金と、修理代とを区分して受領していた場合に、部品代については第一種事業又は第二種事業とし、修理代のみを第五種事業として事業区分することができるのだろうか。この点、過去の裁判例に、修理とは「つくろい直す、造り直す及び交換をする」というサービスの提供であると判示したものがあり[4]、通常は壊れた部品の交換も修理に含むとされる。したがって、修理の際に、部品代を修理代とは別途収受していたとしても、部品代を含めた全体がサービス業として第五種事業になる。

　これに対して、商品の販売に際し、取付け工賃等を別途収受している場合

──────────
⑷　熊本地裁平成14年7月19日判決、税資252号順号9161、TAINSコード Z252-9161。

第7章　簡易課税の事業区分

は取扱が異なる。例えば、タイヤを購入して交換する場合や、オイルを購入して交換する場合などである。この場合には、そもそも商品の販売として第一種事業又は第二種事業に該当するのであって、別途収受する取付け工賃等については、第五種事業として取扱うということになる。したがって、取付け工賃が無償である場合には、全体が商品の販売として第一種事業又は第二種事業に該当することになる（消基通13-2-1）。

4　事業ごとの区分

(1)　事業区分の方法

みなし仕入率は事業区分ごとに異なっているため、事業者が複数の事業区分に係る事業を営む場合には、事業ごとに区分しなければならない。この場合の区分の方法としては、次のような方法が認められる（消基通13-3-1）。

事業区分の方法

・帳簿に事業の種類を記載する

・原始帳票等である納品書、請求書、売上伝票又はレジペーパー等に事業の種類又は事業の種類が区分できるような内容を記載する

・事業場ごとに一の種類の事業のみを行っている場合において、事業場ごとに区分する方法

事業者が複数の事業を営む場合の区分の方法については、興味深い取扱いが示されている（消基通13-3-2）。それは、複数の事業区分に係る事業を営む場合で、一つだけ事業区分をしていない事業があったとしても、他の事業をすべて区分している場合には、課税売上高の全体から他の事業区分に該当するものを差し引いた残額を、区分していない事業の課税売上高としてよいというものである。例として、第一種事業、第二種事業、第三種事業を

299

営んでいる事業者が、第一種と第二種事業については課税売上を区分しているものの、第三種事業について区分していない場合には、課税売上高の全体から第一種事業と第二種事業の課税売上高をマイナスした残額を、第三種事業の課税売上高としてよいということが挙げられている。

しかしながら、判決において、「簡易課税制度を適切に適用するためには、すべての課税資産の譲渡等について事業の種類ごとの区分がなされていることが必要である」とされた事例がある[5]。当該通達については、営む事業のうち1種類は事業区分をしなくてもいいと積極的に活用することを考えるのではなく、やむを得ない場合には適用できると消極的な利用に限定したほうがよいと思われる。

(2) 区分をしていない場合

複数の事業区分に係る事業を営む事業者が、その営む事業のうち、事業の種類ごとの区分をしていないものがある場合には、区分をしていない事業については、区分をしていない事業のうち、最もみなし仕入率の低い事業に係るものとすることになる（消令57④）。

したがって、売上のほとんどが第一種事業であるが、第六種事業も営んでいる事業者について、事業区分をしていない場合には、その売上のすべてに対して、第六種事業に係るみなし仕入率（40％）を適用して計算することになってしまう。

しかし、事業区分をしていない場合すべてに、第六種事業に係るみなし仕入率を適用するわけではない。例えば第一種、第二種、第三種事業を営んでいる事業者が事業区分をしていない場合には、第三種事業に係るみなし仕入率（70％）を適用して計算することになる。

---

(5) 大坂地裁平成14年3月1日判決、税資252号順号9081、TAINSコード Z252-9081。
　　ただし当該事件は推計課税の事案である。

第 7 章　簡易課税の事業区分

Ⅲ　歯科技工所事件

　事業区分の判定を争った事件のうち、歯科技工所の営む事業が第何種事業に該当するかが問題になった事例 [6]（以下「歯科技工所事件」という）を取り上げることにする。

　日本標準産業分類において、歯科技工所は次のように分類される。

【日本標準産業分類における歯科技工所の分類】

平成14年 3 月改訂まで

大分類Ｌ－サービス業、中分類88－医療業、小分類886－歯科技工所

平成14年 3 月改訂以後

大分類Ｎ－医療、福祉、中分類73－医療業、小分類736－医療に附帯するサービス業、細分類7361歯科技工所

　本件で問題になっている課税期間は、平成11年11月 1 日から平成14年10月31日までの 3 期分であるので、ちょうど改正をまたいでいることになる。しかしながら、歯科技工所は改正前も改正後も、日本標準産業分類によれば、医療に関するサービス業ということになる。

　これに対し本件におけるＸは、歯科技工業の実態を検討すると、患者に対してサービスをする事業ではなく、歯科医師の依頼によって、歯科医療用の歯科補てつ物等を製作し納品する事業であるから、製造業に該当すると主張した。歯科補てつ物とは、歯が欠けたり無くなった部分に詰めるための、歯

---

(6)　第一審名古屋地裁平成17年 6 月29日判決、訟月53巻 9 号2665頁、TAINS コード Z255-10067。控訴審名古屋高裁平成18年 2 月 9 日判決、訟月53巻 9 号2645頁、TAINS コード Z256-10305。最高裁平成18年 6 月20日（不受理）税資256号－171順号10431、TAINS コード Z256-10431。

301

冠や入れ歯等のことをいう。

　裁判の結果は、第一審と控訴審で判断を異にすることになった。第一審ではＸの主張の通り製造業とされたが、控訴審で逆転され、サービス業と判示されたのである。

　どのような理由で第一審では製造業とされたのか、あるいは、控訴審が示すようにサービス業と判定することが適当なのか、事件を検討することにしよう。

1　事案の概要

　Ｘは歯科技工所を営む有限会社である。Ｘは自ら原材料を仕入れ、歯科医師の指示書に従って歯科補てつ物等を製作し、歯科医師に納品している。もし、修正や作り直しが必要な場合であっても、歯科医師の指示に従ってなされるのであって、Ｘが患者に直接接する機会はない。

　Ｘはあらかじめ簡易課税制度選択届出書を提出してあったため、消費税の申告については簡易課税制度により、本件事業は製造業に当たり第三種事業であるとして確定申告をした。これに対し、所轄税務署長は、当該事業はサービス業であり第五種事業に該当するとして更正処分等を行ったため、処分の取消しを求めてＸが訴えを起こしたものである。

2　争点

　歯科技工所の営む事業は、製造業として第三種事業に該当するか、サービス業として第五種事業に該当するか。

3　判決

⑴　名古屋地裁判決

　第一審の名古屋地裁は、Ｘの請求通り、製造業として第三種事業に該当す

る旨を判示した。その内容は次の通りである。

　第三種事業及び第五種事業に属する事業の内容を明らかにした定義は存在しない。また、製造業については、その意味内容が法令によって明らかにされていることはない。日本語の通常の用語例によれば、製造業は、「有機又は無機の物質に物理的、化学的変化を加えて新製品を製造し、これを卸売又は小売する事業」と、他方、サービス業とは、「無形の役務を提供する事業（不動産業、運輸通信業及び飲食店業に該当するものを除く。）」と解するのが相当である。これによれば、製造業とサービス業とは、その給付の対象が有形物（物質的）か無形の役務（非物質的）かによって区別される。

　日本標準産業分類は、税法における産業の分類に用いられるために制定されたものではなく、単なる統計上の分類にとどまるものである。日本標準産業分類では、サービスを特に定義していないことから、サービスを日本語の通常の用語例に従って使用していると解されるところ、歯科技工所の業務内容は歯科補てつ物等の製造・納入であるから、歯科技工所が無形の役務を提供しているとはみることができない。

　以上を総合すれば、本件事業を消費税法施行令57条にいうサービス業であると認めることはできない。

(2)　名古屋高裁判決

　名古屋高裁は一審判決を覆し、次のように判示して、当該事業はサービス業に該当し、第五種事業であるとした。

　本件事業は、日本標準産業分類の事業区分によれば、平成14年３月の改訂前には大分類「Ｌサービス業」に分類されていたところ、上記改訂後には大分類「Ｎ医療、福祉」に分類されており、消費税法基本通達に従えば、「サービス業」に該当することになる。

　TKC経営指標の資料によれば、１企業当たり平均の課税仕入れは、製造

業が70.7％、歯科技工所が42％であることが認められ、みなし仕入率は、「製造業」が第三種事業として100分の70、「サービス業」が第五種事業として100分の50とほぼ符号するものである。したがって、歯科技工所を営む事業者が、簡易課税制度の適用を利用する場合の税負担の公平性、相当性等の面からみて、上記「サービス業」に分類することに不合理性は認められない。

　消費税基本通達が事業区分の判定の基準として、日本標準産業分類を掲げているところ、同分類は、本来、統計上の分類の必要から定められたものではあるが、前記のとおり、日本における標準産業を体系的に分類しており、他にこれに代わり得る普遍的で合理的な産業分類基準は見当たらないことなどから簡易課税制度における事業の範囲の判定に当たり、同分類によることの合理性は否定できない。

4　検討

(1)　本件の特徴…日本標準産業分類の取扱い

　本件では、地裁で製造業として第三種事業と判示されたのに対し、高裁においてはサービス業として第五種事業とされ、異なる判断がなされた。その原因は、地裁は日本標準産業分類に拠らなかったのに対し、高裁は日本標準産業分類に拠ったことにある。

　日本標準産業分類について、地裁は、「税法における産業の分類に用いられるために制定されたものではなく、単なる統計上の分類にとどまる」と切り捨てた。これに対し高裁では、「本来、統計上の分類の必要から定められたものではあるが、前記のとおり、日本における標準産業を体系的に分類しており、他にこれに代わり得る普遍的で合理的な産業分類基準は見当たらない」として、日本標準産業分類によることをよしとしたのである。

　高裁の態度は、日本標準産業分類によることが適当だと示したわけではなく、他に代わるものがないとして、仕方なく採用した感があり、すっきりし

第7章　簡易課税の事業区分

ない印象がある。

(2)　地裁の論拠

　地裁は、通達には法源性がなく、裁判の基準とできないことから、通達が製造業、サービス業の取扱いを示していても、定義として評価することはなかった。したがって、製造業およびサービス業の定義は、「法」「令」には定められていないとし、その定義を過去の裁判例に求めたのである。

　判決で地裁が示した、製造業について、「有機又は無機の物質に物理的、化学的変化を加えて新製品を製造し、これを卸売又は小売する事業」とする解釈と、サービス業について、「無形の役務を提供する事業」とする解釈は、物品税法の裁判例からの引用である[7]。これにより、製造業とサービス業の区分について、給付の対象が有形物（物質的）か無形の役務（非物質的）かで区分するという基準を打ち出した。そして、この基準により、歯科技工業においては、無形の役務を提供しているわけではないから、サービス業には該当しないものとして、製造業に該当すると判断したのである。

(3)　実額により計算した仕入率

　高裁は、簡易課税制度において、課税売上を事業ごとに区分し、事業の種類に応じたみなし仕入率を適用するのは、みなし仕入率を事業者の仕入れの実態に適合させる趣旨であることを示した上で、TKC経営指標によれば、実額により計算した課税仕入率の平均は、製造業は70.7％であるのに、歯科技工業は42％であることから、歯科技工業は第五種事業が適当であると判示したが、この点には批判がある。

　実額により計算した課税仕入れの率について、地裁は、「被告は、Ｘの本

----

(7)　最高裁昭和57年 6 月24日廷判決・シュトイエル248号 1 頁。その原審広島高等裁判所昭和56年 7 月15日判決・訟務月報27巻12号2345頁。

305

件事業における仕入れ及び経費等の割合が約27パーセントであることを指摘しているが、簡易課税制度は当該事業の実際の仕入率の多寡を問題とすることなく、政令で定める事業区分に従い定められたみなし仕入率による仕入税額控除を行うものであるから、本件事業の仕入れ及び経費等の割合が第五種事業の割合（100分の50）を下回っていたとしても、そのことを根拠として事業区分を判定することは許されない」と判示している。実額により計算した課税仕入れの率は、事業区分を判定する上では関係ないとする地裁の考え方は、支持し得るものである。

　実務上は、実額により計算した仕入率と、みなし仕入率が乖離しているケースなど山ほどある。それなのに高裁では、TKCの経営指標を持ち出して、こじつけのような判決がなされたことについて強い憤りを覚えるという意見があるが[8]、まさにその通りである。

(4)　小括

　地裁は、通達が日本標準産業分類によると示していても、法源として裁判の根拠とすることができないことから、法源として採用できる過去の最高裁判決を引用して、歯科技工業は製造業であると判示した。このことは、過去の最高裁判決の方が、通達よりも強い法源性を有するという、裁判における形式的な優劣を示したに過ぎないものと言える。

　しかしながら、地裁が引用した最高裁判決は、物品税における製造業の判断基準であり、消費税の判断基準として採用できるかどうかについて、改めて検討が必要なはずである。現に、物品税による分類と、日本標準産業分類による分類とで、見解が異なっていたわけであるから、単に過去の最高裁判決が法源として優先すると判断するのではなく、物品税の基準が正しいか、消費税法基本通達の見解が正しいか、実質的に検討すべきだったと思われる。

(8)　熊王征秀『すぐに役立つ消費税の実務』〔三版〕（2013税務研究会出版局）509頁。

第 7 章　簡易課税の事業区分

　私見では、簡易課税の事業区分を判定する上で、日本標準産業分類による
ことは適当だと思われる。全ての産業を網羅し、これは何業に、これは何業
に分類されると、総務省の見解において区分した日本標準産業分類は、簡易
課税の事業区分を考える上で、十分信頼に足りる資料である。

　この点、「日本標準産業分類は、統計の正確性と客観性を保持し、統計の
相互比較性と利用の向上を図ることを目的として設定されたものであるから、
その分類は社会通念に基づく客観的なものということができるのであって、
簡易課税制度の公平な適用という観点からしても、当該産業分類の大分類に
掲げる分類を基礎として、事業の範囲を判定することには合理性があると認
められる」と示した裁決があるが[9]、同感である。少なくとも、高裁が引用
した、TKCという民間企業の作成した経営指標よりも、日本標準産業分類
の方が、事業区分を判定する際の根拠とすることに十分な合理性があると思
われる。

---

(9)　平成23年 6 月30日裁決、公表裁決事例集 No.83、TAINS コード J83-6-28。

307

Ⅳ 事業区分と租税法律主義

　簡易課税制度に関して消費税法には、みなし仕入率は60％の一種類のみが規定されていることに驚く（消法37①一）。卸売業その他第一種事業から第六種事業については、消費税法施行令で規定されているわけである（消令57）。

　だとすると、上位である消費税法において60％とされているみなし仕入率について、下位である施行令が、60％より納税者に不利な、50％と40％の事業を規定していることになるが、これは租税法律主義の観点から適当かという疑問がある。

1　租税法律主義とは

(1)　憲法の規定

　日本国憲法84条には、租税を課す、または現行の租税を変更するには、法律又は法律の定める条件によることを必要とする、と規定されている。これを租税法律主義という。

　税とは、国家による強制的な金銭の徴収であるから、その徴収は国民の同意に基づかなくてはならない。そこで、国会において国民の代表によって制定される「法律」によらなければ、税を課すことができないという原則が租税法律主義である。

(2)　法律と政令委任

　租税に関する規定は階層状になっており、最も上位のものが、国会で制定される「法律」である。消費税に関する「法律」とは、「消費税法」である。租税法律主義においては、この「法律」に規定がされているかどうかが問題

第7章　簡易課税の事業区分

になる。

　階層の2番目は「政令」であり、消費税においては「消費税法施行令」である。政令は内閣が制定する。次いで階層の3番目は「省令」であり、財務省が制定する。消費税法においては「消費税法施行規則」である。政令と省令を合わせて政省令という。

　政省令は内閣や財務省が勝手に定めることはできない。必ず、法律の委任を受けて制定される必要がある。「…に関し必要な事項は、政令で定める。」と法律に規定してあるのが委任の例である。租税法律主義といっても、課税要件のすべてを法律で規定することは無理で、政省令に委任する必要がある。憲法84条に「法律又は法律の定める条件による」と規定されているのは、政省令への委任も認められるということである。

(3)　通達

　階層の4番目は「通達」である。消費税でいうならば、「消費税法基本通達」ということになる。ただし、基本通達以外にも通達があり、個別通達と呼ばれている。第1章で紹介したH21個別通達は個別通達の一つである。

　通達とは、国家行政組織法という法律に基づいて、上級行政庁から下級行政庁に対して発遣される命令又は示達である（国家行政組織法14②）。税に関して言えば、国税庁長官から、下位の国税局局長、税務署長等に対する命令ということであり、官庁内部の命令に過ぎないとも言える。

　また、通達の種類には、「法令解釈通達」というものがあり、消費税法基本通達も法令解釈通達の一つであるが、通達が課税当局の内部命令に過ぎないわけであるから、法令解釈通達に示されていることは、あくまでも課税当局の解釈を示したものにとどまるということになる。

　したがって、課税当局は通達に拘束されるが、納税者や税理士、もちろん裁判所も、通達に拘束されるわけではない。特に、裁判官が裁判を行う時に

309

基準とすることができる規範のことを「法源」というが、通達は法源ではないということになる。

　だから、消費税法基本通達13－2－4が、製造業およびサービス業の範囲は日本標準産業分類を基礎として判定すると示していても、歯科技工所事件における地裁は、「法令」には製造業およびサービス業の定義はないと判示し、当該通達に反して製造業とする判決をしたのである。なお、歯科技工所事件において地裁は、製造業およびサービス業の定義として、過去の最高裁の判決を引用しているが、先例として尊重され、一般的な承認を受けるに至った裁判所の解釈は、判例といい、法源の一つとして裁判の規範とすることができる⁽¹⁰⁾。

2　50%と40%のみなし仕入率の疑問

⑴　「法律」の規定

　簡易課税制度についての「法律」の規定は、消費税法37条に定められている。みなし仕入率に関する部分を抜粋して引用する。

【消費税法37条1項】抜粋

　（簡易課税制度の適用を受ける場合には）…課税標準額に対する消費税額から控除することができる課税仕入れ等の税額の合計額は、…、次に掲げる金額の合計額とする。

　　一　当該事業者の当該課税期間の課税資産の譲渡等に係る課税標準である
　　　金額の合計額に対する消費税額…の100分の60に相当する金額（卸売業
　　　その他の<u>政令で定める事業</u>を営む事業者にあつては、当該残額に、<u>政令
　　　で定めるところにより</u>当該事業の種類ごとに当該事業における課税資産
　　　の譲渡等に係る消費税額のうちに課税仕入れ等の税額の通常占める割合

---

(10)　金子宏『租税法』〔22版〕（2017弘文堂）112頁。

310

第7章　簡易課税の事業区分

> を勘案して政令で定める率を乗じて計算した金額）

　みなし仕入率については、「法律」によって60％と規定し、その上で「政令で定める事業」を営む事業者については、「政令で定めるところにより」「政令で定める率」をもって計算すると委任されているわけである。

　租税法律主義からは、ここでの問題として、政令に3つの課税要件を委任することができるのかという点が挙げられる。

　上述の通り、法律が政令に委任することも憲法によって容認されるわけであるが、法律に規定されていれば、どんな委任でも認められるというわけではない。あまりに範囲の広すぎる委任は、「白紙委任」として、認められないことになる。例えば、「みなし仕入率は政令で定める」とすることは、白紙委任として認められない。あくまでも政令への委任は、具体的・個別的委任に限られるのである。

　したがって、みなし仕入率について、対象となる事業、みなし仕入率の適用方法、具体的な率の3つを政令に委任することは、範囲が広すぎはしないかという問題がある。

(2)　「政令」の規定

　(1)の「法律」の規定を受けて、「政令」において、事業ごとのみなし仕入率が定められている（消令57①）。なお、条文中には、消費税法37条1項1号の委任を受けている旨が明らかにされている。

【消費税法施行令57条1項】

　法第37条第1項第1号に規定する政令で定める事業は、次の各号に掲げる事業とし、同項第1号に規定する政令で定める率は、当該事業の区分に応じ当該各号に定める率とする。

311

一	第一種事業	100分の90
二	第二種事業	100分の80
三	第三種事業	100分の70
四	第五種事業	100分の50
五	第六種事業	100分の40

　ここでの問題点は、消費税法において60％と規定しているみなし仕入率について、委任を受けた施行令の側で、50％・40％のみなし仕入率を定めることは、委任の範囲を逸脱してはいないかということである。

　租税法律主義が、課税要件を法律で定めることを求めるのは、租税を課すには国民の同意が必要だからである。だとすると、消費税法において60％と国民が同意しているみなし仕入率について、納税者にとっては60％よりも不利な、50％や40％のみなし仕入率を政令で定めることは、国民の同意の範囲を超えてはいないかとの疑問がある。

3　立法と行政の役割

　50％と40％のみなし仕入率を施行令で規定しているという問題について、関西大学名誉教授の村井正先生に質問したところ、これは立法府である国会と、行政府である内閣との役割の分担であって、租税法律主義によって違憲とされる問題ではないとの回答をいただいた。

　租税法律主義によると、課税要件についてはすべて法律で規定することが望ましいが、それでは国会の負担が大きすぎるため、行政である政令への委任が認められている。したがって、国会としては、簡易課税という制度そのものや、みなし仕入率の概要を消費税法に定めるのが役割であり、具体的に事業の種類ごとにみなし仕入率を定めるのは内閣の役割だということになる。その場合に、一般的なみなし仕入率を60％と国会が定めた上で、事業の種類

第7章　簡易課税の事業区分

ごとに異なる率を設定することができると内閣に委任することも、それを受けて50％と40％のみなし仕入率の事業を政令で定めることも、容認されるとの見解である。

　国会と内閣の役割分担という考え方には首肯できるが、国会が60％と明記したものについて、それを下回るみなし仕入率を設定することは問題だと思われる。百歩譲って、60％を下回るみなし仕入率を施行令で規定することができるとしても、現行の50％、40％のみなし仕入率が限界ではないだろうか。極端なケースであるが、みなし仕入率１％の事業を制定することを考えたとき、現行の法律と施行令の形式では、委任の範囲を逸脱するはずである。したがって、今後、みなし仕入率が30％、20％の事業を政令によって定めることについては、危機感を感じずにはいられない。

4　事業区分をしていない場合の問題

　簡易課税のみなし仕入率と租税法律主義の関係においては、もう一つ問題がある。それは、事業区分をしていない場合の取扱いである。

　複数の事業区分に係る事業を営む事業者において、事業ごとの区分をしていないものがある場合、適用されるみなし仕入率は最も低い事業に係るものになる。例えば、飲食業（第四種）とサービス業（第五種）を営む事業者が、課税売上を事業ごとに区分していない場合、全体に対して、第五種事業の50％のみなし仕入率が適用されることになる。

　だとすると、この事業者が、部分的にせよ60％のみなし仕入率を適用するためには、事業ごとに区分するという要件を満たす必要があるが、消費税法37条１項は、60％のみなし仕入れ率について、適用要件を何も定めていない。つまり、法は適用要件を定めることなく60％のみなし仕入率が適用できるとしているのに対し、政令において、60％のみなし仕入率を適用するためには、事業ごとの区分が必要という要件を付しているのではないかという疑問であ

313

る。

　この問題の原因は、政令が法の委任の範囲を逸脱して50％と40％のみなし仕入率の事業を制定していることにある。

　平成９年の税制改正によって、第五種事業が創設されるまでは、みなし仕入率は、第一種事業90％、第二種事業80％、第三種事業70％で、その他の事業については第四種事業の60％であった。この制度の下では、事業ごとの区分をしていない場合に適用されるみなし仕入率は60％になるため、それよりももっと有利なみなし仕入率を適用するために、事業ごとの区分という要件が付されていたとしても、当然のことだったのである。

　ところが、平成９年の税制改正によって、サービス業等について、50％のみなし仕入率である第五種事業が規定された。これにより、事業ごとの区分をしていない事業者は、法の定める60％よりも低いみなし仕入率を適用される可能性が生じ、本来の60％というみなし仕入率を適用するためには、事業ごとに区分するという要件が付された訳である。

　法が要件を定めていないのに、政令によって要件を追加することは、租税法律主義に抵触すると示した判決がある [11]。みなし仕入率が50％、40％である事業を政令で定めることが果たして適当であるか、再考する必要があると思われる。

---

(11)　東京高裁平成７年11月28日判決、行裁例集46巻10・11号1046頁、TAINS コード Z214-7616。

314

第7章　簡易課税の事業区分

V　軽減税率およびインボイスの導入による影響

1　平成28年度税制改正大綱

　平成31年（2019年）10月1日からは、酒類及び外食を除く飲食料品の譲渡と、定期購読契約に基づく新聞の譲渡に対して、軽減税率が導入される。

　簡易課税制度では、事業ごとに適用されるみなし仕入率が定められており、例えば、製造業では、現行では製造する物に関わりなく同じみなし仕入率が適用されているが、軽減税率の導入後は、食品を製造する事業と食品以外を製造する事業とでは、課税売上高に係る消費税額が変化することから、現行と同一のみなし仕入率でよいのか、見直す必要が生ずる。

　そこで、軽減税率の導入を決めた平成28年度の税制改正大綱には、簡易課税の見直しについて、次の記述がある。

【平成28年度税制改正大綱より】

　軽減税率制度の円滑な運用及び適正な課税の確保の観点から、中小・小規模事業者の経営の高度化を促進しつつ、軽減税率制度の導入後3年以内を目途に、適格請求書等保存方式（インボイス制度）導入に係る事業者の準備状況及び事業者取引への影響の可能性、軽減税率制度導入による簡易課税制度への影響、経過措置の適用状況などを検証し、必要と認められるときは、その結果に基づいて法制上の措置その他必要な措置を講ずる。

2　平成30年度税制改正・農林水産業と第二種事業

　これに基づき、平成30年度の税制改正において、農林水産業のうち、消費税の軽減税率が適用される食用の農林水産物を生産する事業を第二種事業とし、そのみなし仕入率を80%（現行70%）とする旨の改正が盛り込まれた。

315

農業といっても、例えば、観賞用の花卉は飲食料品ではないように、その全てが飲食料品を生産しているわけではなく、同様に林業においても、そのすべてが木材を生産しているわけではない。食用のキノコや山野草の栽培は飲食料品の生産である。軽減税率の導入後の農林水産業は、軽減税率の対象品目であるか、対象外であるかについて、細かな判断が必要な業種であるといえる。

　消費税法上、軽減税率の対象品目は、食品表示法の適用を受ける飲食料品（酒類を除く）と規定されている（消費税法改正附則34①一、平成35年10月１日施行予定の消法２①九の二）。したがって、例えば米であっても全て軽減税率の対象になるわけではないので、注意が必要である。米の場合について考えると、通常は飲食料品として食品表示法の適用を受けるため軽減税率の対象となるが、糊や工業製品の材料として使用される場合や種籾のように、食品表示法の規定による飲食料品に該当しない場合には、標準税率が適用されることになる。

　問題は生物である。牛、豚等については、生きている状態では食品表示法の適用を受けないため飲食料品ではないが、屠殺され食肉になると食品表示法に規定する飲食料品になる。しかしながら、魚については、生きている状態でも食品表示法上の飲食料品であるので注意が必要である。

　農林水産業において、新しく第２種事業に該当する品目と、軽減税率導入後も第３種事業に該当する品目を整理すると次ページの**表**のようになる。

316

第7章　簡易課税の事業区分

【表　農林水産業と新しい事業区分】

	新しく第2種に該当する品目	軽減税率導入後も第3種である品目
農業	食用の米 食料であるかぼちゃ、ひまわり等の種 自ら屠殺して精肉とした牛や豚等 菊など食用の花卉	糊等、工業の原材料としての米、種籽 栽培用として販売される種子 生育の後生きたまま出荷する牛や豚等 観賞用の花卉 芝、イグサ等
林業	食用のキノコ、山野草等	観賞用のキノコ、山野草 木材
水産業	生きている魚介類	真珠等

　この改正は平成31年（2019年）10月1日を含む課税期間から適用されるが、平成31年（2019年）10月1日前に開始した課税期間の場合、その開始の日から平成31年（2019年）9月30日までの期間については適用されない。つまり、課税期間の途中から適用になるわけである。

3　マトリクス分析

　試みに、軽減税率導入後のみなし仕入率への影響を検討してみることにする。売上について軽減税率の対象となるか、ならないかによって区分すると2通り、同様に仕入について軽減税率の対象となるか、ならないかによって区分すると2通りが考えられるが、組合せによって次の4つのケースに区分される。

317

【軽減税率マトリクス】

		売上	
		軽減税率の対象	軽減税率の対象ではない
仕入	軽減税率の対象	①　飲食料品卸売・小売 飲食料品製造業の大部分	②　飲食店
	軽減税率の対象ではない	③　農業、漁業 飲食料品製造業の一部 精肉卸・小売業	④　一般企業 花卉農家、畜産農家

①　売上：軽減税率　仕入：軽減税率

　売上が軽減税率の対象品目で、仕入も軽減税率の対象品目である業種は、飲食料品の卸・小売業が代表的である。また、飲食料品製造業も、飲食料品を仕入れて製造加工する場合がほとんどであると思われるため、このカテゴリーに区分される。

　このカテゴリーにおいては、売上側と仕入側で適用される税率が同一であるから、現行の卸売業、小売業、製造業に対するみなし仕入率を適用しても、問題はないことになる。

②　売上：標準税率　仕入：軽減税率

　売上は軽減税率の対象ではないが、仕入が軽減税率である業種は、飲食店である。この場合には、軽減税率の導入後、売上に係る消費税は変わらないが、仕入に対して軽減税率が適用されるため、適用されるみなし仕入率は現行の60％より低い仕入率が妥当ということになろう。

　ただし、酒類は軽減税率の対象ではないため、酒類を扱う飲食店か、そうでないかを区分する必要も生ずると思われる。

第 7 章　簡易課税の事業区分

③　売上：軽減税率　仕入：標準税率

　売上が軽減税率、すなわち、飲食料品で、仕入は飲食料品ではない業種
は、農業や漁業、飲食料品の製造業の一部、精肉の卸・小売業等が挙げら
れる。飲食料品を生産する農業、漁業等については、平成30年度の税制改
正で、第二種事業とされた。

　問題は飲食料品の製造業である。①で述べた通り、ほとんどの飲食料品
製造業は、売上も仕入も軽減税率の対象品目であるケースが多いが、原材
料が飲食料品以外で、製品が飲食料品である場合は、③にカテゴライズさ
れる。また、生きた状態の牛や豚は食品表示法上の食品ではないため、生
きている牛や豚を仕入れるタイプの精肉店もここにカテゴライズされるこ
とになる。したがって、これらの製造業や精肉店においては、現行よりみ
なし仕入率を高く設定する必要が生ずるであろう。

④　売上：標準税率　仕入：標準税率

　このカテゴリーは、売上、仕入ともに、軽減税率とは無縁であるため、
特別な取扱いは不要である。なお、観賞用の花卉、生きたまま出荷する畜
産など、軽減税率の対象品目ではない作物を生産する農業も、このカテゴ
リーに属する。

4　軽減税率導入後のみなし仕入率

　以上の検討をもとに、軽減税率導入後のみなし仕入率を事業区分ごとに整
理すると次ページの**表**のようになるが、平成30年税制改正に加えて、簡易課
税の事業区分の見直しが必要と考えられる業種は、「仕入が飲食料品ではな
いのに飲食料品を生産する製造業」と、「酒類を扱わない飲食店業」という
ことになろう。

319

【表　軽減税率導入とみなし仕入率の影響】

事業区分 (みなし仕入率)	軽減税率導入前	導入後
第一種事業 90%	卸売業	卸売業（飲食料品卸売業も含む）
第二種事業 80%	小売業	小売業（飲食料品小売業も含む） 軽減税率対象品目を生産する農林水産業 仕入が飲食料品ではない飲食料品製造業
第三種事業 70%	農業・林業・漁業・鉱業・建設業・製造業・電気ガス熱供給業	軽減税率の対象でない品目を生産する農業・林業・鉱業・建設業・飲食料品製造業以外の製造業・電気ガス熱供給業 仕入も飲食料品である飲食料品製造業
第四種事業 60%	その他の事業 飲食店業	
第五種事業 50%	運輸・通信・金融・保険業 サービス業（飲食店業除く）	同左 サービス業 飲食店業
第六種事業 40%	不動産業	同左

　しかしながら、この両者について事業区分を見直すためには、例えば製造業について、飲食料品を製造する製造業か、仕入は飲食料品か、によって区分する必要があり、また、飲食業においても、酒を主に扱うか扱わないかを区分する必要があると思われるが、判定が煩雑になりすぎて現実的ではないと思われる。

　平成30年度の税制改正が、農林水産業の事業区分を見直したのは、農林水産業に限って見直したのではなく、全事業を検討した結果、見直しが必要なのは農林水産業であると判断したものと思われる。

第7章　簡易課税の事業区分

5　インボイス導入の影響

　インボイスは請求書等の作成に関する制度であるため、簡易課税の事業区分を考える上での影響はない。しかしながら、インボイスの導入によって、課税売上高が1,000万円以下で、現在は免税事業者である者が、課税事業者を選択した上でインボイス発行事業者として登録する者が多くなると予想されるが、これらの小規模な事業者は、簡易課税を選択するケースが多いものと思われる（☞ **免税事業者とインボイスについては344頁参照**）。

　インボイスの導入によって、やむを得ず課税事業者になる小規模な事業者の場合、事務能力が極端に低いことが懸念される。例として、第1章で検討した「一人親方」といわれる小規模な建設事業者が挙げられる。このような事業者に、本則課税によって費用の課否判定をし、ケースによっては課税仕入れの用途区分までして、消費税額を計算することを求めるのは、酷であると言わざるを得ない。また、このような小規模な事業者の場合、税理士等に依頼しようにも、費用が負担できないという、極めて現実的な問題がある。

　そうすると、簡易課税による方が納税額が少ないとか多いとかという問題とは別に、事務能力がないという理由によって、簡易課税を選択するケースが増えるものと思われる。もっとも、このような理由で簡易課税を選択するのが、簡易課税本来の趣旨である。

　また、有利選択の上でも、簡易課税を選択するケースは増えるのではないかとも思われる。というのは、事業規模が小さくなると、製造業にしろ、建設業にしろ、サービス業にしろ、事業主の労働による収入の割合が増える傾向がある。特に前述の一人親方の場合など、材料費も機械代も負担しないケースが多いため、簡易課税による方が有利であるケースは多いであろう。

　簡易課税制度について、現在は有利選択によって適用する者が多く、益税の温床であるとして、一部に廃止論があるが、インボイス時代になると、本来の目的である、小規模事業者の事務負担の軽減という観点から、簡易課税

制度の果たす役割は大きくなるものと思われる。安易な廃止論は慎むべきであると思われる。

第7章　簡易課税の事業区分

コラム07

仮想通貨の取扱い

1　資金決済法の改正

　仮想通貨とは、インターネットを通じて不特定多数の間で通貨のように使用できるものの、中央銀行などの公的な発行主体や管理者が存在せず、専門の取引所を介して円やドル・ユーロなどの通貨と交換できるものをいう。仮想通貨は平成21年に誕生したもので、まだその歴史は浅いが、ビットコインをはじめ1,000種類以上あるといわれている。ビットコインが平成29年に高騰したことや、取引所の一つであるコインチェックから大量の流出事件がおきたため、世間の耳目を集めている項目の一つである。

　平成29年5月25日の資金決済法の改正により、「第三章の二　仮想通貨」という項目が追加された。これにより、仮想通貨は通貨や紙幣等と同様に、法律上、支払手段として取扱われることになった。

2　所得税法上の取扱い

　所得税法上、仮想通貨をどのように取り扱うかは、平成28年以前は明らかになっていなかったように思われるが、平成29年12月1日に国税庁から、「仮想通貨に関する所得の計算方法等について（情報）」という個人課税課情報が公表された。これにより、仮想通貨の売却により生じた所得は、総合課税の雑所得として取扱われることになった。仮想通貨の法的性格が支払い手段である以上、その売却損益は為替差損益と同様に取扱われるということである。

323

3　消費税法においては非課税に

　消費税法上、資産の譲渡等のうち、非課税とされるもの以外は課税とされており、ここで資産とは、「取引の対象となる一切の資産をいう」と示されている（消基通5－1－3）。仮想通貨は、取引の対象となる資産に該当するが、非課税として限定列挙されている項目のいずれにも該当しないため、その取引は従来、課税として取扱われていた。

　これに対し、資金決済法の改正により、仮想通貨は支払手段として取り扱われることになったため、平成29年度の税制改正において、消費税法も改正がなされた。すなわち、非課税とされる支払手段に類するものの範囲に、明文規定をもって仮想通貨が加えられたのである（消令9④）。なお、仮想通貨の譲渡は、非課税とされる取引でありながら、課税売上割合の計算に含めないこととされている（消令48②一）。

　なお当該改正の適用期間として、平成29年6月30日までの仮想通貨の取引は課税で、平成29年7月1日以後の仮想通貨の取引が非課税となる旨が規定されている。

4　課税仕入れの用途区分

　仮想通貨の譲渡について、それまでの課税売上から、平成29年7月1日以後は非課税売上として取扱うことになったわけであるが、平成29年6月30日までの仮想通貨の課税仕入れについて、用途区分はどう判定したらよいのであろうか。

　第5章で解説した通り、個別対応方式を適用する場合の課税仕入れの用途区分は、「課税仕入れの日の状況」によって行うことになる（消基通11－2－20）。したがって、仮想通貨については、平成29年6月30日までは、その譲渡が課税として取扱われていたわけであるから、同日までの課税仕入れは、課税対応として計算することになる。

第7章　簡易課税の事業区分

　これに対して、平成29年7月1日以後の仮想通貨の譲渡は、非課税として取扱われることになるが、課税仕入れの用途区分は課税仕入れの日の状況で行うことから、後に用途変更があったとしても修正する必要はない。また、仮想通貨は固定資産ではないため、用途変更があった場合の調整対象固定資産に係る消費税額の調整の規定の適用を受けることもない。

5　仕入税額控除の経過措置

　しかしながら、平成29年6月30日までに購入した仮想通貨については課税対応の課税仕入れとして仕入税額控除を受けることができ、平成29年7月1日以後に譲渡した仮想通貨については、消費税が非課税であるというのでは問題がある。そこで、次の経過措置が設けられている（平成29政令附則8①）。

---

①　平成29年6月30日に税抜100万円以上の仮想通貨（国内において譲受けたもの）を保有する場合において

②　同日の仮想通貨の保有数量が平成29年6月1日から平成29年6月30日までの間の確実の仮想通貨の平均保有数量に対して増加したときは

③　その増加した部分の課税仕入れに係る消費税については、仕入税額控除制度の適用は認めない。

6　その他の経過措置

　仮想通貨に関する経過措置については、このほかにもいくつかの規定がされている。まず、基準期間および特定期間における課税売上高の計算であるが、平成29年7月1日以後に開始する課税期間における、基準期間および特定期間の課税売上高の計算においては、仮想通貨の譲渡の

対価の額は非課税として取扱われることになる（平成29政令附3）。

　また、基準期間および特定期間における課税売上高の計算がやり直されることから、設備投資を控えているなどして、課税事業者でありたい者については、課税事業者の選択に関する経過措置が設けられており、また同様に、簡易課税の選択に関する経過措置も設けられていた。これらの経過措置による選択届出書の提出期間は、平成29年12月31日までとなっており、今となっては経過措置としての役割を終えたと言える。

　しかし、基準期間および特定期間における課税売上高を計算する際に非課税とされる取扱いについては、まだしばらく適用される場面があるため、注意されたい。

附録
軽減税率・インボイスの解説

Ⅰ 軽減税率・インボイス制度とスケジュール

1 税率引上げ・軽減税率（8％）の導入

　平成31年（2019年）10月1日より、標準税率は10％に引上げられ、同時に酒類と外食を除く飲食料品の譲渡と、定期購読契約に基づく新聞の譲渡に、8％の軽減税率が導入される予定である。

2 簡素な方法による請求書等の作成（区分記載請求書等保存方式）

　軽減税率が導入されると複数税率制になるため、税率ごとに区分して経理する必要が生ずる。平成31年（2019年）10月1日の税率引上げ・軽減税率導入から4年間は、簡素な方法で区分経理することが認められるが、この期間に導入される方式を「区分記載請求書等保存方式」という。

附録：軽減税率・インボイスの解説

3　インボイス制度の導入

　軽減税率の導入から4年後の平成35年（2023年）10月1日から、日本版インボイス制度である、「適格請求書等保存方式」が導入される。インボイスを発行するためには、税務署にインボイス発行業者として登録する必要がある。

Ⅱ 軽減税率

1 対象

軽減税率の対象品目は次の二つである。

① 飲食料品の譲渡（酒類、外食サービスを除く）
② 定期購読契約に基づく新聞

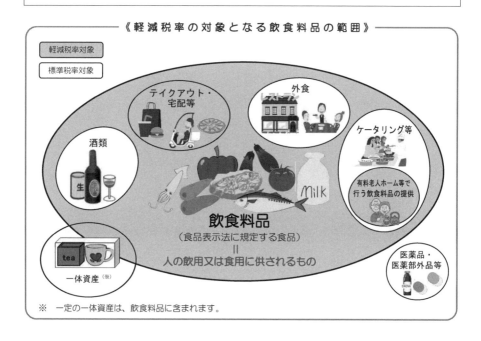

《軽減税率の対象となる飲食料品の範囲》

※ 一定の一体資産は、飲食料品に含まれます。

---

(1) 国税庁パンフレット「よくわかる消費税軽減税率制度」（平成30年7月）。

附録：軽減税率・インボイスの解説

2　税率

　現行の消費税率 8 ％の内訳は、消費税率6.3％と地方消費税率1.7％であるが、軽減税率の内訳は、消費税率6.24％と地方消費税率1.76％である。なお、10％の標準税率の内訳は、消費税率7.8％と地方消費税率2.2％である。

3　飲食料品

(1)　食品表示法に規定する飲食料品

　軽減税率の対象となる「飲食料品」とは、食品表示法に規定する食品で、酒類と外食サービスを除くとされている。食品表示法に規定する食品とは、全ての飲食物を指し、食品衛生法に規定する「添加物」を含むが、医薬品、医薬部外品、再生医療等製品は含まれない。また、「飲食物」とは、人の飲用または食用に供されるものをいうため、例えば塩において、食用の塩は飲食物であるが、工業用の塩は飲食物ではないことになる。

(2)　酒類

　軽減税率の対象から、酒類は除外されている。ここで酒類とは、酒税法に規定する酒類をいい、アルコール分 1 ％以上の飲料を指す。

331

⑶　類似した品目でありながら取扱いが異なるものの例

食品表示法に規定する飲食料品に該当する （軽減税率の適用）	食品表示法における飲食料品には該当しない （標準税率の適用）
ミネラルウォーター	水道水
かき氷や飲料に用いられる氷	ドライアイスや保冷用の氷
生きた魚介類	生きた牛、豚、鳥等
食用の塩	工業用の塩
食品添加物としての金箔、重曹	食品添加物ではない金、重曹
人の食用に供される籾	種籾
コーヒー豆	コーヒー豆の焙煎
おやつや製菓の材料などに用いられるかぼちゃの種など	栽培用として販売される果物の苗木、種子
人も食べられるペットフード（食品表示法上の飲食料品であるもの）	人が食べることを予定していないペットフード
特定保健用食品、栄養機能食品、健康食品、美容食品	医薬品、医薬部外品、再生医療等製品
栄養ドリンク風の清涼飲料水	医薬部外品である栄養ドリンク
みりん風調味料	本みりん、料理酒
ビール風ノンアルコール飲料、甘酒	ビール、発泡酒

4　一体資産

⑴　一体資産とは

　「一体資産」とは、食品と食品以外の資産があらかじめ一の資産を形成し、又は構成しているもので、一体資産としての価格のみが提示されているものをいう。例として、おまけつきの菓子、高価な重箱に入ったおせち、酒と普通の飲料の詰め合わせ等が挙げられる。

(2) 適用税率

　一体資産は、原則として軽減税率の対象ではない。ただし、税抜価格が1万円以下で、食品の価額が全体の2/3以上である場合には、全体に軽減税率が適用される。

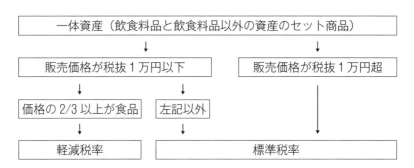

5　外食とは

(1) 外食サービス

　軽減税率の対象から除かれる外食サービスとは、「テーブル、椅子、カウンターその他の飲食に用いられる設備（以下「飲食設備」という。）のある場所において、飲食料品を飲食させるサービスを提供すること」をいう。

　ここで、飲食設備は規模や目的を問わないとされているため、カウンターだけの立ち飲み屋や、ビールの空き箱を積み重ねて椅子にしている場合でも、飲食設備に該当することになる。

(2) テイクアウト、出前

　ハンバーガーショップ等における店内飲食は外食サービスの対象であるが、テイクアウトや持ち帰り販売は、外食サービスではなく、飲食料品の販売なので、軽減税率の対象である。出前や宅配も同様に軽減税率の対象となる。

　ここで、持ち帰りか、店内飲食かわからない場合には、顧客に意思確認す

ることとされている。この場合の確認方法としては、「店内でお召し上がりの方はおっしゃってください」とレジ付近に貼り紙するなどの方法によることもできるとされている。

(3) イートイン・コーナー

　イートイン・コーナーとは、コンビニ等に設置されている飲食スペースのことで、イートイン、イートイン・スペースとも言う。イートイン・コーナーは飲食のために机やイスが用意されているものであるため、飲食設備に該当する。

　イートーン・コーナーにおいて食べることを前提とする、トレイなど返却の必要のある器に盛られているホットスナック等については、外食サービスにあたるため、標準税率が適用される。コンビニ等で販売されている弁当や総菜等は、持ち帰りのための容器・包装を施してあるが、持ち帰りの場合には軽減税率が適用され、イートインで食べると外食サービスとして標準税率が適用されることになる。持ち帰りか店内飲食かの判断がつかない場合には、顧客に意思確認して判定することになる。

(4) フードコート

　フードコートとは、ショッピングセンターやサービスエリア等で見られる、多様なセルフサービス形式の飲食店が隣接し、共用の食事のためのスペースを設置した広場のことをいう。フードコートの共用食事スペースは、参加しているセルフサービス形式の飲食店が共同で設置した飲食設備と考えられる。

　フードコートでの食事は、通常は、トレイに載せられ、丼、皿等の返却を要する器に盛られて提供されるため、飲食設備のあるところで提供される食事として、外食サービスに該当する。

　しかし、公園のベンチは飲食設備ではないため、移動販売車で食品を販売

附録：軽減税率・インボイスの解説

し、顧客がベンチで食べていたというケースでは、外食にはならないことになる。

軽減税率（「外食」に当たらない）	標準税率（「外食」に当たる）
牛丼屋・ハンバーガー店のテイクアウト そば屋の出前 ピザの宅配 屋台での軽食 （テーブル・椅子等の飲食設備がない場合）	牛丼屋・ハンバーガー店での「店内飲食」 そば屋の「店内飲食」 ピザの「店内飲食」 フードコートでの飲食
寿司屋の「お土産」 コンビニの弁当・惣菜（持ち帰り販売） （イートインがある場合は、顧客に確認）	寿司屋での店内飲食 コンビニのイートインコーナーでの飲食を前提に提供される飲食料品 （例：トレイ等返却の必要がある食器に盛られた食品）

6 ケータリング・出張料理

　ケータリングとは、ホテルや自宅などに料理を持って行って、配膳したり、取り分けたりするサービスをいう。ケータリングや出張料理のように、単に飲食料品を販売するだけではなく、相手方が指定した場所で、「加熱、切り分け、味付けなどの調理、盛り付け、食器の配膳、取り分け用の食器等を飲食に適する状況に配置する」等の役務の提供をする場合には、標準税率が適用される。

7 有料老人ホームの食事、学校給食

　「相手方が指定した場所において行う役務を伴う飲食料品の提供」であっても、有料老人ホーム、サービス付き高齢者向け住宅（サ高住）、学校給食等のうち、一食当たりの対価（税抜）が640円以下で、かつ、1日の累計額が1,920円までのものは、軽減税率の対象になる。

335

8 外食まとめ

軽減税率（「外食」に当たらない）	標準税率（「外食」に当たる）
自動販売機による販売	セルフサービスの飲食店
屋台での飲食料品の販売（その屋台に飲食設備がない場合又は持ち帰りの場合）	屋台での食事の提供（その屋台に設置して飲食設備で飲食させる場合）
イートイン・コーナーのあるコンビニでの持ち帰り販売（持ち帰りとして販売される飲食料品の譲渡） 判定は顧客への意思確認による	イートイン・コーナーのあるコンビニでの食事の提供 （トレイや返却が必要な食器に入れて飲食料品を提供する場合、顧客が店内飲食の意思表示をした場合）
ファーストフード店でのテイクアウト	ファーストフード店での店内飲食
寿司屋等でのお土産	飲食店で注文した食事の残りを持ち帰る場合
公園のベンチでの飲食	フードコートでの飲食
列車内の移動ワゴン販売	列車内の食堂施設での飲食
	カラオケボックスの客室での飲食
ホテルの冷蔵庫での飲食料品の販売	ルームサービス
出前、宅配	ケータリング、料理代行サービス
有料老人ホームでの一定の飲食料品の提供、学校給食	社員食堂、学生食堂

9 新聞

　軽減税率の対象には、「一定の題号を用い、政治、経済、社会、文化等に関する一般社会的事実を掲載する週2回以上発行される新聞の定期購読契約に基づく譲渡」が含まれる。

　したがって、スポーツ新聞や業界紙、日本語以外の新聞も軽減税率の対象になるが、駅やコンビニで売っている新聞や、電子新聞は対象ではない。

Ⅲ 簡素な方法による請求書等の作成

正式名称：「区分記載請求書等保存方式」

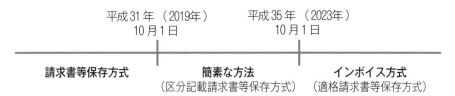

1 4年間は簡素な方法

軽減税率が導入されると、複数税率制になるため、税率ごとに区分経理する必要が生ずる。区分経理の方法として、平成31年（2019年）10月1日から平成35年（2023年）9月30日までの4年間は、簡素な方法として、「区分記載請求書等保存方式」が適用される。

2 基本は現行の請求書等保存方式と同じ

区分記載請求書等保存方式は、現行の請求書等保存方式と基本的には同じであるため、この4年間については、免税事業者からの課税仕入れも仕入税額控除の対象になるし、3万円未満の取引については、帳簿のみの記載で仕入税額控除が適用される。また、請求書等というが、請求書のみならず、領収書や、相手方の確認を受けた仕入明細書等も含まれる。

3 記載事項

区分記載請求書等保存方式における記載事項としては、現行の請求書等の記載事項に、次の2つを加えることになる。

【表　区分記載請求書等保存方式の記載事項】

〈現行の請求書等保存方式における請求書等の記載事項〉

請求書の作成者の名前、取引の年月日、取引の内容、取引金額、相手方の名前

　　　　＋　軽減税率の対象である場合にはその旨

　　　　＋　税率ごとの合計額

事業者が取り扱う商品の全てが軽減税率の対象である場合には、「全商品が軽減税率対象」などと書くことになる。また、軽減税率の対象となる商品がない場合には、現行の請求書等で問題ないことになる。

4 記載における注意点

請求書等の記載事項である、取引の内容については、軽減対象であるか、それ以外であるかがわかる程度の、一般的な総称でもよいとされている。したがって、例えば、「野菜」、「肉」、「食品」、「飲食料品」、あるいは「雑貨」等といった記載が認められる。しかし、「部門1」等では内容がわからないとされている。

また、取引の年月日については、例えば「11／1〜11／30」という形で、一定期間をまとめて記載することも認められる。

5 受取側での追記が可能

区分記載請求書等保存方式において最も重要な点は、追記ができる点であ

附録：軽減税率・インボイスの解説

る。区分経理をしていない請求書等を受領した場合には、受取側で追記することができるのである。

6 請求書等の作成例

税率ごとに区分する方法は3つが示されている。

> ① 軽減税率の対象に記号をつける方法
>
> ② 同一の請求書の中で税率ごとに商品を区分する方法
>
> ③ 税率ごとに請求書を分ける方法

① 軽減税率の対象に
　記号をつける方法

請求書

㈱○○御中　　　　　　XX年11月30日
11月分 131,200円（税込）

日付	品名	金額
11/1	小麦粉 ※ ①	5,400円
11/1	キッチンペーパー	2,200円
11/2	牛肉 ※ ①	10,800円
⋮	⋮	⋮
	合計	131,200円
②	10%対象	88,000円
	8%対象	43,200円

※は軽減税率対象品目 ③

△△商事㈱

② 同一の請求書の中で税率
　ごとに商品を区分する方法

請求書

㈱○○御中　　　　　　XX年11月30日
11月分 131,200円（税込）

日付	品名	金額
11/1	小麦粉 ※ ①	5,400円
11/1	キッチンペーパー	2,200円
11/2	牛肉 ※ ①	10,800円
⋮	⋮	⋮
	合計	131,200円
②	10%対象	88,000円
	8%対象	43,200円

※は軽減税率対象品目 ③

△△商事㈱

339

③　税率ごとに請求書を分ける方法

請求書

（軽減税率対象）

㈱○○御中　　　　　　　XX年11月30日

11月分　43,200円（税込）

日付	品名	金額
11/1	米	5,400円
11/1	牛肉	10,800円
⋮	⋮	⋮
合計		43,200円

△△商事㈱

請求書

㈱○○御中　　　　　　　XX年11月30日

11月分　88,000円（税込）

日付	品名	金額
11/2	キッチンペーパー	2,200円
⋮	⋮	⋮
合計		88,000円

△△商事㈱

附録：軽減税率・インボイスの解説

Ⅳ 区分経理ができない事業者に対する特例

1 売上に対する特例

　売上を税率ごとに区分して経理することができない事業者のうち、基準期間における課税売上高が5,000万円以下の中小事業者については、特例が設けられる。

　その特例とは、8％の売上高と、10％の売上高が区分されずに集計された税込の売上高に、8％の売上高が占める割合をかけて、8％と10％の売上高に分けるというものである。

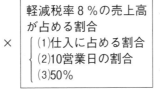

　このとき使用できる割合は、(1)仕入に占める割合、(2)10営業日の割合、(3)50％の3つである。

(1) 仕入に占める割合（正式名称：小売等軽減仕入割合）

　仕入全体の金額のうちに、軽減税率8％の仕入がいくらあるかの割合を求め、この率を使用して売上を按分しようとする方法である。卸売業、小売業を営む事業者のみ適用することができる。

(2) 10営業日の割合を使う方法（正式名称：軽減売上割合）

　通常の事業を行う連続する10日間だけ、軽減税率8％と標準税率10％の売

上を集計して、計算する方法も認められる。

⑶ 50%とする方法

上記⑴⑵によることが困難で、主として軽減税率8％の商品を扱っている事業者については、50％として計算することができる。ここで、「主として」とは、軽減税率対象の売上が、おおむね50％以上あることをいう。

⑷ 適用期間

この特例は、決算期に関係なく、平成31年（2019年）10月1日から平成35年（2023年）9月30日までの期間に限り、適用が認められる。

2　仕入に対する特例
⑴ 特例の内容

POSレジが入っているなどにより、売上を税率ごとに区分することはできるけれども、仕入を税率ごとに区分することはできないという事業者については、税率ごとの区分がされていない仕入高合計に、一定の割合を掛けることにより、8％の仕入高と10％の仕入高に分ける特例が認められる。仕入に対する特例の場合は、売上に対する特例とは異なり、使用できる率は次の⑵に示す1種類しか認められない。

⑵ 売上に占める割合（正式名称：小売等軽減売上割合）

仕入に対する特例としては、売上全体の金額のうちに、軽減税率8％の売上がいくらあるかという割合を使って按分することが認められるが、この特例は、卸売業、小売業を営む事業者しか適用できない。

附録：軽減税率・インボイスの解説

⑶　適用期間

この特例は売上に対する特例とは異なり、「平成31年（2019年）10月1日から平成32年（2020年）9月30日の属する課税期間の末日まで」しか適用ができない。

3　簡易課税制度の特例

簡易課税制度を適用しようとする事業者は、原則として、適用しようとする課税期間の前に届出書を提出する必要がある。これに対して、仕入を区分して経理することが困難な事業者については、適用しようとする事業年度の終了の日までに届出書を提出すれば、提出した事業年度から、簡易課税制度を適用することができるという特例が設けられている。

特例の適用期間は、「平成31年（2019年）10月1日から平成32年（2020年）9月30日までの日の属する課税期間」であり、この特例による届出書は、平成31年（2021年）7月1日以後に提出することができる。

343

Ⅴ　インボイスの導入

正式名称：適格請求書等保存方式

1　概要

　平成35（2023年）年10月１日から、日本版インボイス方式である、「適格請求書等保存方式」が導入される。適格請求書等は登録事業者しか発行できないが、登録事業者は課税事業者に限られる。したがって、免税事業者は適格請求書等を発行することができない。

　適格請求書等保存方式においては、適格請求書等の保存が仕入税額控除の要件になる。したがって、免税事業者からの課税仕入れは仕入税額控除の対象にならない。ただし、６年間の経過措置が設けられている。

2　適格請求書発行事業者登録制度

　適格請求書等を発行できる事業者は、「適格請求書発行事業者」の登録を受けた事業者に限られるが、適格請求書発行事業者の登録は、納税地を所轄する税務署長に申請書を提出して行う。登録申請は、平成33年（2021年）10月１日より開始する。

　適格請求書発行事業者については、氏名又は名称、登録番号、登録年月日等が、インターネットを通じて、登録後速やかに公表される。

3　免税事業者と登録

⑴　原則

　適格請求書発行事業者の登録は、課税事業者に限られており、免税事業者は登録することができない。したがって、免税事業者が適格請求書発行事業者として登録するためには、原則として、課税事業者を選択してから登録す

344

ることになる。

しかし、適格請求書発行事業者の登録を受けた者は、発行事業者の登録取消届出書を提出しない限り、基準期間の課税売上高が1,000万円以下になっても、免税点の適用はない。

(2) 平成35（2023）年10月1日を含む課税期間の特例

適格請求書等保存方式に移行する、平成35年（2023年）10月1日を含む課税期間については、特例が設けられている。免税事業者が、この課税期間から登録を受けるための申請書を提出した場合には、当該課税期間の途中から登録事業者になることができるものであり、この場合には、課税事業者の選択は不要である。

この特例の適用を受ける場合には、期の途中から課税事業者になるため、同一の課税期間中であるが、登録前は免税事業者、登録の日以後は課税事業者ということになる。

4 発行事業者の義務

適格請求書発行事業者の登録を受けた者には、次の義務が課されている。

(1) 適格請求書の交付

他の事業者（免税事業者を除く）から適格請求書の交付を求められたときは、記載すべき事項を記載した適格請求書を交付しなくてはならない。相手方の承諾を得た場合には、電磁的記録による提供も可能である。

(2) 適格請求書の保存

適格請求書を交付した場合には、交付した適格請求書の写しを保存する必要がある（電磁的記録の場合は、その保存）。

⑶ **売上対価の返還等を行う場合**

売上に係る対価の返還等を行う場合は、「適格返還請求書」を交付しなくてはならない。相手方の承諾を得た場合は、電磁的記録による提供も認められる。

⑷ **適格請求書の記載事項に誤りがあった場合**

適格請求書の記載事項に誤りがあった場合には、交付した他の事業者に対して、修正した適格請求書を交付しなくてはならない（電磁的記録も同様）。

⑸ **類似書類等の交付禁止**

適格請求書発行事業者でない者は、適格請求書と誤認される書類を発行してはならない。また、適格請求書発行業者は、偽りの記載をした適格請求書等を交付してはならない。

5 適格請求書の記載事項

適格請求書の記載事項は、区分記載請求書の記載事項に、次の3項目を追加するものである。

附録：軽減税率・インボイスの解説

【表　適格請求書の記載事項】

〈区分記載請求書等保存方式の記載事項〉

①請求書の作成者の名前　②取引の年月日　③取引の内容　④取引金額

⑥相手方の名前

③軽減税率8％の売上である場合はその旨　　④税率ごとの取引金額

　　＋　　①インボイス事業者登録番号
　　＋　　④適用税率
　　＋　　⑤消費税額等

【図　適格請求書の記載例】

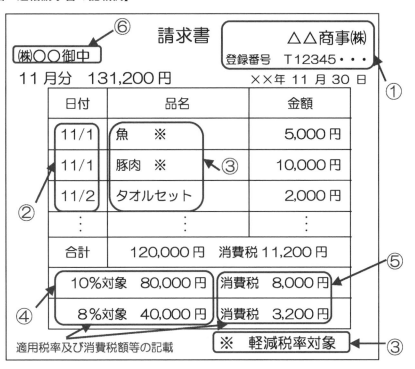

347

6　適格簡易請求書

　小売業、飲食店業、写真業、旅行業、タクシー業、駐車場業等の、不特定多数の者と取引する事業者は、「適格簡易請求書」を交付することができる。適格簡易請求書の発行に代えて、電磁的記録による交付も認められる。

　適格簡易請求書は、適格請求書と異なり、相手方の名前を記載する必要がなく、また、消費税額等と適用税率については、どちらかでよいとされている。

【図　適格簡易請求書の記載例】

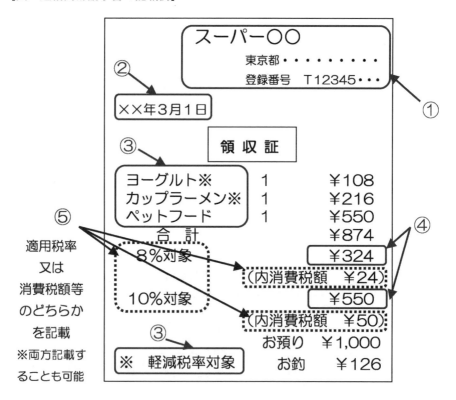

附録：軽減税率・インボイスの解説

7 仕入税額控除の要件

適格請求書等保存方式においては、仕入税額控除の要件として、帳簿への記載と適格請求書等の保存が必要になる

(1) 帳簿への記載事項

適格請求書等保存方式において求められる帳簿の記載事項は、区分記載請求書等保存方式において求められている記載事項と同じである。なお、帳簿には、税率ごとに1行ずつ記載するという前提がある。

(2) 適格請求書等の保存

適格請求書等保存方式においては、仕入税額控除の要件として、適格請求書、適格簡易請求書、あるいは下記の書類等の保存が必要になる。

・適格請求書及び適格簡易請求書に代えて提供される電磁的記録

・事業者が課税仕入れについて作成する仕入明細書、仕入計算書等の書類で、適格請求書の記載事項が記載されているもの（適格請求書発行事業者の確認を受けたものに限る）

・媒介又は取次ぎに係る業務を行う者（卸売市場、農業協同組合又は漁業協同組合等）が、委託を受けて行う農水産品の譲渡について作成する一定の書類

⑶ 適格請求書等の保存を要しない場合

次に掲げる取引は、適格請求書等の保存を要せず、帳簿の保存のみにより仕入税額控除が認められる。

公共交通機関からのもの（3万円未満のものに限る）

適格簡易請求書の要件を満たす入場券が使用の際に回収されるもの

古物営業を営む者が適格請求書発行事業者でない者から買い受けるもの

質屋を営む者が適格請求書発行事業者でない者から買い受けるもの

宅地建物取引業を営む者が適格請求書発行事業者でない者から買い受ける建物

再生資源卸売業等を営む者が適格請求書発行事業者でない者から買い受けるもの

自動販売機によるもの（3万円未満のものに限る）

郵便切手によるもの

従業員等に支払う通勤手当、出張旅費等

⑷ 3万円未満の特例の廃止

3万円未満の課税仕入れの場合、および請求書等の交付を受けなかったことにつきやむを得ない理由がある場合については、現行の請求書等保存方式、および平成31年（2019年）10月からの区分記載請求書等保存方式においては、帳簿の保存のみで仕入税額控除が認められるが、平成35年（2023年）10月1日以後は、この特例は廃止され、原則として適格請求書等の保存が必要になる。

附録：軽減税率・インボイスの解説

8 （参考）記載事項の比較

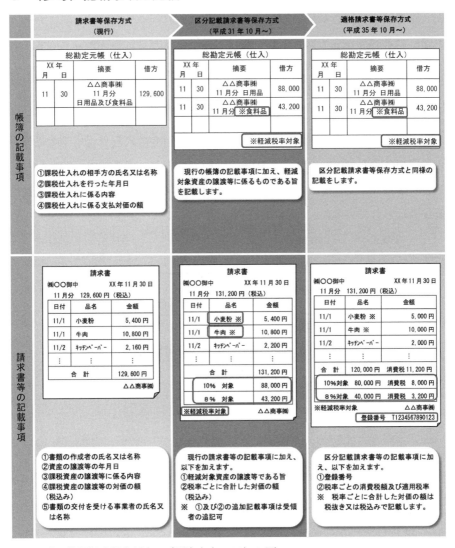

国税庁「消費税軽減税率制度の手引き」（2018.8）65頁。

9　免税事業者からの課税仕入れと経過措置

(1) 適格請求書発行事業者以外からの課税仕入れ

適格請求書等保存方式への移行後は、適格請求書発行事業者以外の者から行った課税仕入れについては、仕入税額控除が受けられなくなる。

(2) 経過措置

平成35年（2023年）10月1日から3年間は、適格請求書発行事業者以外からの課税仕入れについてもその80％について、また、平成38年（2026年）10月1日から3年間は50％について、仕入税額控除の対象とするという経過措置が設けられている。

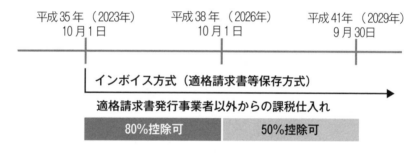

附録：軽減税率・インボイスの解説

コラム08

インボイスと上様領収書

　領収書を発行する際に、相手方が匿名を希望する場合、一般には「上様」と書くことが多いが、これを俗に「上様領収書」と呼ぶ。インボイス制度の導入後、上様領収書の取扱いはどのようになるかについて検討することにしよう。

1　現行法における取扱い

　請求書や領収書等について、所得税および法人税では、記載事項は法定されていないように見受けられるが、消費税法においては、仕入税額控除の要件として、帳簿および請求書等の保存を求めており（消法30⑦）、その記載事項は法定されている（消法30⑧⑨）。上様領収書とは、消費税法の観点からは、受取人の名称が記入されていない領収書ということになるが、「書類の交付を受ける者の氏名又は名称」が記載事項として定められていることとの関係が問題になる。

　現行の「請求書等保存方式」では、仕入税額控除の要件としての請求書等の保存について、次の3つの例外が定められている。

①　領収書を発行する事業者の営む事業が、小売業、飲食店業、その他不特定多数の者と取引するものである場合には、受取人の氏名又は名称は記載しなくても良い（消法30⑨一、消令49④）。

②　取引金額が3万円未満である場合には、領収書等の保存はなくても良い（消法30⑦、消令49①一）。

③　領収書等の交付を受けなかったことにつきやむを得ない理由があるときは、領収書等の保存はなくても良い（消令49①二）。

　したがって、これらの事情に該当する場合には、上様領収書であって

353

も仕入税額控除を受けることができるというのが、現行法の取扱いである。

【図　現行法における上様領収書の取扱い】

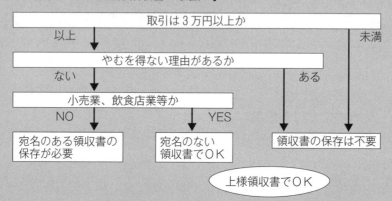

2　区分記載請求書等保存方式における取扱い

　平成31年（2019年）10月1日に軽減税率が導入され、複数税率制に移行すると、税率ごとに区分して経理をする必要が生ずるが、平成31年（2019年）10月1日から4年間は、簡素な方法で経理することが認められており、この間に適用される方式を、「区分記載請求書等保存方式」という。

　区分記載請求書等保存方式における仕入税額控除の要件は、基本的には現行の請求書等保存方式と同じであるため、上様領収書に対する取扱いも同様である。

3　インボイス制度導入後の取扱い

　ところが、平成35年（2023年）10月1日にインボイス制度が導入されると、インボイスの保存が仕入税額控除の要件となり、取引金額3万円

附録：軽減税率・インボイスの解説

未満の特例と、やむ得ない理由がある場合の特例が廃止されるため、上様領収書に関する取扱いに変化が生ずる。

　具体的には、領収書が発行されないことに理由があったとしても認められず、金額が少額であってもインボイスを保存しなくてはならなくなる。上様領収書が認められるのは、小売業、飲食店業等、不特定多数の者と取引をする事業者から発行される領収書の場合のみということになる。なお、これらの事業者に認められる宛名のないインボイスを「適格簡易請求書」という。

資料編

資料編

1　平成21年12月17日　個人課税課情報第9号

大工、左官、とび職等の受ける報酬に係る所得税の取扱いに関する留意点について（情報）より、別冊を抜粋

目　次

問1　大工、左官、とび職等の受ける報酬に係る所得税の取扱い

問2　「大工、左官、とび職等」の意義

問3　契約によって所得区分が判定できないときの判定基準

問4　所得区分の判定基準(1)

　　　他人が代替して業務を遂行すること又は役務を提供することが認められる場合

問5　所得区分の判定基準(2)

　　　時間的な拘束（業務の性質上当然に存在する拘束を除く。）を受ける場合

問6　所得区分の判定基準(3)

　　　指揮監督（業務の性質上当然に存在する指揮監督を除く。）を受ける場合

問7　所得区分の判定基準(4)

　　　まだ引渡しを了しない完成品が不可抗力のため滅失するなどした場合において、自らの権利として既に遂行した業務又は提供した役務に係る報酬の支払を請求できる場合

問8　所得区分の判定基準(5)

　　　材料又は用具等（くぎ材等の軽微な材料や電動の手持ち工具程度の用具等を除く。）を報酬の支払者から供与されている場合

問9　総合勘案して所得区分を判定する場合(1)

問10　総合勘案して所得区分を判定する場合(2)

問11　報酬の支払者における所得税の源泉徴収と消費税の仕入税額控除

359

（大工、左官、とび職等の受ける報酬に係る所得税の取扱い）

> 問1　所得税の確定申告等に当たり、大工、左官、とび職等が建設、据
> 付け、組立てその他これらに類する作業において、業務を遂行し又
> は役務を提供したことの対価として支払を受けた報酬に係る所得区
> 分はどのように判定するのでしょうか。

（答）

1　事業所得とは、自己の計算において独立して行われる事業から生ずる所
　得をいうこととされていますので、例えば、請負契約又はこれに準ずる契
　約に基づく業務の遂行ないし役務の提供の対価は事業所得に該当し、雇用
　契約又はこれに準ずる契約に基づく役務の提供の対価は、事業所得に該当
　せず、給与所得に該当します。

2　したがって、大工、左官、とび職等が、建設、据付け、組立てその他こ
　れらに類する作業（以下「建設作業等」という。）において、業務を遂行
　し又は役務を提供したことの対価として支払を受けた報酬（以下「本件報
　酬」という。）に係る所得区分は、本件報酬が、請負契約若しくはこれに
　準ずる契約に基づく対価であるのか、又は雇用契約若しくはこれに準ずる
　契約に基づく対価であるのかにより判定することになります。

3　なお、雇用契約若しくはこれに準ずる契約に基づく対価として給与所得
　に該当する場合は、その給与等の支払をする者は、その支払の際に、所得
　税の源泉徴収を行うことになります。

【参考】

○最判昭和56年4月24日（民集35巻3号672頁）
　およそ業務の遂行ないし労務の提供から生ずる所得が所得税法上の事業所

資料編

得（同法27条１項、同法施行令63条12号）と給与所得（同法28条１項）のいずれに該当するかを判断するにあたっては、租税負担の公平を図るため、所得を事業所得、給与所得等に分類し、その種類に応じた課税を定めている所得税法の趣旨、目的に照らし、当該業務ないし労務及び所得の態様等を考察しなければならない。したがって、弁護士の顧問料についても、これを一般的抽象的に事業所得又は給与所得のいずれかに分類すべきものではなく、その顧問業務の具体的態様に応じて、その法的性格を判断しなければならないが、その場合、判断の一応の基準として、両者を次のように区別するのが相当である。すなわち、事業所得とは、自己の計算と危険において独立して営まれ、営利性、有償性を有し、かつ反覆継続して遂行する意思と社会的地位とが客観的に認められる業務から生ずる所得をいい、これに対し、給与所得とは雇傭契約又はこれに類する原因に基づき使用者の指揮命令に服して提供した労務の対価として使用者から受ける給付をいう。なお、給与所得については、とりわけ、給与支給者との関係において何らかの空間的、時間的な拘束を受け、継続的ないし断続的に労務又は役務の提供があり、その対価として支給されるものであるかどうかが重視されなければならない。

361

（「大工、左官、とび職等」の意義）

問2　「大工、左官、とび職等」とは、具体的にどのような者をいうの
　　　でしょうか。

（答）

　本通達でいう「大工、左官、とび職等」とは、日本標準職業分類（総務
省）の「大工」、「左官」、「とび職」、「石工」、「板金作業者」、「屋根ふき作業
者」、「塗装作業者」、「植木職、造園師」、「畳職」に分類する者その他これら
に類する者をいいます（本通達1）。

【参考】

○日本標準職業分類（平成9年12月改定）（総務省）（抜粋）
　　大分類G　農林漁業作業者
　　　中分類43　農業作業者
　　　　小分類433　植木職、造園師
　　　　　　　　　植木の植込・手入、造園の造築の仕事に従事するものを
　　　　　　　　いう。
　　大分類I　生産工程・労務作業者
　　　I－1　製造・制作作業者
　　　　中分類54　土石製品製造作業者
　　　　　小分類541　石工
　　　　　　　　　　石工用機械又は手道具を用いて、石材の切断・表面研
　　　　　　　　　磨・像刻み・碑文彫り、石塔・石材・うす（臼）などの加
　　　　　　　　　工製作の仕事に従事するものをいう。石積の仕事に従事す
　　　　　　　　　るものも含まれる。
　　　　中分類55　金属加工作業者
　　　　　小分類554　板金作業者
　　　　　　　　　　金切はさみ・つち（鎚）・簡単な切断機・曲げロール機
　　　　　　　　　などを用いて、金属薄板を切断・曲げ・絞り・成形する仕

資料編

事、加工された金属薄板を組み合わせ、ハンダ・硬ろう（蝋）・ガス・電気で接着して仕上げる仕事に従事するものをいう。

中分類72　その他の製造・製作作業者

小分類723　塗装作業者

塗料の調整・き（素）地作り（パテ拾い・めどめ・さび（錆）落しなど）・下地塗り・水どき・中塗り・上塗り・文字書きなどの仕事に従事するものをいう。はけ塗り・へら塗り・たんぽ塗り・吹付け・刷り込み・転写・まき（蒔）絵は（貼）りの仕事に従事するものも含まれる。

I－3　採掘・建設・労務作業者

中分類76　建設躯体工事作業者

小分類762　とび職

くい（杭）打・建方・足場組み・ひき家・家屋の解体・取り壊し・けた（桁）かけなどの仕事に従事するものをいう。

中分類77　建設作業者（建設躯体工事作業者を除く）

小分類771　大工

家屋などの築造・屋内造作などの木工事の仕事に従事するものをいう。

小分類773　屋根ふき作業者

かわらふき・スレートかわらふき・土居ふきなどの屋根ふき又はふきかえの仕事に従事するものをいう。

小分類774　左官

土・モルタル・プラスタ・漆くい（喰）・人造石等の壁材料を用いて、壁塗りなどの仕事に従事するものをいう。

小分類775　畳職

畳の仕立て・はめ込み・畳表の裏返しの仕事に従事するものをいう。

（契約によって所得区分が判定できないときの判定基準）

問3　大工、左官、とび職等が建設、据付け、組立てその他これらに類
　　する作業において業務を遂行し又は役務を提供したことの対価とし
　　て支払を受けた報酬に係る所得区分が、契約によって判定できない
　　ときは、どのように判定するのでしょうか。

（答）

1　大工、左官、とび職等が、建設作業等において支払を受けた本件報酬に
　係る所得区分は、本件報酬が請負契約若しくはこれに準ずる契約に基づく
　対価であるのか、又は、雇用契約若しくはこれに準ずる契約に基づく対価
　であるのかにより判定することになります。

　　民法上、「雇用」とは、当事者の一方が相手方に対して労働に従事する
　ことを約し、相手方がこれに対してその報酬を与えることを約するもの、
　「請負」とは、当事者の一方がある仕事を完成することを約し、相手方が
　その仕事の結果に対してその報酬を支払うことを約するものとされていま
　す。

　　業務の遂行又は役務の提供には種々の形態が存するところ、大工、左官、
　とび職等が、建設作業等において支払を受けた本件報酬に係る所得区分が、
　契約によって判定できない場合には、例えば、次の事項を総合勘案して判
　定することになります。

①　他人が代替して業務を遂行すること又は役務を提供することが認めら
　　れるかどうか。

②　報酬の支払者から作業時間を指定される、報酬が時間を単位として計
　　算されるなど時間的な拘束（業務の性質上当然に存在する拘束を除く。）
　　を受けるかどうか。

資料編

③ 作業の具体的な内容や方法について報酬の支払者から指揮監督（業務の性質上当然に存在する指揮監督を除く。）を受けるかどうか。

④ まだ引渡しを了しない完成品が不可抗力のため滅失するなどした場合において、自らの権利として既に遂行した業務又は提供した役務に係る報酬の支払を請求できるかどうか。

⑤ 材料又は用具等（くぎ材等の軽微な材料や電動の手持ち工具程度の用具等を除く。以下同じ。）を報酬の支払者から供与されているかどうか。

2 したがって、その個人の業務の遂行又は役務の提供について、例えば他人の代替が許容されること、報酬の支払者から時間的な拘束や指揮監督（業務の性質上当然に存在するものを除きます。）を受けないこと、引渡未了物件が不可抗力のために滅失した場合等に、既に遂行した業務又は提供した役務に係る報酬について請求することができないこと及び役務の提供に係る材料又は用具等を報酬の支払者から供与されていないこと等の事情がある場合には、事業所得と判定することとなります。

【参考】

○民法（抄）
623条 雇用は、当事者の一方が相手方に対して労働に従事することを約し、相手方がこれに対してその報酬を与えることを約することによって、その効力を生ずる。
632条 請負は、当事者の一方がある仕事を完成することを約し、相手方がその仕事の結果に対してその報酬を支払うことを約することによって、その効力を生ずる。

（所得区分の判定基準(1)）

> 問4　次に掲げるような場合は、「他人が代替して業務を遂行すること
> 　　又は役務を提供することが認められる」場合に該当しますか。
> 　　①　急病等により作業に従事できない場合には、本人が他の作業員
> 　　　を手配し、作業に従事しなかった日数に係る本件報酬も本人に支
> 　　　払われる場合（作業に従事した者に対する報酬は、本人が支払
> 　　　う。）
> 　　②　急病等により作業に従事できない場合には、報酬の支払者が他
> 　　　の作業員を手配し、作業に従事しなかった日数に係る本件報酬は
> 　　　当該他の作業員に支払われる場合

（答）

1　他人が代替して業務を遂行すること又は役務を提供することが認められ
　ることは、当該業務の遂行又は役務の提供の対価として受ける報酬に係る
　所得が事業所得に該当すると判定するための要素の一つとなります。これ
　に対し、他人が代替して業務を遂行すること又は役務を提供することが認
　められないことは、当該所得が給与所得に該当すると判定するための要素
　の一つとなります。

2　事例①の場合は、本人が自己の責任において他の者を手配し、当該他の
　者が行った役務提供に係る報酬が本人に支払われるものであり、役務の提
　供を行った者が誰であるかにかかわらず、支払者から本人に報酬が支払わ
　れるものであることから、他人が代替して業務を遂行すること又は役務を
　提供することが認められています。

　　一方、事例②の場合は、支払者の責任において、他の者を手配し、他の
　者が行った役務提供に係る報酬が支払者から直接当該他の者に支払われる

資料編

ものであり、役務の提供を行った者に対してのみ報酬が支払われています。

3　したがって、事例①の場合は、「他人が代替して業務を遂行すること又は役務を提供することが認められる」場合に該当し、事例②の場合は、「他人が代替して業務を遂行すること又は役務を提供することが認められる」場合に該当しないことになります。

【参考】

○民法（抄）
625条第2項　労働者は、使用者の承諾を得なければ、自己に代わって第三者を労働に従事させることができない。

367

（所得区分の判定基準(2)）

問5　次に掲げるような場合は、「報酬の支払者から作業時間を指定される、報酬が時間を単位として計算されるなど時間的な拘束（業務の性質上当然に存在する拘束を除く、以下同じ。）を受ける」場合に該当しますか。

①　作業時間を午前9時から午後5時までとされている場合

　イ　午後5時までに予定されている作業が終わった場合には予定されている作業以外の作業にも従事する。また、午後5時までに予定されている作業が終わらず午後5時以降も作業に従事した場合には午後5時以降の作業に対する報酬が加算されて支払われる。

　ロ　作業時間の指定は近隣住民に対する騒音の配慮によるものであり、午後5時までに予定されている作業が終わった場合には、午後5時前に帰宅した場合でも所定の報酬の支払を受けることができる。

②　作業の進行状況等に応じて、その日の作業時間を自らが決定できる場合

（答）

1　報酬の支払者から作業時間を指定される、報酬が時間を単位として計算されるなど時間的な拘束を受けることは、本件報酬に係る所得が給与所得に該当すると判定するための要素の一つになります。

2　事例①のイの場合は、作業の内容にかかわらず、午前9時から午後5時までの間、作業に従事したことに対して報酬が支払われる、すなわち、指定された時間作業に従事したことに基づいて報酬が支払われるものである

ことから、時間的な拘束を受けるものに該当します。

一方、事例①のロ及び②の場合には、作業時間に関係なく、作業内容に応じて報酬が支払われるものであることから、時間的な拘束を受けるものではありません。

3　したがって、事例①のイの場合は、「報酬の支払者から作業時間を指定されるなど時間的な拘束を受ける」場合に該当し、事例①のロ及び②の場合は、「報酬の支払者から作業時間を指定されるなど時間的な拘束を受ける」場合に該当しません。

なお、事例①のロについては、騒音を発生する作業を行う場合に、近隣住民への配慮から作業時間が指定されているものであり、作業実施上の条件であることから、ここにいう時間的な拘束には当たりません。

【参考】

○最判昭和56年4月24日（民集35巻3号672頁）
　給与所得とは雇傭契約又はこれに類する原因に基づき使用者の指揮命令に服して提供した労務の対価として使用者から受ける給付をいう。なお、給与所得については、とりわけ、給与支給者との関係において何らかの空間的、時間的な拘束を受け、継続的ないし断続的に労務又は役務の提供があり、その対価として支給されるものであるかどうかが重視されなければならない。

○平成19年11月16日東京地裁（平成20年4月23日東京高裁、平成20年10月10日最高裁同旨）
　本件各支払先による労務の提供及びこれに対する原告による報酬の支払は、雇用契約又はこれに類する原因に基づき、原告との関係において空間的（各仕事先の指定等）又は時間的（基本的な作業時間が午前8時から午後5時までであること等）な拘束を受けつつ、継続的に労務の提供を受けていたことの対価として支給されていたものと認めるのが相当である。
　したがって、…本件各支払先に対する本件支出金の支払は、所得税法28条1項に規定する給与等に該当するものと認めることができる。

（所得区分の判定基準(3)）

> 問6　次に掲げるような場合は、「作業の具体的な内容や方法について
> 報酬の支払者から指揮監督（業務の性質上当然に存在する指揮監督
> を除く、以下同じ。）を受ける」場合に該当しますか。
> 　①　現場監督等から、作業の具体的内容・方法等の指示がなされて
> 　　いる場合
> 　②　指示書等の交付によって、通常注文者が行う程度の作業の指示
> 　　がなされている場合
> 　③　他職種との工程の調整や事故の発生防止のために、作業の方法
> 　　等の指示がなされている場合

（答）

1　作業の具体的な内容や方法について報酬の支払者から指揮監督を受ける
　ことは、本件報酬に係る所得が給与所得に該当すると判定するための要素
　の一つになります。

2　事例①の場合、報酬の支払者（現場監督等）から具体的内容・方法等の
　指示を受け、作業に従事するものであることから、指揮監督を受けている
　と認められます。

　　事例②の場合には、具体的な内容や方法は本人に委ねられているもので
　あることから、指揮監督を受けていないと認められます。

　　事例③の場合には、他職種との工程の調整や事故の発生防止のために作
　業の方法等を指示するものであり、業務の性質上当然に存在する指揮監督
　であることから、本通達にいう報酬の支払者からの指揮監督には当たりま
　せん。

3　したがって、事例①の場合は、「作業の具体的な内容や方法について報

酬の支払者から指揮監督を受ける」場合に該当し、事例②及び③の場合は、
「作業の具体的な内容や方法について報酬の支払者から指揮監督を受ける」
場合に該当しません。

【参考】

○昭和56年3月6日京都地裁（昭和57年11月18日大阪高裁同旨）
　給与所得に該当するか否かは、既にみたとおり、労務の提供が使用者の指
揮監督に服してなされているか、労務提供における危険と計算は誰が負って
いるかを基準に判断すべきであり、多種多様な給与所得者について労務提供
における処遇上の差異があるからといって、その処遇が充分でない者の所得
を給与所得でないとする根拠とはなりえない。
　〔認定〕
　（一）健康保険、失業保険、厚生年金保険の加入資格、職員組合、共済組合
等の組合員資格のいずれをも有しない、（二）就業規則が適用されない、（三）
専任教員についての賃金規則、退職金規程も適用されない、…（七）夏季、
冬季の一時金が支給されないとの勤務形態、処遇にあること…が認められる。

（所得区分の判定基準(4)）

問7　次に掲げるような場合は、「まだ引渡しを了しない完成品が不可
　　　抗力のため滅失するなどした場合において、自らの権利として既に
　　　遂行した業務又は提供した役務に係る報酬の支払を請求できる」場
　　　合に該当しますか。
　　① 完成品が、引渡し前に台風により損壊した場合であっても、提
　　　供した役務に対する報酬の支払を請求できる場合
　　② 完成品が、引渡し前に台風により損壊した場合には、提供した
　　　役務に対する報酬の支払を請求できない場合

（答）

1　まだ引渡しを了しない完成品が不可抗力のため滅失するなどした場合に
　おいて、自らの権利として既に遂行した業務又は提供した役務に係る報酬
　の支払を請求できることは、本件報酬に係る所得が給与所得に該当すると
　判定するための要素の一つになります。

2　事例①及び②の場合は、いずれも台風という不可抗力のため、完成品が
　損壊したものですが、事例①の場合には報酬の支払が請求でき、事例②の
　場合には請求できないことから、事例①の場合は、「まだ引渡しを了しな
　い完成品が不可抗力のため滅失するなどした場合において、自らの権利と
　して既に遂行した業務又は提供した役務に係る報酬の支払を請求できる」
　場合に該当し、事例②の場合は、「まだ引渡しを了しない完成品が不可抗
　力のため滅失するなどした場合において、自らの権利として既に遂行した
　業務又は提供した役務に係る報酬の支払を請求できる」場合に該当しませ
　ん。

資料編

【参考】

○平成19年11月16日東京地裁（平成20年4月23日東京高裁、平成20年10月10日最高裁同旨）

　本件各支払先としては、原告に対し、ある仕事を完成することを約して（民法632条参照）労務に従事していたと認めることはできず（原告は本件各支払先に対し作業時間に従って労務の対価を支払っており、達成すべき仕事量が完遂されない場合にも、それを減額したりはしていない。）、労働に従事することを約して（同法623条参照）労務に従事する意思があったものと認めるのが相当であり、…本件各支払先に対する本件支出金の支払は、所得税法28条1項に規定する給与等に該当するものと認めることができる。

（所得区分の判定基準(5)）

> 問8　次に掲げるような場合は、「材料又は用具等（くぎ材等の軽微な
> 材料や電動の手持ち工具程度の用具等を除く、以下同じ。）を報酬
> の支払者から供与されている」場合に該当しますか。
> ①　手持ちの大工道具以外は報酬の支払者が所有する用具を使用し
> ている場合
> ②　報酬の支払者が所有する用具を使用せず、本人が所有する据置
> 式の用具を建設作業等に使用している場合

（答）

1　材料又は用具等を報酬の支払者から供与されていることは、本件報酬に
係る所得が給与所得に該当すると判定するための要素の一つになります。

2　事例①の場合には、作業に当たり、報酬の支払者が所有する用具を使用
していることから、材料・用具等を供与されていると認められます。

　　一方、事例②の場合には、報酬の支払者が所有する用具を使用せず、自
己が所有する据置式の用具を使用して作業を行っていることから、材料・
用具等を供与されているとは認められません。

3　したがって、事例①の場合は、「材料又は用具等を報酬の支払者から供
与されている」場合に該当し、事例②の場合は、「材料又は用具等を報酬
の支払者から供与されている」場合に該当しません。

　　なお、事例②については、たとえ本人が手持ち工具程度の用具に該当し
ない用具を所有している場合であっても、本件報酬に係る建設作業等にお
いてこれを使用していないときは、本件報酬に係る所得が事業所得に該当
すると判定するための要素とはなりません。

374

資料編

【参考】

○平成19年11月16日東京地裁（平成20年4月23日東京高裁、平成20年10月10
　日最高裁同旨）
　　本件各支払先は、原告から指定された各仕事先において原告代表者又はA
　社の職員である現場代理人の指示に従い、基本的に午前8時から午後5時ま
　での間、電気配線工事等の作業に従事し、（中略）各仕事先で使用する材料
　を仕入れたことはなかったこと、ペンチ、ナイフ及びドライバー等のほかに
　本件各支払先において使用する工具及び器具等その他営業用の資産を所持し
　たことはなかったことなどが認められるところ、（中略）総合的に考慮すると、
　その労務の実態は、いわゆる日給月給で雇用される労働者と変わりがないも
　のと認めることができるから、このような本件各支払先について、自己の計
　算と危険において独立して電気配線工事業等を営んでいたものと認めること
　はできない。

（総合勘案して所得区分を判定する場合(1)）

問9　次のような場合、左官ＡがＢ社から受けた報酬に係る所得区分の
　　　判定はどのように行うのでしょうか。

［例］

契約関係：　　書面契約はないが、口頭により、マンションの壁塗り等の
　　　　　　　作業を、１日当たり２万円の報酬で行っている。報酬の支払
　　　　　　　日は月ごとに決められている。

代替性の有無：　左官Ａが自己の判断で補助者を使用することは認めら
　　　　　　　　れておらず、作業の進ちょくが遅れている場合には、Ｂ
　　　　　　　　社が新たに左官Ｃを手配する。

　　　　　　　　左官Ｃに対する報酬は、Ｂ社が支払う。

拘束性の有無：　左官ＡはＢ社の指示により午前８時から午後５時まで
　　　　　　　　労務を提供しており、予定していた作業が午後５時まで
　　　　　　　　に終了した場合には、Ｂ社の指示により壁塗り以外の作
　　　　　　　　業にも従事することがある。

　　　　　　　　なお、予定していた作業が午後５時までに終了せず、
　　　　　　　　午後５時以降も作業に従事した場合は、１時間当たり３
　　　　　　　　千円の報酬が加算して支払われる。

指揮監督の有無：　左官Ａが作業する箇所や順番はＢ社から毎日指定さ
　　　　　　　　　れる。

危険負担の有無：　工事途中に天災等で作業後の壁が破損し、再度作業
　　　　　　　　　を行うことになった場合であっても、左官Ａに対する
　　　　　　　　　報酬金額が減額されることはなく、作業日数に応じた
　　　　　　　　　報酬が支払われる。

材料等の供与の有無：　こての購入に係る費用は左官Ａが負担し、モル

資料編

タルや脚立はＢ社が供与する。

（答）

　左官が壁塗り等の作業において業務を遂行し又は役務を提供したことの対価として支払を受けた報酬の所得区分は、当該報酬が、請負契約若しくはこれに準ずる契約に基づく対価であるのか、又は雇用契約若しくはこれに準ずる契約に基づく対価であるのかにより判定します。

　しかしながら、左官ＡとＢ社との間に書面契約が存在せず、契約関係が明らかでないため、所得区分については、事実関係を総合勘案して判定することになります。

　今回のケースは、①他人が代替して業務を遂行することが認められていないこと、②Ｂ社から時間的な拘束を受けること、③作業の具体的な内容や方法についてＢ社から詳細な指示を受けており指揮監督を受けること、④まだ引渡しを了しない完成品が不可抗力のため滅失し、再度役務を提供する場合において、既に提供した役務に係る報酬の支払を請求できること、⑤手持ち工具を除き、材料や用具等を負担していないことが認められます。

　したがって、左官Ａがマンションの壁塗り等の作業を行った対価としてＢ社から受けた報酬は、原則として給与所得の収入金額になります。

※　この回答は、事例における事実関係を前提とした一般的なものであり、納税者の方々が行う具体的な取引等に適用する場合においては、個々の事実関係に応じて所得区分を判定する必要があります。

377

（総合勘案して所得区分を判定する場合(2)）

問10 次のような場合、とび職ＤがＥ社から受けた報酬に係る所得区分
の判定はどのように行うのでしょうか。

［例］

契約関係：　書面契約はないが、口頭により、ビル木造住宅の建設に係
る足場の組立て作業を行っている。足場の組立作業が全て終
了した後に、所定の報酬が一括して支払われる。

代替性の有無：　とび職Ｄは、自己の判断で補助者を使用することが認
められている。

とび職Ｄが補助者としてとび職Ｆを手配した場合、報
酬はすべてとび職Ｄに対して支払われ、とび職Ｆに対す
る報酬は、とび職Ｄが支払う。

拘束の有無：　とび職Ｄは、午前８時から午後５時まで労務を提供して
いるが、作業の進ちょく状況に応じて自己の判断で午後５
時までに作業を終えたり、午後５時以降も作業を行ったり
することがある。

なお、午後５時までに作業を終えた場合や、午後５時以
降も作業を行った場合であっても、とび職Ｄに対して支払
われる報酬が減算ないし加算されることはない。

指揮監督の有無：　Ｅ社は仕様書や発注書により基本的な作業を指示し、
具体的な作業工程やその方法は、とび職Ｄが状況を見
ながら判断して決定する。

危険負担の有無：　作業の途中に組み立てた足場が台風により崩れ、再
度作業を行うことになった場合であっても、足場の組
立作業が全て終了するまでは報酬が支払われず、また、

378

資料編

報酬の額が加算されることはない。

材料等の供与の有無：　ワイヤロープやクレーンなどの材料及び用具は
　　　　　　　　　　　　E社が供与している。

（答）

　とび職が建設作業等において業務を遂行し又は役務を提供したことの対価として支払を受けた報酬の所得区分は、当該報酬が、請負契約若しくはこれに準ずる契約に基づく対価であるのか、又は雇用契約若しくはこれに準ずる契約に基づく対価であるのかにより判定します。

　しかしながら、とび職DとE社との間に書面契約が存在せず、契約関係が明らかでないため、所得区分については、事実関係を総合勘案して判定することになります。

　今回のケースは、①他人が代替して役務を提供することが認められていること、②E社から時間的な拘束を受けないこと、③具体的な作業工程やその方法についてE社から指揮監督を受けないこと、④作業の途中で不可抗力のため足場が崩れた場合に、既に提供した役務に係る報酬の支払を請求できないといった事実関係が認められるため、とび職Dが、建設作業等を行った対価としてE社から受けた報酬は、原則として事業所得の収入金額になります。

　なお、とび職Dがワイヤロープやクレーンなどの材料及び用具を負担していないことが認められますが、このことだけをもってこの報酬が給与所得に該当するということはできません。

※　この回答は、事例における事実関係を前提とした一般的なものであり、納税者の方々が行う具体的な取引等に適用する場合においては、個々の事実関係に応じて所得区分を判定する必要があります。

379

（報酬の支払者における所得税の源泉徴収と消費税の仕入税額控除）

> 問11　個人事業者若しくは法人が、建設作業等に係る業務の遂行又は役
> 務の提供を受けたことの対価として大工等に報酬を支払う場合、①
> 所得税の源泉徴収、②消費税の仕入税額控除はどのように取り扱わ
> れますか。

（答）

1　個人事業者若しくは法人が、建設作業等に係る業務の遂行又は役務の提
供を受けたことの対価として大工等に報酬を支払う場合における所得税の
源泉徴収及び消費税の仕入税額控除については、本通達の判定基準によっ
て給与所得に該当する場合と事業所得に該当する場合とで取扱いが異なる
こととなります。

2　報酬の支払者における所得税の源泉徴収と消費税の仕入税額控除は、以
下のように取り扱うこととなります。

　①　報酬の支払者における所得税の源泉徴収

　　居住者に対し国内において所得税法第28条第1項《給与所得》に規定
する給与等の支払をする者は、その支払の際、その給与等について所得
税を徴収し、その徴収の日の属する月の翌月10日までに、これを国に納
付しなければならないこととされています（所法183①）。

　　したがって、当該報酬が給与所得に該当する場合には給与所得として
源泉徴収が必要となり、事業所得に該当する場合には源泉徴収が必要な
いこととなります。

　②　報酬の支払者における消費税の仕入税額控除

　　個人事業者及び法人が、国内において行う課税仕入れについては、消
費税の仕入税額控除の対象となりますが、所得税法第28条第1項《給与

資料編

所得》に規定する給与等を対価とする役務の提供を受けることは課税仕入れの範囲から除かれています（消法2①十二、消法30①一）。

　したがって、当該報酬が給与所得に該当する場合には仕入税額控除の対象となりませんが、事業所得（請負）に該当する場合には仕入税額控除の対象となります。

2　厚生省老人保健福祉局企画課長通知　平成12年3月30日（老企第54号）

「通所介護等における日常生活に要する費用の取扱いについて」

（平成一二年三月三〇日）

（老企第五四号）

（各都道府県介護保険主管部（局）長あて厚生省老人保健福祉局企画課長通知）

　通所介護、通所リハビリテーション、短期入所生活介護、短期入所療養介護、痴呆対応型共同生活介護及び特定施設入所者生活介護並びに介護福祉施設サービス、介護保健施設サービス及び介護療養施設サービス（以下「通所介護等」という。）の提供において利用者又は入所者から受け取ることが認められる日常生活に要する費用の取扱いについては、指定居宅サービス等の事業の人員、設備及び運営に関する基準（平成一一年厚生省令第三七号。以下「居宅サービス基準」という。）、指定介護老人福祉施設の人員、設備及び運営に関する基準（平成一一年厚生省令第三九号。以下「福祉施設基準」という。）、介護老人保健施設の人員、施設及び設備並びに運営に関する基準（平成一一年厚生省令第四〇号。以下「保健施設基準」という。）及び指定介護療養型医療施設の人員、設備及び運営に関する基準（平成一一年厚生省令第四一号。以下「療養施設基準」という。）並びに「指定居宅サービス等の事業の人員、設備及び運営に関する基準について」（平成一一年九月一七日老企第二五号厚生省老人保健福祉局企画課長通知）、「指定介護老人福祉施設の人員、設備及び運営に関する基準について」（平成一二年三月一七日老企第四三号厚生省老人保健福祉局企画課長通知）、「介護老人保健施設の人員、施設及び設備並びに運営に関する基準について」（平成一二年三月一七日老企第四四号厚生省老人保健福祉局企画課長通知）及び「指定介護療養型医療施設の人員、設備及び運営に関する基準について」（平成一二年三月一七日老企第四五号厚生省老人保健福祉局企画課長通知）をもってお示ししているところであるが、通所介護等の提供において提供される便宜のうち、日常生活においても通常必要となるものに係る費用であって、その利用者等に負担させることが適当と認められるもの（以下「その他の日常生活費」という。）の取扱いについては別途通知することとされていたところ、今般、その基本的な取扱いについて左記のとおり定めるとともに、その他の日常生活費の対象となる便宜の範囲について、別紙によりサービス種類ごとに参考例をお示しするので、御了知の上、管下市町村、関係団体、関係機関等にその周知徹底を図るとともに、その運用に遺憾のないようにされたい。

資料編

記

1 「その他の日常生活費」の趣旨

　「その他の日常生活費」は、利用者、入所者又は入院患者（以下「利用者等」という。）又はその家族等の自由な選択に基づき、事業者又は施設が通所介護等の提供の一環として提供する日常生活上の便宜に係る経費がこれに該当する。

　なお、事業者又は施設により行われる便宜の供与であっても、サービスの提供と関係のないもの（利用者等の嗜好品の購入等）については、その費用は「その他の日常生活費」とは区別されるべきものである。

2 「その他の日常生活費」の受領に係る基準

　「その他の日常生活費」の趣旨にかんがみ、事業者又は施設が利用者等から「その他の日常生活費」の徴収を行うに当たっては、以下に掲げる基準が遵守されなければならないものとする。

① 「その他の日常生活費」の対象となる便宜と、保険給付の対象となっているサービスとの間に重複関係がないこと。

② 保険給付の対象となっているサービスと明確に区分されないあいまいな名目による費用の受領は認められないこと。したがって、お世話料、管理協力費、共益費、施設利用補償金といったあいまいな名目の費用の徴収は認められず、費用の内訳が明らかにされる必要があること。

③ 「その他の日常生活費」の対象となる便宜は、利用者等又はその家族等の自由な選択に基づいて行われるものでなければならず、事業者又は施設は「その他の日常生活費」の受領について利用者等又はその家族等に事前に十分な説明を行い、その同意を得なければならないこと。

④ 「その他の日常生活費」の受領は、その対象となる便宜を行うための実費相当額の範囲内で行われるべきものであること。

⑤ 「その他の日常生活費」の対象となる便宜及びその額は、当該事業者又は施設の運営規程において定められなければならず、また、サービスの選択に資すると認められる重要事項として、施設の見やすい場所に掲示されなければならないこと。ただし、「その他の日常生活費」の額については、その都度変動する性質のものである場合には、「実費」という形の定め方が許されるものであること。

（別紙）

　各サービス種類ごとの「その他の日常生活費」の具体的な範囲について

383

(1) 通所介護及び通所リハビリテーション（居宅サービス基準第九六条第三項第五号関係）
　① 利用者の希望によって、身の回り品として日常生活に必要なものを事業者が提供する場合に係る費用
　② 利用者の希望によって、教養娯楽として日常生活に必要なものを事業者が提供する場合に係る費用
(2) 短期入所生活介護及び短期入所療養介護（居宅サービス基準第一二七条第三項第五号及び第一四五条第三項第五号関係）
　① 利用者の希望によって、身の回り品として日常生活に必要なものを事業者が提供する場合に係る費用
　② 利用者の希望によって、教養娯楽として日常生活に必要なものを事業者が提供する場合に係る費用
(3) 痴呆対応型共同生活介護（居宅サービス基準第一六二条第三項第四号関係）
　① 利用者の希望によって、身の回り品として日常生活に必要なものを事業者が提供する場合に係る費用
(4) 特定施設入所者生活介護（居宅サービス基準第一八二条第三項第三号関係）
　① 利用者の希望によって、身の回り品として日常生活に必要なものを事業者が提供する場合に係る費用
(5) 介護福祉施設サービス、介護保健施設サービス及び介護療養施設サービス（福祉施設基準第九条第三項第四号関係、保健施設基準第一一条第三項第四号及び療養施設基準第一二条第三項第四号関係）
　① 入所者又は入院患者（以下「入所者等」という。）の希望によって、身の回り品として日常生活に必要なものを施設が提供する場合に係る費用
　② 入所者等の希望によって、教養娯楽として日常生活に必要なものを施設が提供する場合に係る費用
　③ 健康管理費（インフルエンザ予防接種に係る費用等）
　④ 預り金の出納管理に係る費用
　⑤ 私物の洗濯代
(6) 留意事項
　① (1)から(5)の①に掲げる「身の回り品として日常生活に必要なもの」とは、一般的に要介護者等の日常生活に最低限必要と考えられる物品（例えば、歯ブラシや化粧品等の個人用の日用品等）であって、利用者等の希望を確認した上で提供されるものをいう。

384

資料編

　したがって、こうした物品を事業者又は施設がすべての利用者に対して一律に提供し、すべての利用者からその費用を画一的に徴収することは認められないものである。

② 　(1)、(2)及び(5)の②に掲げる「教養娯楽として日常生活に必要なもの」とは、例えば、事業者又は施設がサービスの提供の一環として実施するクラブ活動や行事における材料費等が想定されるものであり、すべての利用者又は入所者に一律に提供される教養娯楽に係る費用（共用の談話室等にあるテレビやカラオケ設備の使用料等）について、「その他の日常生活費」として徴収することは認められないものである。

③ 　(5)の④にいう預り金の出納管理に係る費用を入所者等から徴収する場合には、
　　イ　　責任者及び補助者が選定され、印鑑と通帳が別々に保管されていること、
　　ロ　　適切な管理が行われていることの確認が複数の者により常に行える体制で出納事務が行われること、
　　ハ　　入所者等との保管依頼書（契約書）、個人別出納台帳等、必要な書類を備えていること
　　等が満たされ、適正な出納管理が行われることが要件となる。
　　また、入所者から出納管理に係る費用を徴収する場合にあっては、その積算根拠を明確にし、適切な額を定めることとし、例えば、預り金の額に対し、月当たり一定割合とするような取扱いは認められないものである。

④ 　介護福祉施設サービス、介護保健施設サービス及び介護療養施設サービスの入所者等並びに短期入所生活介護及び短期入所療養介護の利用者のおむつに係る費用については、保険給付の対象とされていることから、おむつ代を始め、おむつカバー代及びこれらに係る洗濯代等おむつに係る費用は一切徴収できないことに留意すること。

⑤ 　介護老人福祉施設である特別養護老人ホームは、従来から在宅生活が困難な入所者の生活の拠点としての機能を有しており、介護サービスだけでなく、入所者の日常生活全般にわたって援助を行ってきたところであり、入所者の私物の洗濯等も基本的に施設サービスとして行われてきたものである。したがって(5)の⑤の「私物の洗濯代」については、入所者の希望により個別に外部のクリーニング店に取り継ぐ場合のクリーニング代を除き、費用の徴収はできないものであること。なお、このクリーニング代については、サービス

の提供とは関係のない実費として徴収することとなること。

〔参考〕
「その他の日常生活費」に係るＱ＆Ａについて

（平成一二年三月三一日）

（各都道府県介護保険担当課（室）あて厚生省老人保健福祉局介護保険制度施行準備室）

本年三月三〇日付けで「通所介護等における日常生活に要する費用の取扱いについて」を厚生省老人保健福祉局企画課長通知（老企第五四号）として別添のとおり発出したところであるが、「その他の日常生活費」について想定される照会について、別添の通りＱ＆Ａを作成しましたので送付します。

各位におかれましては、内容を御了知の上、適切に対応していただきますようよろしくお願い申し上げます。

〔別添〕
「その他の日常生活費」に係るＱ＆Ａ

問１　個人用の日用品について、「一般的に要介護者等の日常生活に最低限必要と考えられるもの」としてはどういったものが想定されるのか。

答　歯ブラシ、化粧品、シャンプー、タオル等の日用品であって、利用者に一律に提供されるものではなく、利用者個人又はその家族等の選択により利用されるものとして、事業者（又は施設）が提供するもの等が想定される。

問２　個人用の日用品については、一般的に要介護者等の日常生活に最低限必要と考えられるものに限られることとされているが、それ以外の個人の嗜好に基づくいわゆる「贅沢品」については、費用の徴収ができないのか。

答　サービス提供とは関係のない費用として、徴収は可能である。

問３　個人用の日用品については、一般的に要介護者等の日常生活に必要と考えられるものであれば、例えば病院の売店で利用者が購入する場合であってもその費用は「その他の日常生活費」に該当するのか。

答　このような場合は、「サービス提供の一環として提供される便宜」とは言い難いので、「その他の日常生活費」に該当しない。

問４　個人用の日用品については、一般的に要介護者等の日常生活に必要と考えられるものであれば、ある利用者の個別の希望に応じて、事業者等が当該利用

資料編

者の代わりにある日用品を購入し、その購入代金を利用者に請求する場合も「その他の日常生活費」に該当するのか。

答　個人のために単に立て替え払いするような場合は、事業者等として提供する便宜とは言えず、その費用は「その他の日常生活費」に該当しないため、サービス提供とは関係のない費用として徴収を行うこととなる。

問5　個人専用の家電製品の電気代は、利用者から徴収できないのか。

答　サービス提供とは関係のない費用として、徴収は可能である。

問6　施設にコインランドリーがある場合、その料金についても「私物の洗濯代」として「その他の日常生活費」に該当するのか。

答　このような場合は、施設が洗濯サービスを提供しているわけではないので、その他の日常生活費には該当しない。

問7　個人の希望に応じて事業者等が代わって購入する新聞、雑誌等の代金は、教養娯楽に係る「その他の日常生活費」に該当するか。

答　全くの個別の希望に答える場合は事業者等として提供する便宜とは言えず、その費用は「その他の日常生活費」に該当せず、サービス提供とは関係のない費用として徴収を行うこととなる。

問8　事業者等が実施するクラブ活動や行事における材料費等は、「その他の日常生活費」に該当するか。

答　事業者等が、サービスの提供の一環として実施するクラブ活動や行事のうち、一般的に想定されるもの（例えば、作業療法等機能訓練の一環として行われるクラブ活動や入所者等が全員参加する定例行事）における材料費等は保険給付の対象に含まれることから別途徴収することはできないが、サービスの提供の一環として実施するクラブ活動や行事のために調達し、提供する材料であって、利用者に負担させることが適当と認められるもの（例えば、習字、お花、絵画、刺繍等のクラブ活動等の材料費）に係る費用は、教養娯楽に要する費用として「その他の日常生活費」に該当する。

　なお、事業者等が実施するクラブ活動や行事であっても、一般的に想定されるサービスの提供の範囲を超えるもの（例えば、利用者の趣味的活動に関し事業者等が提供する材料等や、希望者を募り実施する旅行等）に係る費用については、サービス提供とは関係のない費用として徴収を行うこととなる。

【著者紹介】

芹澤光春(せりざわ　みつはる)

1990年一橋大学法学部卒。2000年税理士登録。01年芹澤税理士事務所開業。

11年第34回日税研究賞（税理士の部）入選。14年第10回「税に関する論文」納税協会特別賞受賞。17年〜東海税理士会税務研究所副所長。

（主な著書）

『今から始める‼消費税軽減税率の準備対策』（ぎょうせい）、『平成28年度改正消費税法の徹底解説』（第一法規）
共著『消費税率引上げ軽減税率インボイス・業種別対応ハンドブック』（日本法令）、『消費税軽減税率・インボイス導入の完全対応ガイド』（ぎょうせい）、『クローズアップ保険税務』（財経詳報社）、『通達のチェックポイント－法人税裁判事例精選20－』、『同－所得税裁判事例精選20－』（第一法規）ほか

　

消費税　重要論点の実務解説
～軽減税率制度の導入を控えて

平成30年11月15日　初版印刷
平成30年11月27日　初版発行

著　者　芹　澤　光　春
　　　　　（一財）大蔵財務協会　理事長
発行者　木　村　幸　俊

発行所　一般財団法人　大蔵財務協会
〔郵便番号　130-8585〕
東京都墨田区東駒形１丁目14番１号
（販　売　部）TEL 03(3829)4141・FAX 03(3829)4001
（出版編集部）TEL 03(3829)4142・FAX 03(3829)4005
URL　http://www.zaikyo.or.jp

乱丁・落丁はお取替えいたします。　　　　印刷・恵友社
ISBN978-4-7547-2621-8